人才梯队建设与人才培养

任康磊 著

人民邮电出版社

北京

图书在版编目（CIP）数据

人才梯队建设与人才培养 / 任康磊著. -- 北京 : 人民邮电出版社, 2021.4
ISBN 978-7-115-55423-9

Ⅰ. ①人… Ⅱ. ①任… Ⅲ. ①企业管理－人才培养－研究 Ⅳ. ①F272.92

中国版本图书馆CIP数据核字(2020)第237122号

内容提要

面对人员流动，企业最佳的策略是标准化地培养人才，做好人才梯队建设与人才培养。本书详细介绍了人力资源管理实战中人才梯队建设与人才培养的工具和方法，并将其可视化、流程化、步骤化、模板化。此外，还通过实战案例呈现方法论的应用过程，让读者能够轻松上手，快速掌握。

全书共 9 章，包括人才梯队建设基本认识、人才质量盘点、人才数量盘点、接班人甄选与培养、导师制设计与实施、接班人考核与评价、接班人发展与保留、新员工培养与轮岗、年度培训计划设计。

本书案例丰富，模板齐全，实操性强，通俗易懂，适合人力资源管理各级从业人员、企业各级管理者、各高校人力资源管理专业的学生、备考人力资源管理师及其他人力资源管理专业相关证书的学员，以及其他对人力资源管理工作感兴趣的人员阅读与学习。

◆ 著　　　　任康磊
责任编辑　马　霞
责任印制　彭志环

◆ 人民邮电出版社出版发行　　北京市丰台区成寿寺路 11 号
邮编　100164　　电子邮件　315@ptpress.com.cn
网址　https://www.ptpress.com.cn
北京虎彩文化传播有限公司印刷

◆ 开本：700×1000　1/16
印张：16.25　　　　2021 年 4 月第 1 版
字数：281 千字　　　2024 年12月北京第21次印刷

定价：69.80 元

读者服务热线：(010)81055296　印装质量热线：(010)81055316
反盗版热线：(010)81055315
广告经营许可证：京东市监广登字 20170147 号

前言

有个朋友曾问过我这样一个问题："公司中有个关键岗位人才的个人能力较强，这个人才总以离职来威胁公司给自己涨薪。总经理担心这个人才离职会给公司造成损失，为了留住他，多次为其涨薪。这引起了这个人才所在部门的其他人的不满。公司没有能力为部门的所有人大幅涨薪，于是部门的其他人纷纷离职。再后来，这个人才对薪酬还是不满意，最终也离职了。要避免这种情况再次发生，应该怎么办呢？"

我给这位朋友的建议是："做人才梯队建设与人才培养，建立起公司培养人才的能力，把工作重心放在标准化、批量化地'生产'人才上，打破公司依赖少数人才的局面。"

这位朋友的问题实际上也是很多公司面临的人才不足、人才缺失的问题。人才是公司发展的关键动力，但不代表公司应该被人才牵制，不代表公司应该过分依赖人才的个人能力，不代表公司为了留住人才就要"丧失底线"。

公司为人才付费，本质上是为人才的能力付费，公司雇佣人才，本质上雇佣的是人才的能力。所谓人才的能力就是人才为公司创造价值的可能性，如果公司具备标准化、批量化地"生产"人才的能力，那么公司在人才问题上就掌握了主动权。

有一次，我与国内一个大型线下零售上市公司的创始人一起进行头脑风暴式的讨论。当谈到人才保留话题时，这个公司的创始人提出了一个非常惊人的疑问："人才保留？有必要吗？在无论如何人才都要离开公司的情况下，公司的资源和重点可不可以不放在人才保留上？勉强留住的人才，对公司有帮助吗？可不可以把重心放在人才的梯队建设与培养上呢？"

这家公司目前已经是国内领先的线下零售公司，在全国拥有800多家直营连锁店，员工人数超过3万人。这家公司的发展速度非常迅猛，最高峰时一年开120家店。要知道，这家公司的主营商业模式并不是像便利店这种运营简单、开店容易的“小店”，而是从1 000平方米的综合超市到1万平方米的大型商业体的“大店”。这家公司的快速发展，很好地诠释了如何通过人才梯队建设与人才培养来满足公司发展的人才需求。

关于公司在人才保留上究竟应该付出多少的问题，是很多HR（人力资源管理人员）不敢正视的。很多HR认为，公司应不遗余力地实施人才保留。而在人才流动率居高不下的行业中，许多企业管理者则更偏向于不把过多的精力用在人才保留上。

因为，这些行业的人才流动不是某个公司的问题，而是整个行业都如此。某个公司如果投入大量资源试图改善这种情况，很可能犹如螳臂当车，吃力不讨好。在这类行业中，公司反而应当把精力重点放在人才梯队建设与人才培养上。

例如，线下零售业就具备这样的特点。线下零售业的毛利率不高，员工的薪酬水平较低，员工的招聘门槛较低，劳动强度却不低，对岗位的劳动纪律和工作规范要求也比较高，这必然造成整个行业比较高的人才流动率。

当然，除了线下零售业以外，如今已经有越来越多的行业呈现出人才流动率上升、人才保留难的局面。可以说，人才频繁离职已经不是某个行业的问题，而已经成为整个社会的一种现象。社会提供的就业机会增加，人才的职业选择更丰富，人才流动频繁也是社会与经济发展的必然产物。

面对这种局面，公司应当怎么办呢？

在这种局面下，公司最佳的策略并不是把主要精力放在人才保留上，而是要把企业需要的人才的素质、知识、技能、经验等（统称个人能力）总结成标准化的培养方案，把具有一定潜质的人才培养成企业需要的人才，实现标准化、批量化地“生产”人才的目标。

当人才能够被公司标准化、批量化地“生产”时，公司就不会再被人才问题所累，不必为了留住部分人才而委曲求全，不必过分担心人才离职，公司的组织能力也能得以提升。人才是公司经营发展的关键，但组织能力才是公司成功的核心。

针对如何做好人才梯队建设与人才培养的问题，我总结了实际工作中常见的操作方法和工具，并结合大量的实操案例形成本书。希望读者通过阅读本书，能快速学习人才梯队建设与人力培养的方法论、工具、案例、模板和注意事项。

最有效的学习是通过解决问题学习。建议读者拿到本书后，不要马上从第一个字看到最后一个字，而是先带着问题，根据公司当前的具体情况，针对最薄弱的环节，查找本书介绍的操作方法，思考、制订、实施和复盘解决方案。

当具体问题得到解决之后，读者可以由问题点切入，查找知识点；由知识点延伸，找到流程线；由流程线拓展，发现操作面；由操作面升华，全面掌握整个人才梯队建设与人才培养的实施方法。这时候再从整体的角度自上而下地看问题，又会有新的、更深刻的认识。

我总结了一个学习的ABC原理：看到了A，学到了B，用出来变成了C，这是真正的学习成长。但很多人不是这样，他们是看到了A，学到了A，就只会用A，实际运用的时候发现A不能解决问题，就说A没有用，这其实是“死读书”的表现。

当我们看到A时，要学到B，这需要归纳、总结、发散能力；学到B时，要用出C，这需要对场景进行观察、思考，同时要对B不断练习、不断复盘、不断调整，这需要行动力。所以，学习能力从来都不是单一的能力，而是能够发散思考、举一反三，并在实际应用时灵活变通的能力。

祝读者朋友们能够学以致用，更好地学习和工作。

本书若有不足之处，欢迎读者朋友们批评指正。

本书特色

1. 通俗易懂、案例丰富

本书包含丰富的实战案例，有利于读者快速掌握人才梯队建设与人才培养在人力资源管理实战中的应用，让读者能够看得懂、学得会、用得上。

2. 上手迅速、模板齐全

本书把大量复杂的理念转变为能在工作中直接应用的、简单的工具和方法，并把这些工具和方法可视化、流程化、步骤化、模板化，让初学者也能够迅速上手开展工作。

3. 知识点足、实操性强

本书涉及大量的知识点。知识点的选择立足于解决工作中的实际问题。通过阅读本书，读者能够学会在人力资源管理实战中有效地进行人才梯队建设与人才培养。

本书内容及体系结构

本书主要介绍人才梯队建设与人才培养在人力资源实战中的应用，分析了人才梯队建设与人才培养的各类工具和方法。本书的主要内容结构如下。

第 1 章　人才梯队建设基本认识

本章分成 2 部分，主要介绍人才梯队建设的实施，包括基本原则、组织机构、各方职责；人才梯队建设的实施逻辑，包括人力资源规划、人才盘点实施、职业发展和转换、个人发展计划、接班计划实施。另外，还包括某上市公司的人才梯队建设方法。

第 2 章　人才质量盘点

本章分成 4 部分，主要介绍人才质量盘点的 3 大维度、3 类方法和 3 种分析；态度、能力和绩效 3 种单维度人才质量盘点方法；7 种双维度人才质量盘点方法；三维度人才质量盘点方法。另外，还包括阿里巴巴、华为、京东等公司的人才盘点方法。

第 3 章　人才数量盘点

本章分成 4 部分，主要介绍人力资源规划中的人力资源需求计划和成长规划；招聘计划编制、招聘结果盘点和招聘来源盘点等招聘情况分析；身份结构、职务结构、年龄结构、司龄结构、学历结构等人力资源结构盘点；在职时间、行业属性、职务类别、离职身份、年龄属性、学历属性等人力资源离职盘点。

第 4 章　接班人甄选与培养

本章分成 5 部分，主要介绍接班人识别，包括接班人的 5 大类型、高潜力人才的 5 大特质和发现方法；接班人选拔测评，包括甄选培养程序、工作访谈测评、观察分析测评、笔试问卷测评、智力水平测评；接班人培养，包括接班人的培养方式、学习卡片、成长卡片和工作流程；还介绍了阿里巴巴干部选拔与培养的案例和某上市公司后备干部选拔与培养的案例。另外，还包括华为的干部任职资格案例及腾讯的干部领导力模型。

第5章　导师制设计与实施

本章分成3部分，主要介绍导师制的实施，包括导师制的实施原理和实施流程、导师徒弟权责划分；导师制的保障，包括导师制有效运行逻辑、承诺一致性原理应用、导师制评估的3个层面；导师的选拔与培养，包括导师的选拔标准、教导原则、技能培养，内训师的获取方法和开发步骤。另外，还包括阿里巴巴的前沿人才培养机制、阿里巴巴的校企合作平台和某上市公司的师徒协议。

第6章　接班人考核与评价

本章分成3部分，主要介绍接班人考核方法，包括接班人的考核形式、考核内容以及晋升和淘汰；接班人评价方法，包括关键事件法、行为锚定法、行为观察法、加权选择法、强制排序法、强制分布法、360度评估法；接班人辅导方法，包括接班人辅导的4步程序、5类人群和6个步骤。另外，还包括阿里巴巴的绩效考核与晋升模式，以及某上市公司的干部评价方法和店长岗位干部转正流程。

第7章　接班人发展与保留

本章分成4部分，主要介绍接班人职业发展，包括接班人职业发展通道、职业生涯规划和能力开发；接班人保留，包括接班人保留的生态系统、2个维度、4个环节以及离职面谈方法；接班人访谈，包括接班人访谈的方法、流程和总结；阿里巴巴的员工福利，包括生活保障、财富保障和健康保障。另外，还包括阿里巴巴的人才保留方法。

第8章　新员工培养与轮岗

本章分成2部分，主要介绍新员工的培养方法，包括新员工接待流程、出现错误的应对方法、常见问题答疑、定向培养计划；内部轮岗方法，包括员工轮岗安排、轮岗流程表单、轮岗成长阶段、轮岗能力培养、轮岗沟通准备、轮岗工作交接、内部兼职机制、轮岗法律风险。另外，还包括阿里巴巴的新员工培训内容和轮岗机制，以及某上市公司的干部外派制度。

第9章　年度培训计划设计

本章分成4部分，主要介绍基于人才培养的年度培训计划，包括培训计划流程、后备人才储备、能力补充计划和培训计划制订；基于绩效提升的年度培训计划，包括培训计划流程、绩效提升步骤、绩效提升注意事项、解决绩效问题；基于培训体系建设的年度培训计划，包括培训计划流程、培训体系全貌、培训体系特质、培训体系建设；某上市公司年度培训计划的制订，包括培训需求调研、培训项目规划、培训资源匹配。

本书读者对象

人力资源管理各级从业人员；

企业各级管理者；

各高校人力资源管理专业的学生；

备考人力资源管理师及其他人力资源管理专业相关证书的学员；

其他对人力资源管理工作感兴趣的人员。

目录

第3章 人才数量盘点 // 53

第4章 接班人甄选与培养 // 77

第 5 章 导师制设计与实施 // 121

第 6 章 接班人考核与评价 // 141

第 7 章 接班人发展与保留 // 177

第 8 章 新员工培养与轮岗 // 199

第 9 章 年度培训计划设计 // 221

第 1 章
人才梯队建设基本认识

人才梯队建设是一项系统工程，需要遵循一定的实施原则。要保证人才梯队建设成功实施，公司要在划定组织管理机构后，按照人才梯队建设的实施逻辑，让各机构各司其职，各尽其责，完整、全面地实施人才梯队建设。

1.1 人才梯队建设实施

人才梯队建设并不是单纯的人才招聘或培训工作，也不是专属于某个部门的工作。要做好人才梯队建设，需要遵循 3 大基本原则，需要公司组织机构的支撑，需要提前定义各方职责。

1.1.1 人才梯队建设基本原则

公司实施人才梯队建设，应遵循 3 大原则，如图 1-1 所示。

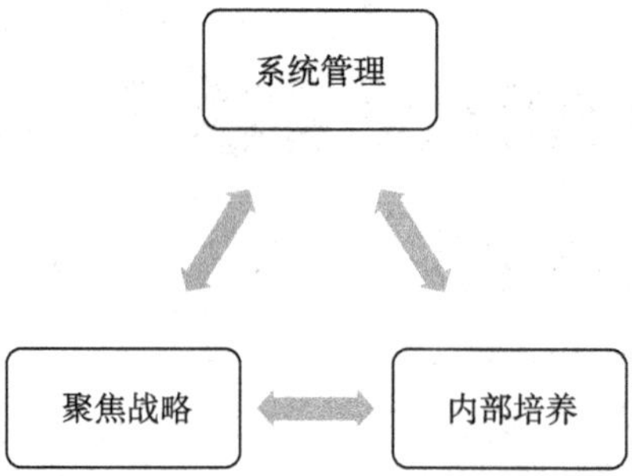

图 1-1　公司实施人才梯队建设的 3 大原则

1. 系统管理

人才梯队建设是一项系统的工程，应当与人力资源规划、岗位管理、能力管理、招聘管理、培训管理、职业发展、绩效管理、薪酬管理、员工关系管理等模块有机结合，相互支持，系统性地发挥作用。

2. 内部培养

人才梯队建设中待培养的后备人才应以内部现有人才为主，以外部临时招聘的人才为辅。内部人才更熟悉公司文化，更适应公司环境，如果公司内部存在工作多年、具备一定潜质的员工，应优先重点培养。

3. 聚焦战略

公司实施人才梯队建设的目的是实现公司战略，因此人才梯队建设要聚焦战略、围绕战略、服务战略。人才梯队建设的结果，是按照实现战略所需的人才能力和人才数量等要求，保质保量地培养所需人才。

1.1.2 人才梯队建设组织机构

为保障人才梯队建设有效实施并取得理想的结果，人才梯队建设工作需要组织机构的支撑。能对人才梯队建设形成有效支撑的组织机构如图 1-2 所示。

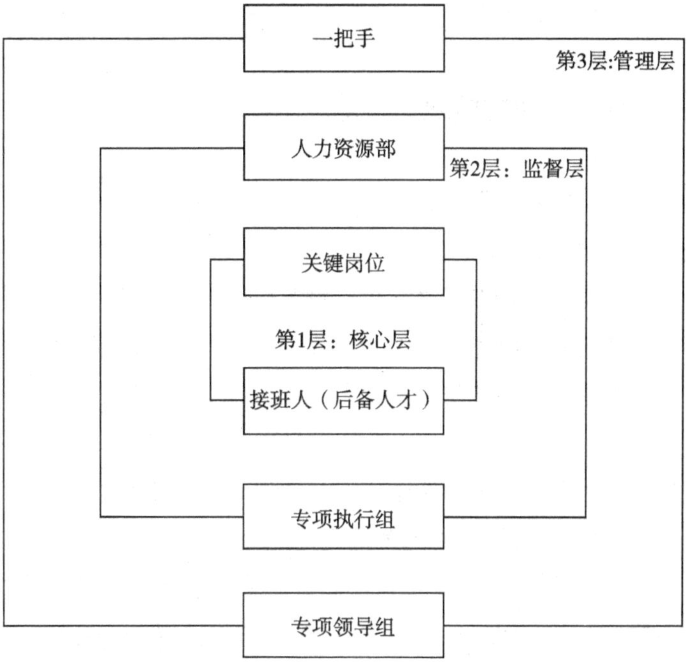

图 1-2　人才梯队建设的组织机构图

要保证人才梯队建设落地实施，组织机构设计可以分为 3 层。

1. 第 1 层：核心层

核心层是人才梯队建设中最关键的一层。人才梯队建设的核心层是在关键岗位与接班人（后备人才）之间展开的。如果每一个关键岗位人员都重视对接班人的选拔、培养、评价，都能比较好地担任接班人的导师，公司的人才梯队建设工作就能有效地达成。

2. 第 2 层：监督层

监督层由人力资源部和人才梯队建设的专项执行组构成，在人才梯队建设中起着承上启下的作用。监督层既能监督核心层的执行情况，又能落实管理层的要求，还能根据人才梯队建设的执行情况和公司的战略需要，为接班人安排查漏补缺式的集中培训。

3. 第 3 层：管理层

管理层由公司一把手和人才梯队建设的专项领导组构成，在人才梯队建设中起着顶层设计的作用，统领着核心层和监督层。管理层要确定人才梯队建设的思路，决定人才梯队建设的大方向。

1.1.3 人才梯队建设各方职责

人才梯队建设中的各方职责如下。

1. 一把手和专项领导组

一把手在人才梯队建设工作中的角色最重要。有的公司的一把手喜欢当“甩手掌柜”，以为把人才梯队建设的工作布置下去后，自己就可以高枕无忧了。实际上，若一把手不重视、不参与、不作为，任何管理工作都很难在公司中落地，人才梯队建设也是如此。

专项领导组是为保证人才梯队建设有效实施而成立的领导小组，主要负责公司人才梯队建设的领导工作。在规模比较大的公司，因为人才梯队建设工作比较复杂，一把手的事务比较多，要推行人才梯队建设工作，需要专项领导组的支持。在规模比较小的公司，可以不成立专项领导组，由一把手统领人才梯队建设工作。

一把手和专项领导组的工作职责包括以下内容。

（1）作为人才梯队建设的领导核心，为工作落实提供支持。

（2）通过各种途径宣传人才梯队建设工作，使之与公司文化融为一体。

（3）对人才梯队建设的具体执行提供方向和政策，并实施监督与指导。

2. 人力资源部和专项执行组

人才梯队建设工作并不是人力资源部一个部门的事，而是全公司的事。人力资源部在人才梯队建设工作中主要起到承上启下、监督执行和过程纠偏的作用。

专项执行组是为保证人才梯队建设有效实施而成立的执行小组，主要负责对公司的人才梯队建设工作进行监督、检查和落实。在规模比较大的公司，因为人才梯队建设工作比较复杂，仅靠人力资源部一个部门难以完成承上启下的落实执行工作，需要专项执行组的支持。在规模比较小的公司，可以不成立专项执行组，由人力资源部负责落实执行。

人力资源部和专项执行组的工作职责包括以下内容。

（1）跟进人才梯队建设工作的执行情况。

（2）配合管理者完成接班人的甄选、培养、考核与监督。

（3）发现接班人的基础能力和通用能力与预期的差距，定期组织公司层级的集中培训。

（4）定期向公司一把手或专项领导组汇报接班人的成长情况和人才梯队建设工作的执行情况。

3. 关键岗位

公司各个关键岗位的人员是人才梯队建设落实执行的主要责任人。如果关键岗位人员对这项工作不重视，人才梯队建设工作将难以落实。

关键岗位人员的工作职责包括以下内容。

（1）寻找本岗位的接班人。

（2）对接班人实施培养。

（3）对接班人的成长进行评价。

4. 接班人（后备人才）

接班人（后备人才）是人才梯队建设中被甄选出的待培养对象，是接替关键岗位人员的人选。接班人要具备一定的潜质，要积极主动配合培养工作的实施。

接班人（后备人才）的工作职责包括以下内容。

（1）配合并完成学习成长计划。

（2）配合并接受绩效考核和人才评价。

（3）对公司的人才梯队建设工作提出建议。

1.2 人才梯队建设实施逻辑

人力梯队建设的实施逻辑可以分成 7 个环节，如图 1-3 所示。

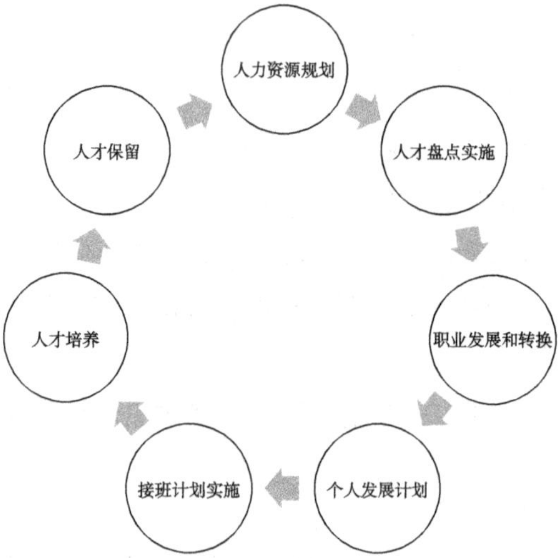

图 1-3 人才梯队建设的实施逻辑

要实施人才梯队建设，首先要有人力资源规划，根据人力资源规划实施人才盘点。实施人才盘点之后，要了解员工的职业规划，帮助员工制订个人发展计划，形成公司的接班人名单。针对公司的接班人名单，实施接班计划，进行人才培养。除了人才培养之外，公司还应做好人才保留工作。本节对 7 个环节中的前 5 个环节进行初步解析。

1.2.1 人力资源规划

人力资源规划来源于公司的战略规划。从战略规划到人力资源供给与需求预测，再到确定人员净需求量，从而确定人力资源规划的目标，在正式实施人力资源规划后，通过评估反馈对人力资源规划进行改进。

人力资源规划的通用流程如图 1-4 所示。

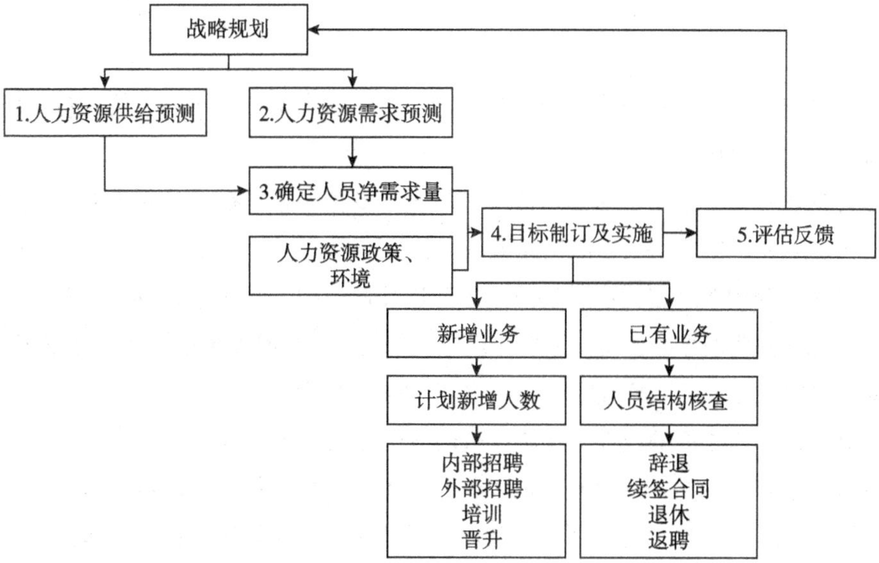

图 1-4　人力资源规划的通用流程

1. 人力资源供给预测

影响人力资源供给的因素包括公司所在地区的人力资源状况、经济发展水平、相关法律法规以及公司自身的品牌和岗位吸引力等。

2. 人力资源需求预测

影响人力资源需求的因素包括公司的发展状况、公司人员的流动率、员工工作的满意度、社会经济发展状况等。

3. 确定人员净需求量

人员净需求量＝人力资源需求预测－人力资源供给预测。确定人员净需求量，要充分考虑公司的人力资源管理现状。

4. 目标制订及实施

制订和实施人力资源规划目标时，要考虑公司的人力资源政策、环境，还要考虑公司的新增业务和已有业务。对于新增业务来说，要计算计划新增人数；对于已有业务来说，要核查当前的人员结构情况。

5. 评估反馈

有评估反馈，才会有改进。对人力资源规划质量的评估主要看人力资源规划对战略规划的支撑情况。如果人力资源规划能够支撑战略规划，说明人力资源规划是成功的；反之，则要做出相应调整。

1.2.2 人才盘点实施

人才获取渠道包括两类：一类是外部招聘，一类是内部培养。从这两类渠道获取的人才都存在一定的缺点。

外部招聘的人才由于对公司的实际情况了解少，很难在短时间内创造较高业绩，甚至可能出现“水土不服”而最终流失的情况，同时还会给公司造成损失。

内部培养的人才也需要长期投入才可以使用，如果规划不到位，很容易出现在公司特别需要人才时，培养工作还没完成的情况，这时如果硬要让人才顶上去，可能会造成人才的“高位使用”，产生较大的用人风险。

要缓解这两方面的问题，比较有效的方法是实施人才盘点。

人才盘点本身是一项过程性的工作，而不是结果性的工作。也就是说，人才盘点这项工作本身并不直接产生价值，它只是对人才现状进行梳理，是把公司的相关人才信息具体化和明晰化的过程。

公司进行人才盘点就像超市每过一段时间都要做一次商品盘点一样。假设某个商品，月初时进了 100 件货，系统显示已经卖了 70 件。那么到月底时，工作人员应当去货架或仓库核对一下，看是否剩下 30 件。

这个过程本身其实并没有为超市创造价值，但能够给超市提供非常明确的信息，明确当前是否“账实相符”。产生价值的过程，是指超市根据这项信息，做了什么工作。

人才盘点和超市商品盘点虽然名字类似，但人才盘点不仅是盘点人才的数量。在人力资源管理中，人才盘点可以分成两种，一种是对人才数量的盘点，一种是对人才质量的盘点。

人才数量盘点主要是盘点公司人力资源以及人力资源不同结构属性下的数量情况，包括身份结构盘点、职务结构盘点、年龄结构盘点、司龄结构盘点、学历结构盘点等。人才质量盘点主要是盘点公司人力资源的素质、知识、能力、经验、成果等的水平，包括态度结构、能力结构和绩效结构等。

与人才质量盘点相比，人才数量盘点相对比较简单。要做好人才梯队建设工作，人才数量盘点和人才质量盘点都要做好。

实际上，人才数量盘点和人才质量盘点都属于相对微观的人才盘点。从宏观角度来说，人才盘点还可以用来评估组织结构与人才的匹配情况、关键岗位的胜任和接班情况、关键岗位人才的晋升和发展情况、关键岗位人才的激励和开发情况以及关键岗位人才的招聘情况等。

人才盘点是组织当前的人才情况、组织能力和组织战略之间的一条无形的纽带。人才盘点的作用如图 1-5 所示。

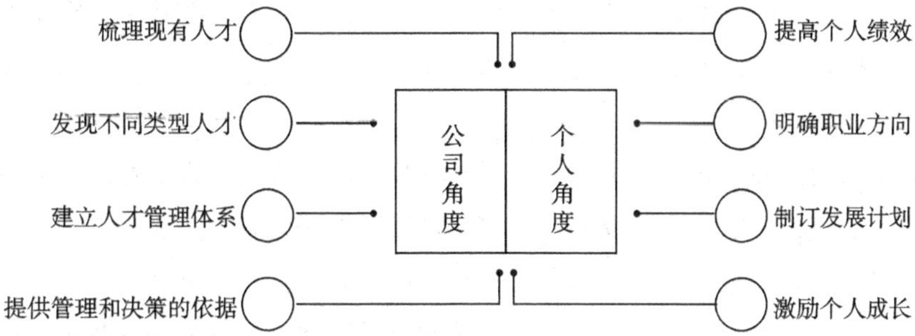

图 1-5　人才盘点的作用

从公司的角度来说，人才盘点可以帮助公司梳理现有人才，有助于发现公司中的不同类型的人才，建立完善的人才管理体系，为人力资源“选、训、用、留”以及其他模块的有效运行提供管理上和决策上的依据。

从个人的角度来说，人才盘点能够帮助员工提高个人绩效，明确职业方向，有助于员工制订发展计划，主动提高能力，激励个人成长。

具体来说，人才盘点主要有 3 个常见的用途。

1. 为招聘决策服务

通过人才盘点，公司可以知道当前的人才情况以及人才需求情况，可以明确公司需要哪些人才，为招聘工作提供决策依据。

2. 为能力发展服务

通过人才盘点，公司可以知道当前人才的能力情况，能够了解未来组织需要什么样的人才。通过人才盘点找出差距，公司就可以有针对性地制订培育措施，提高个人能力。

3. 为激励和保留人才服务

公司在开展人才盘点的同时一般也应开展绩效盘点。公司可以有针对性地制订激励措施，刺激人才提升绩效的同时也能够保留人才。

这 3 个主要用途之间相辅相成，能够互相促进，达到人才盘点提升组织能力的目的，最终有助于顺利完成人才梯队建设工作。

1.2.3 职业发展和转换

人才盘点实施之后，公司能够发现许多优秀人才。这时候，公司可以根据自身需求把这些优秀人才作为关键岗位的后备干部或接班人，进行重点培养，形成接班计划。在实施接班计划前，公司要注意，员工本人有可能并不一定愿意接受公司的安排。所以公司需要了解员工的职业期望和诉求，与员工本人的意愿达成一致。

对于职业发展和转换，很多人会有一种朴素的误解，认为职业发展只有一个方向、一条路径，就是俗话说的升职加薪。很多人认为只有升职加薪，才代表职业得到了发展。其实，职业发展可以选择的方向非常多。

根据人的特性的不同，有的人追求职业上的高度，期望成为管理者；有的人追求职业上的深度，不愿意成为管理者，只期望在某个领域内做精做深，成为专家；有的人追求职业上的宽度，期望尝试不同的岗位，不断拥有新的工作技能；还有的人追求职业上的温度，只把职业看成谋生的工具，期望把重心放在自己的生活和家庭上。

员工职业生涯发展的 4 个方向如图 1-6 所示。

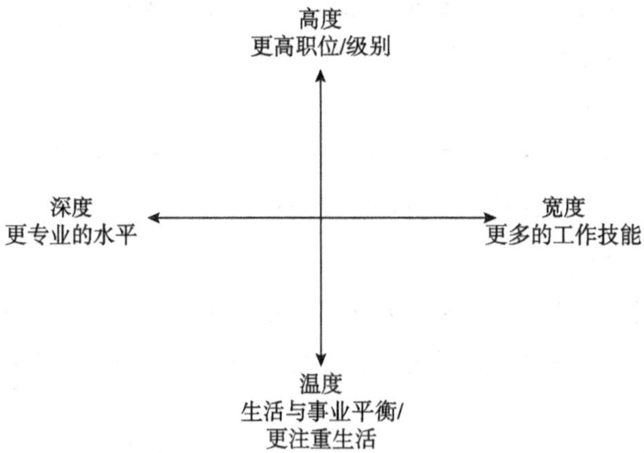

图 1-6　员工职业生涯发展的 4 个方向

员工职业生涯发展的 4 个方向中，高度是传统的“升职加薪”路线。这种职业发展路线适合具备管理潜质的人。这类人期望将自己的能力兑换为价值，倾向于用职位变化来衡量努力的结果。

深度是指追求专业、崇尚在专业领域达到精深水平。这类人天生不愿意领导或管理别人，职位上的提升不适合这类人。但这类人愿意持续提高自己在专业领域的能力，期望未来能够成为优秀的专家、顾问或咨询类人才。

宽度是指追求尝试多种职业或岗位。这类人既不喜欢比较高的职位，也不喜欢专业上的精深，而喜欢新鲜的感觉，喜欢尝试不同的职业或岗位。就好像有些人喜欢旅行，去不同的国家，了解不同的文化，欣赏不同的风景。

温度是指追求安全感。这类人不想把过多的时间和精力用在职业发展上。这类人把职业定义成一个养家糊口的工具。职业只需要给这类人基本的安全感就可以了。这类人更期望把时间和精力用在非工作事务上，比如家庭生活、兴趣爱好、社群活动等。

公司在帮助员工设计职业发展和转换方向时，要注意员工的诉求偏向哪个方向。对于不同的员工，可以有针对性地为其设计职业发展和转换方向，提供指导及建议。

案例

从事会计工作的小刘已经工作 5 年了，平时她工作很努力，获得了领导和同事的一致好评。但是，做这个工作时间久了，她感到有些苦闷，她隐约感觉到自己不想再做会计工作，希望自己未来有更长远的职业发展。

可是，对于未来有哪些方向可以走，她自己并不清楚，家人、朋友和周围的同事也都不能帮她理清头绪。为此，她很苦恼，于是找到了公司的人力资源管理人员小王。小王帮她梳理了职业发展可选的方向，并让她对照着不同的方向，根据自身的情况做出选择。

1. 在高度上，她可以选择的方向有财务经理、财务总监、副总经理、总经理等在职位上逐渐提高的管理岗位。

2. 在深度上，她可以选择的方向有高级审计师、高级会计师、投资理财顾问、财务顾问等专业性较强、更精深的技能岗位。

3. 在宽度上，她可以选择变换岗位，选择与专业相关的岗位，比如出纳、理财专员、财务培训专员、财务产品销售等；如果不想再从事与财务相关的工作，可以考虑选择其他岗位从零开始。

4. 在温度上，她可以选择的方向有更重视在家庭中的投入、通过业余时间旅游散心、培养一些业余爱好、利用业余时间学习理财知识等。

1.2.4 个人发展计划

面对不同类型的员工，如果公司一味地按照人才盘点的结果来开展接班计划，势必会引起部分员工的不满。这时候除了要与员工沟通确定职业发展方向以外，还要尊重员工本人的职业发展意愿，和员工一起制订员工个人发展计划。

个人发展计划（Individual Development Plan，IDP）是一个帮助员工进行职业生涯规划的工具，是一张能够展示员工未来的职业生涯发展的地图。个人发展计划能够帮助员工发现自身的优势、兴趣、目标、待发展能力及相应的发展活动，帮助员工在合适的时间内获取合适的技能，以实现职业目标。

实施个人发展计划有 4 个好处。

（1）有助于员工增强对工作的把握能力和控制能力。

（2）有助于员工持续不断地实现和提升自身的价值。

（3）有助于提高员工工作的积极性和自身的创造力。

（4）有助于员工较好地处理职业和生活的平衡关系。

在实施个人发展计划时，可以按照 4 个步骤进行，如图 1-7 所示。

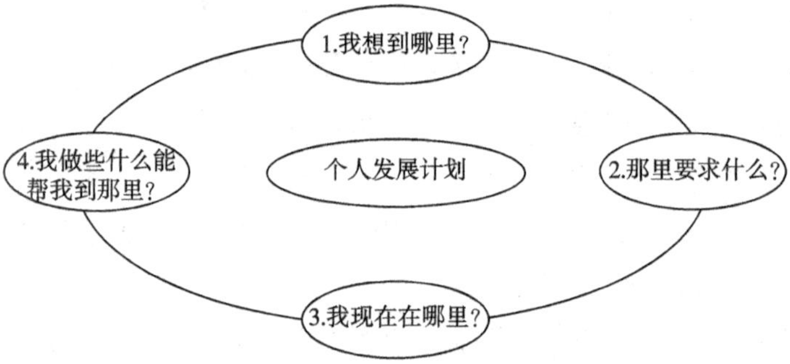

图 1-7 实施个人发展计划的 4 个步骤

（1）员工要考虑“我想到哪里”，也就是员工要确认个人的职业发展目标是什么。

（2）员工要思考“那里的要求是什么”，也就是实现个人职业发展目标需要具备怎样的能力素质基础。

（3）员工要关注“我现在在哪里”，也就是评估自身当前的能力和经验状况，思考要实现职业发展目标还需要提升哪些能力、补充哪些经验。

（4）员工要思考“我做些什么能帮我到那里”，也就是制订详细的学习和发展的行动计划，提高自身的能力，以期实现自己的个人职业发展目标。

个人发展计划样表如表 1-1 所示。

表 1-1　个人发展计划样表

个人发展计划

<table>
<tr><td>姓名</td><td></td><td>所在公司</td><td></td><td>部门</td><td></td></tr>
<tr><td>岗位</td><td></td><td>职务</td><td></td><td>直属上级</td><td></td></tr>
<tr><td colspan="6">计划有效期：　　年　月　日　—　年　月　日</td></tr>
<tr><td colspan="6">职业发展目标
（优势、劣势、挑战，至少分别列出实现目标最关键的 3 项）</td></tr>
<tr><td>职业发展目标</td><td colspan="5"></td></tr>
<tr><td>优势</td><td colspan="5"></td></tr>
<tr><td>劣势</td><td colspan="5"></td></tr>
<tr><td>挑战</td><td colspan="5"></td></tr>
<tr><td colspan="6">个人现状总结</td></tr>
<tr><td colspan="6"></td></tr>
<tr><td colspan="6">期望发展的技能
（至少列出 3 项）</td></tr>
<tr><td colspan="6"></td></tr>
<tr><td colspan="6">具体行动计划</td></tr>
<tr><td colspan="2">行动计划</td><td>衡量标准</td><td>持续时间</td><td>评估方式</td><td>评估人</td></tr>
<tr><td colspan="2"></td><td></td><td></td><td></td><td></td></tr>
<tr><td colspan="2"></td><td></td><td></td><td></td><td></td></tr>
<tr><td colspan="2"></td><td></td><td></td><td></td><td></td></tr>
<tr><td colspan="6">希望公司提供的支持</td></tr>
<tr><td colspan="6"></td></tr>
<tr><td colspan="6">签署计划</td></tr>
<tr><td colspan="2">□以上内容经过充分考虑和沟通，属于本人真实意愿，我同意此发展计划</td><td colspan="2">本人签字：

时间：</td><td colspan="2">直属上级签字：

时间：</td></tr>
</table>

员工的直属上级、部门负责人或人力资源部可以与员工一起制订员工个人发展计划，实施步骤可以分为以下 3 步。

1. 员工过往发展回顾

员工根据对个人发展计划的了解，对自己的过往发展进行回顾。回顾时要注意总结自己的个人通用能力（包括沟通能力、时间管理能力等）、个人管理能力（包括项目管理能力、激励下属能力等）以及个人专业能力（包括岗位技术能力、专业应用能力等）。

2. 员工未来发展建议

员工对自己的职业发展的想法通常是不客观或存在偏差的，这时候公司应根据员工对自己职业发展的初步想法，给员工一些意见或建议，和员工一起讨论并制订员工短期的业绩改进计划和长期的职业发展规划。

3. 员工未来发展需求

在与公司讨论并制订个人发展计划的过程中，员工可以提出自己对未来职业发展的需求，包括个人需要具备的通用能力、管理能力、专业能力等。在与公司沟通后，员工可以通过培训、轮岗或自学等多种形式来实现能力的提升。

1.2.5 接班计划实施

根据人才盘点结果和个人发展计划，公司能够形成关键岗位的接班计划。对公司各关键岗位接班人的设置如图 1-8 所示。

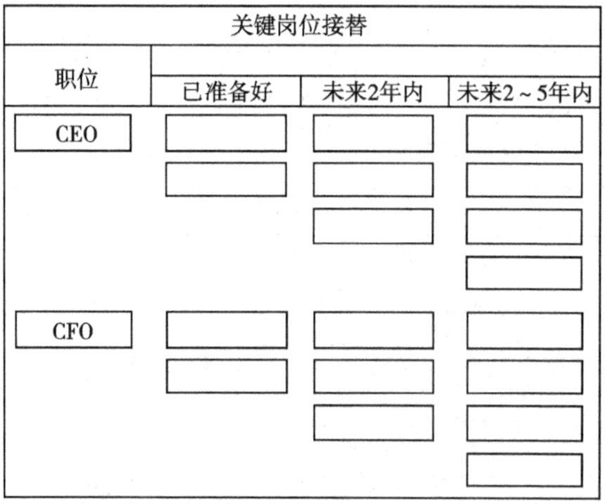

图 1-8　公司关键岗位接班人设置

上图中，“职位”下方填写的是公司关键岗位的名称。这里应填“岗位名”而不是填“人名”。在列出岗位之后可以写上人名。岗位名的右边是至少包含3级的接班人名单。

第1级是能够马上接替这个岗位的人选。

第2级是未来2年内能接替这个岗位的人选。

第3级是未来2～5年内能接替这个岗位的人选。

为什么要这样分级？因为每个岗位人选都有马上离开的可能性。可能因为这个岗位人选晋升到了更高的岗位，可能因为岗位轮换，也可能因为员工离职。总之，公司应当有心理预期，任何一个岗位人选都不是固定不变的，动态的变化才是永恒的。

因此，为避免人才离开关键岗位无人接任而给公司造成损失，原则上每个关键岗位都应至少有一个能够马上接替该岗位的人选。

具备一定基础，但缺少经验的人才，对于关键岗位的熟悉和了解一般需要2年时间，这样设置能够和第1级形成岗位轮换时间差。第2级需要2年左右才能成熟的人才，以及第3级需要2～5年才能成熟的人才，主要是考虑到人才发展的培养周期和时间差的问题。

单纯选定接班人是远远不够的。公司还要建立3个级别中所有接班人的个人培训与开发档案，充分运用现有资源，通过个体辅导、参与项目、岗位轮换、培训学习等各种方式帮助接班人提升自身的知识储备、经验和能力，并且加强管理沟通和过程监控反馈，让这些接班人可以按照既定的成长和发展路线稳步前行，成为公司需要的人才。

对大型公司或岗位间能力差异较大的公司，可以按照上述方法实施接班计划。对一些规模较小、管理要求较低、岗位间同质性较强的公司，可以用关键岗位人才池的方法管理接班人，如图1-9所示。

蓄水池般的关键岗位人才池，可以保障公司内部源源不断的人才供应，不至于出现人才断层的情况。

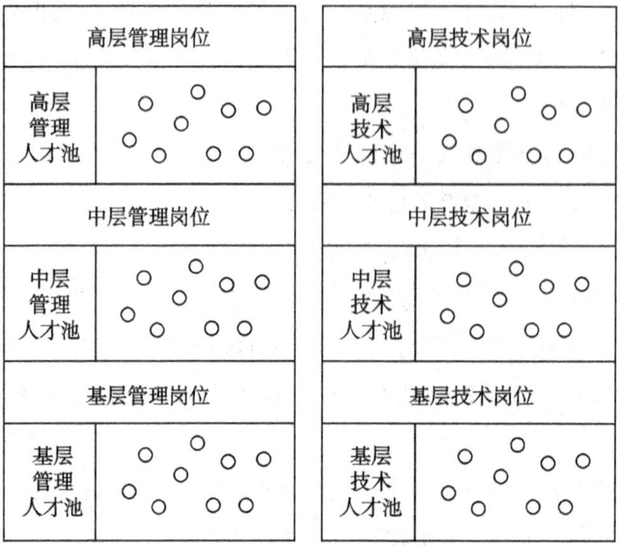

图 1-9　关键岗位人才池

案例

某全国连锁汽车销售公司中人才的岗位类型比较单一，主要是销售岗位。公司中的主要管理人才都是由销售人才晋升而来的。该公司销售队伍的人才梯队建设主要采取人才池方式，将具有销售能力和管理潜质的人才放在人才池中统一进行管理，当公司有管理岗位的人才需求时，可以从人才池中寻找人才。

案例

某上市公司的人才梯队建设方法

某上市公司是一家财务管控型的集团公司，集团公司共有员工 6 000 余人，下设 20 余家子公司，各子公司分别从事不同的关联业务。这些子公司从事的业务，有大约 1/3 属于高新技术生产制造业，大约 2/3 属于劳动密集型生产制造业。

该上市公司非常重视人才梯队建设，实施人才梯队建设的逻辑如图 1-10 所示。

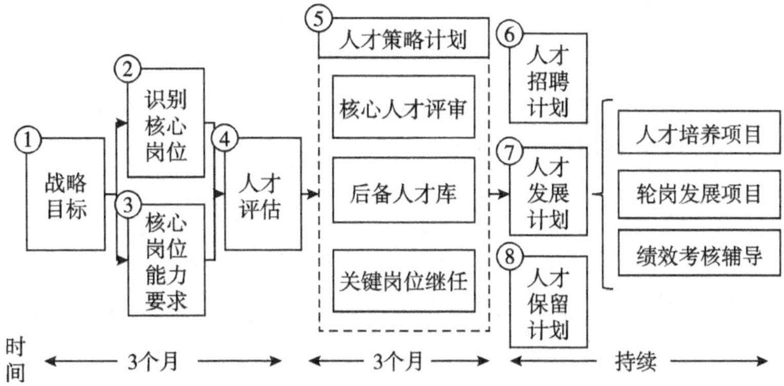

图 1-10　某上市公司实施人才梯队建设的逻辑

该公司人才梯队建设的实施分成 2 个部分、8 个模块。第 1 个部分是人才策略规划与人才库建设，包括 5 个模块。第 2 个部分是人才方案的计划与实施，包括 3 个模块。

第 1 个部分的前 4 个模块一般在上年 7 月初开始实施，大约到 9 月底完成；第 1 个部分的第 5 个模块一般在上年 10 月初开始实施，大约到 12 月底完成。第 2 个部分的 3 个模块自当年的 1 月初开始实施，持续到当年 7 月，而后即开始实施下一年的人才策略规划与人才库建设。

1. 战略目标

该公司实施人才梯队建设逻辑的第 1 步是确定公司第 2 年的战略目标。该公司针对战略制订 3 年规划和 5 年规划，但 3 年规划比较模糊，5 年规划仅说明了大方向。因此，要做好人才梯队建设，需要明确第 2 年的战略目标。

2. 识别核心岗位

有了第 2 年的战略目标后，该公司会根据战略目标识别哪些是公司的核心岗位，哪些是非核心岗位。识别核心岗位使用的原理是“80/20 定律”，即 20% 的核心岗位能创造 80% 的价值。战略目标发生变化，核心岗位随之发生的变化有时较小，有时较大。

3. 核心岗位能力要求

识别出核心岗位后，该公司会根据战略目标，确定核心岗位的能力要求。有了对岗位具体能力的聚焦与要求，人才培养工作才会有方向、有依据、有目标。

4. 人才评估

有了识别出的核心岗位和核心岗位应当具备的能力要求后，该公司会对当前的人才状况实施评估，发现当前人才结构存在的问题和差距。

5. 人才策略计划

通过人才评估找到问题之后，该公司会针对问题制订人才策略计划。要制订人才策略计划，需要对核心人才进行评审，对后备人才库进行开发并对关键岗位接班情况进行盘点。

6. 人才招聘计划

人才策略计划对应着 3 项重要工作，其中第 1 项就是人才招聘计划。人才招聘计划的主要作用是补足当前的人力资源在数量上的差异。

7. 人才发展计划

除了补充人力资源的数量之外，还要提高人力资源的质量。人才发展计划正是对人才进行培养和发展，保证人力资源在质量上达标的一种工具。人才发展计划主要包括人才培养项目、轮岗发展项目和绩效考核辅导。

8. 人才保留计划

除了对人才的识别、培养与发展以外，人才保留也是人才梯队建设中不可忽视的重要环节。如果培养出的人才最终都选择离开，公司将会“竹篮打水一场空”。

第 2 章
人才质量盘点

人才质量盘点是公司对人力资源的质量情况进行的盘点。通过对由人才质量盘点发现的有价值的信息进行分析，公司可以制订具体的、详细的、组织层面上的应对策略和行动计划，保障组织能够得到需要的人才，落实公司的整体业务战略，实现公司效益的可持续增长。

2.1 人才质量盘点方法

在人力资源管理中，对人才质量的盘点比对人才数量的盘点更重要。人才质量盘点有 3 大维度。结合这 3 大维度，人才质量盘点可以细分成 3 类方法和 3 种分析。

2.1.1 人才质量盘点的 3 大维度

在人才质量盘点实施得比较熟练的公司中，人才质量盘点的维度通常存在一定的差异。这种差异主要源于公司文化、公司所处的发展阶段和创始人理念等的不同。

虽然有差异，但不论哪种人才质量盘点方法，最终都会指向最常见的人才质量盘点的 3 大维度，这 3 大维度分别是态度维度、能力维度和绩效维度，如图 2-1 所示。

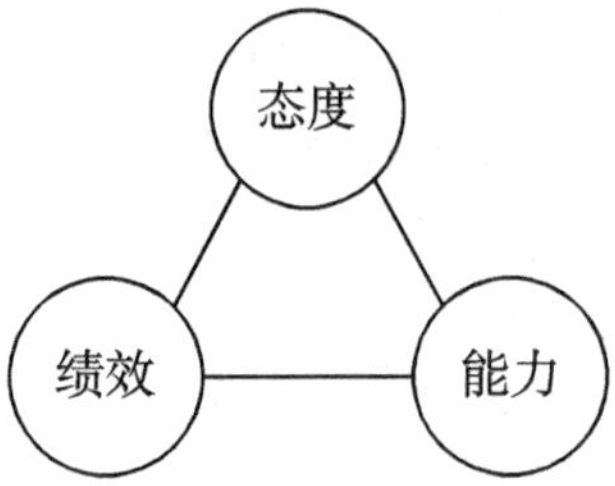

图 2-1 人才质量盘点的 3 大维度

态度，包括员工工作的积极性，员工的主观能动性、主观意愿，员工对自身岗位的工作抱有多大的热情。态度是指为了把自己的工作做好，员工愿意付出多大的努力，即员工愿不愿意把工作做好。员工的价值观、敬业度、满意度等，都属于态度维度的内容。

能力，包括员工的个人素质、知识水平、技能水平、工作经验或熟练程度，是指员工有没有能力把工作做好，或者员工做好工作的可能性有多大。员工的潜质、潜力、潜能等，都属于能力维度的内容。

绩效，包括员工在工作岗位上实际展现出来的成果，是指员工实际上有没有达成岗位要求的工作目标，有没有达到公司要求，有没有把工作做好。员工的绩效评级、工作成果、工作评价等，都属于绩效维度的内容。

通过评估人才在态度、能力和绩效 3 个维度上的表现，公司可以形成人才质量盘点情况统计表，如表 2-1 所示。

表 2-1　人才质量盘点情况统计表

姓名	态度	能力	绩效
张三			
李四			
王五			

人才质量盘点情况统计表可以用来总括公司人才质量盘点的最终结果。上表仅为示例，公司可以根据自身情况和需要进行完善。

例如，可以在态度、能力和绩效模块内做进一步的细分。假如张三、李四、王五 3 人的岗位相同，岗位需要的能力和绩效指标都相同，三者之间具备一定的可比性，那么这 3 个维度中的每个维度都可以再进行细分，以便于彼此间的比较。

2.1.2　人才质量盘点的 3 类方法

准确盘点人才质量，需要正确的方法。人才质量盘点的维度不同，需要使用的方法和工具也有所不同。

1. 态度维度测评

要测评员工的态度，可以使用人才测评的方法，常见工具包括心理测试、性格测试、领导力测试、思维能力测试、专家访谈、角色扮演游戏等。

2. 能力维度测评

要测评员工的能力，可以使用评估岗位胜任能力的方法，常见工具包括岗位胜任力模型、冰山模型等。

3. 绩效维度测评

要测评员工的绩效，可以使用绩效管理的方法，包括绩效管理工具、绩效管理程序和绩效评价方法。其中，绩效管理工具包括目标管理法（Management by Objective，MBO）、关键过程领域法（Key Process Areas，KPA）、关键结果领域法（Key Result Areas，KRA）、关键绩效指标法（Key Performance Indicator，KPI）、目标与关键成果法（Objectives and Key Result，OKR）、关键成功因素法（Key Success Factors，KSF）、平衡计分卡（Balance Score Card，BSC）等。

绩效管理程序一般包括绩效指标分解、制订绩效计划、进行绩效辅导、进行绩效评价、绩效结果反馈和绩效结果应用等过程。

绩效评价方法一般包括360度评估法、关键事件法、行为锚定法、行为观察法、加权选择法、强制排序法、强制分布法等。

2.1.3 人才质量盘点的 3 种分析

既然可以在态度、能力和绩效 3 个维度进行人才质量盘点分析，那这 3 个维度就既可以放在一起分析，也可以单独分析。如果放在一起分析，可以把其中 2 个维度放在一起分析，也可以把 3 个维度放在一起分析。所以，人才质量盘点就形成了 3 种常见的分析形式，分别是单维度分析、双维度分析和三维度分析。

1. 单维度分析：数量平面结构图法

单维度分析指针对人才质量盘点的单个维度实施的分析，这种分析中最常见的分析方法是数量平面结构图法。所谓数量平面结构图法，是指根据员工在单个维度上的数量情况，画出与数量结构比例对应的图形，并判断图形结构的合理性。

案例

某公司共有 1 000 人，公司对当前员工的能力情况进行盘点，其中能力较好的员工为 100 人，占比为 10%；能力中等的员工为 200 人，占比为 20%；能力较差的员工为 700 人，占比为 70%。此时，该公司员工的能力结构呈现出 1 ∶ 2 ∶ 7 的数量关系。

将这种数量关系转化成图形会发现，该公司员工能力结构的数量关系呈现为一种金字塔结构，如图 2-2 所示。

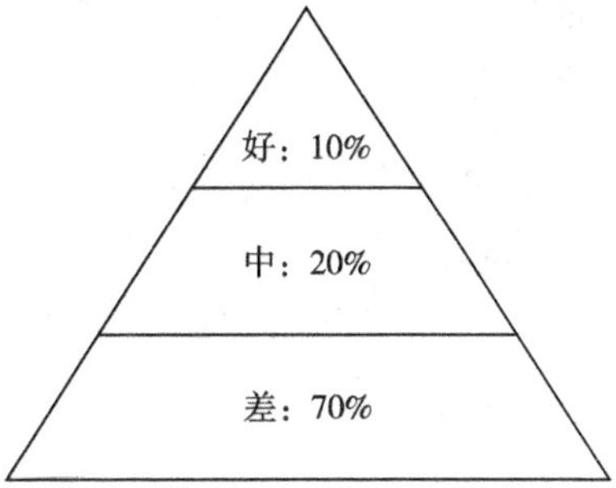

图 2-2　某公司员工能力结构的数量关系示意图

该公司处于快速发展时期，需要大量的人才储备，当前这种员工能力结构对公司未来的发展显然是比较不利的，该公司应当制订员工培养计划，及时提高员工的能力水平。

2. 双维度分析：坐标轴法

双维度分析指针对人才质量盘点中的某 2 个维度实施的分析，这种分析中最常见的分析方法是坐标轴法。所谓坐标轴法，是指以某一维度为横轴，另一维度为纵轴，在坐标轴中设定高低或大小关系，分成不同层级，根据员工的实际情况，将员工安放在合适的层级中。根据不同类别的特点，公司采取相应的措施。

案例

某公司按照态度和能力 2 个维度实施人才质量盘点，把人才的态度和能力 2 个维度划分为高和低 2 种层级，形成态度 - 能力四宫格人才质量盘点工具，如图 2-3 所示。

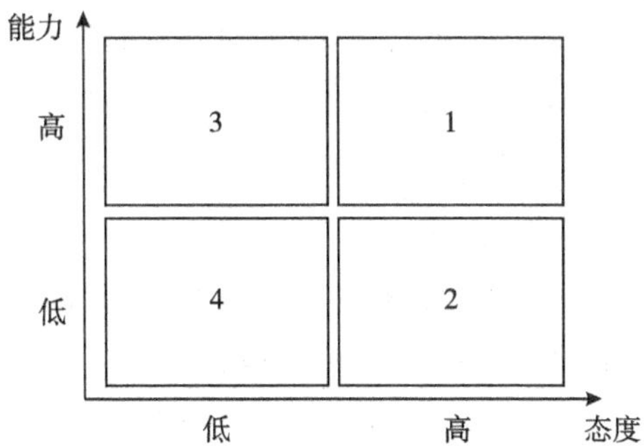

图 2-3　态度 - 能力四宫格人才质量盘点工具

上例中的“高”和“低”应当事先确定明确的标准，不论是对哪一维度进行评价，都应遵循此标准。例如，可以按照 70 分及以上为高，70 分以下为低的标准；也可以按照绩效被评为 A 级和 B 级为高，绩效被评为 C 级和 D 级为低的标准。

四宫格人才质量盘点工具按照“高”和“低”2 种层级划分，把人才质量盘点的结果分成 4 种情况。除此之外，也可以按照“高”“中”“低”3 种层级划分，把人才质量盘点的结果分成 9 种情况。

案例

某公司按照绩效和能力 2 个维度实施人才质量盘点，把人才的绩效和能力 2 个维度划分为高、中、低 3 种层级，形成绩效 - 能力九宫格人才质量盘点工具，如图 2-4 所示。

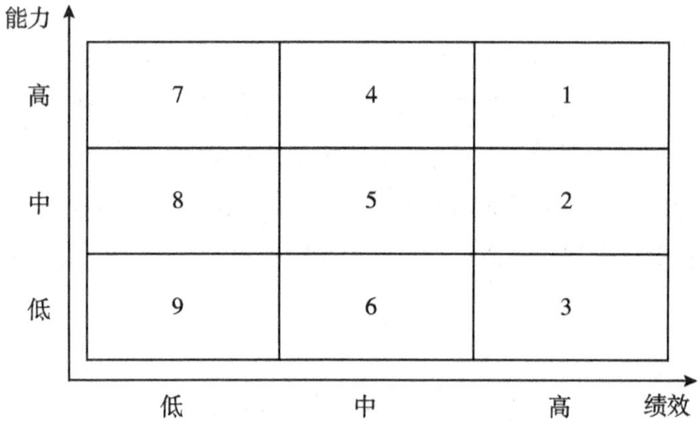

图 2-4　绩效 - 能力九宫格人才质量盘点工具

在坐标轴法中，不论是使用四宫格工具，还是九宫格工具，下一步都是根据人才的情况，将人才划分到不同的单元格中，并对不同单元格中的人才实施不同的应对策略。

3. 三维度分析：空间结构图法

三维度分析指针对人才质量盘点的 3 个维度同时实施的分析，这种分析中最常见的分析方法是空间结构图法。所谓空间结构图法，是指分别以 3 个维度为坐标轴，画出空间结构图，参照类似坐标轴法的分析方法，对人才进行分类。根据不同类别的特点，公司采取相应的措施。

案例

某公司按照态度、能力、绩效3个维度实施人才质量盘点，把人才的态度、能力、绩效3个维度划分为高、低2种层级，形成人才质量盘点的八方格魔方工具，如图2-5所示。

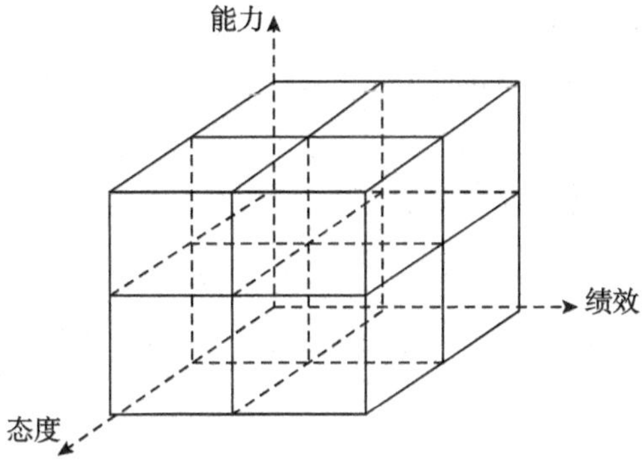

图 2-5　人才质量盘点的八方格魔方工具

与双维度分析中四宫格人才质量盘点工具和九宫格人才质量盘点工具的分类原理类似，三维度分析中同样可以在不同维度上划分出高、低2种层级和高、中、低3种层级。

案例

某公司按照态度、能力、绩效3个维度实施人才质量盘点，把人才的态度、能力、绩效3个维度划分为高、中、低3种层级，形成人才质量盘点的二十七方格魔方工具，如图2-6所示。

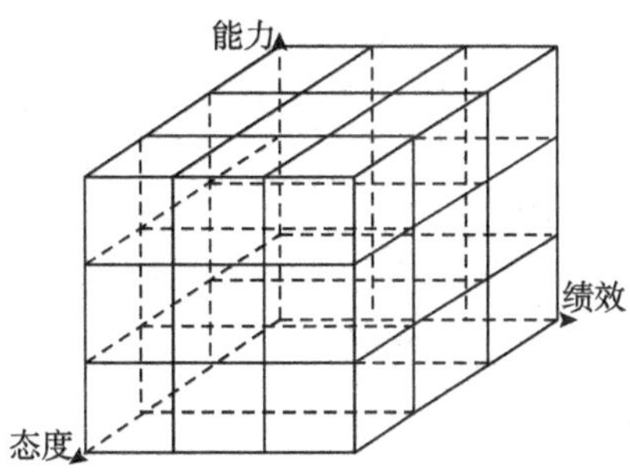

图 2-6　人才质量盘点的二十七方格魔方工具

2.2　单维度人才质量盘点

单维度人才质量盘点通常是采用数量平面结构图法进行单个维度的人才质量盘点的分析方法。因为人才质量盘点通常可以归结为态度、能力和绩效 3 个维度，单维度人才质量盘点通常就是在这 3 个维度上实施盘点。

态度、能力和绩效单维度的数量平面结构图分成高（优秀）、中、低（较差）3 个层级后，通常可以得到 5 种图形结构，分别是橄榄型、倒金字塔型、直方型、花生型、金字塔型，如图 2-7 所示。

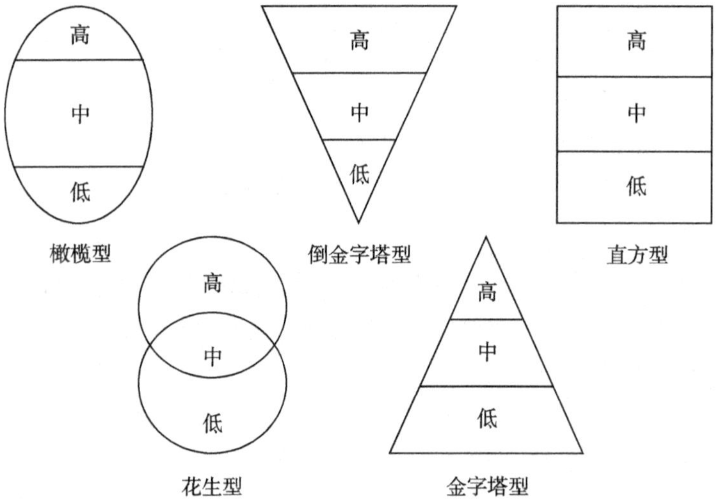

图 2-7　态度、能力和绩效单维度的数量平面结构图

根据每个层级的人数不同，公司能绘制出自身人才的态度、能力和绩效单维度的数量平面结构图，从而非常直观地看出整个公司的人才在态度、能力和绩效方面的数量结构情况，为下一步采取相应措施提供依据。

2.2.1　人才态度结构盘点

对人才态度结构的盘点来说，在橄榄型、倒金字塔型、直方型、花生型、金字塔型 5 种人才态度结构中，哪一种结构最优呢？

对人才态度结构的盘点来说，原则上应当是高（优秀）的人数越多越好，低（较差）的人数越少越好。所以在5种人才态度结构中，倒金字塔型是最优的。

一般来说，在这5种人才态度结构中，倒金字塔型＞直方型＞橄榄型＞花生型＞金字塔型（“＞”表示左半部分比右半部分更优）。

橄榄型态度结构虽然低（较差）的人数较少，但高（优秀）的人数同样较少，与直方型态度结构相比较差，与花生型态度结构和金字塔型态度结构相比较优。

直方型态度结构虽然低（较差）的人数不少，但高（优秀）的人数同样不少，3种层级的人数相当，与倒金字塔型态度结构相比较差，但与其他3种结构相比较优。

花生型态度结构虽然高（优秀）的人数较多，但低（较差）的人数同样较多，同时中等的人较少，结构中缺少承上启下的部分，与橄榄型态度结构相比较差，但与金字塔型态度结构相比较优。

金字塔型态度结构的人才态度结构最差，这种结构低（较差）的人数较多，高（优秀）的人数较少，非常不利于公司发展。

2.2.2 人才能力结构盘点

对人才能力结构的盘点来说，在橄榄型、倒金字塔型、直方型、花生型、金字塔型5种人才能力结构中，哪一种结构最优呢？

一般来说，在快速发展、需要大量人才的公司中，倒金字塔型＞橄榄型＞直方型＞花生型＞金字塔型；在平稳发展、人才需求有限的公司中，橄榄型＞倒金字塔型＞直方型＞花生型＞金字塔型。

橄榄型能力结构处于中的人数是最多的，处于高（优秀）和低（较差）的人数比较少。尽管从表面看，公司优秀的人才并不多，但如果公司，存在较多能力处在中等水平的人才，公司可以对这批人才进行培养和提升。因为低（较差）的人也比较少，不至于对公司发展形成阻碍。

倒金字塔型能力结构从表面看比较好，似乎公司中能力强的人非常多，人才济济。一般来说，公司中素质和能力差的人不应当占多数，否则就没有足够的人才支撑公司的发展。但同时，能力强的人也不应占多数，因为公司能提供的职业机会、发展空间和薪酬待遇都是有限的。如果优秀人才太多，反而会导致大部分优秀人才因得不到锻炼或得不到期望待遇而选择离开公司，从而对公司发展不利。

如果公司处于快速发展时期，有足够的发展空间和平台可以提供给这部分优秀的人才，那么优秀人才的占比应当高一些。如果不是快速发展的公司，倒金字塔型能力结构会导致人才过剩，存在不稳定因素。对一般的公司来说，能力中等的人才在公司中的比例为 50% ～ 70% 是比较理想的状态。

直方型能力结构看起来比较平均，高、中、低能力的人才数量相当，但公司在未来发展中可能出现人才不足的状况。

花生型能力结构很容易导致人才断层，可能严重影响公司发展。

金字塔型能力结构中能力强的人才太少，无法对公司发展产生支撑作用；能力较差的人才又太多，阻碍了公司的发展。

花生型和金字塔型能力结构都是比较不健康的人才能力结构，如果出现这两种结构，公司应马上采取行动予以整改。

2.2.3 人才绩效结构盘点

对人才绩效结构的盘点来说，在橄榄型、倒金字塔型、直方型、花生型、金字塔型 5 种人才绩效结构中，哪一种结构最优呢？

一般来说，在发展较好、资金或资源比较充足的公司中，倒金字塔型＞橄榄型＞直方型＞花生型＞金字塔型；对发展情况一般或较差、资金或资源不充足的公司来说，橄榄型＞倒金字塔型＞直方型＞花生型＞金字塔型。

判断人才绩效结构优劣的原理与判断人才能力结构的原理有些类似。员工的绩效水平高，代表员工期望获得的奖励水平也会相应提高。如果资金或资源不允许公司为全部高绩效员工提供高额奖励，这时就会出现高绩效员工离职的情况。

倒金字塔型绩效结构虽然是很多公司的期望，但如果不具备一定的资金或资源，这样的人才绩效结构对公司的发展往往是不利的。

橄榄型绩效结构比较平稳，也是大部分健康、平稳发展的公司中比较容易出现的人才绩效结构。

对大多数公司来说，直方型绩效结构也可以接受。比较不能接受的是花生型和金字塔型绩效结构，尤其是金字塔型绩效结构。当公司出现这 2 种绩效结构时，应立即采取整改措施。

2.3 双维度人才质量盘点

双维度人才质量盘点通常是采用坐标轴法进行 2 个维度的人才质量盘点的分析方法。双维度人才质量盘点被广泛应用于各大公司的人才盘点实践，后文介绍的阿里巴巴、华为和京东采用的人才质量盘点都是运用坐标轴法实施的双维度人才质量盘点。

因为这种方法最常被应用，除了从常用的态度、能力和绩效 3 个维度中选择 2 个维度进行人才质量盘点外，本书还介绍了从战略 - 稀缺、贡献 - 敬业、智商 - 情商和重要 - 难易等不同的二维角度和不同的应用场景进行人才质量盘点的方法。

2.3.1 态度 - 能力二维盘点

对态度 - 能力的二维盘点可以划分高、低 2 个层级，采用态度 - 能力四宫格人才质量盘点工具；也可以划分高、中、低 3 个层级，采用态度 - 能力九宫格人才质量盘点工具。本小节以态度 - 能力四宫格人才质量盘点工具为例进行应用解析，如图 2-8 所示。

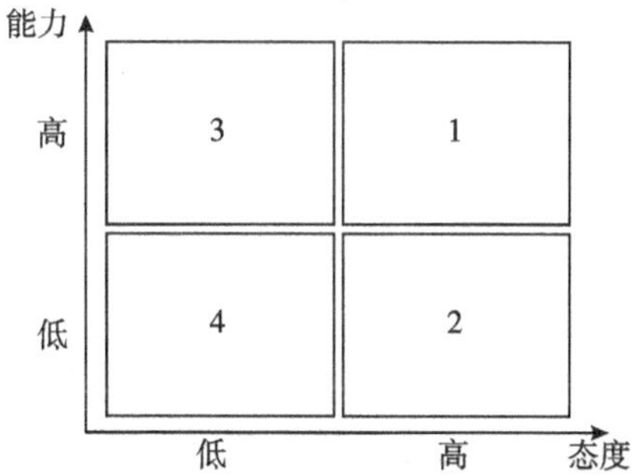

图 2-8　态度 - 能力四宫格人才质量盘点工具

第 1 个格子代表人才工作的积极性较高、能力较强。这类人才是公司的宝贵财富，是公司发展的中流砥柱。在推动公司发展、为公司创造价值方面，绝大多数工作是由这部分人才完成的。

对这类较杰出的人才，公司应重点关注，给予晋升和发展机会，或提供一些特别福利、特殊照顾。如果公司对这类人才不闻不问，当外部诱惑足够大时，这类人才很可能最终选择离开。

第 2 个格子代表人才拥有较高的工作积极性，但在工作能力上有所欠缺。这类人才具备成为公司发展的中坚力量的潜力。公司应为这类人才提供必要的培训，想方设法提高这类人才的能力，让这类人才朝第 1 个格子努力。

第 3 个格子代表人才的工作能力虽然较强，但是他们工作的积极性比较低，俗话叫“有劲儿不愿使”。对于这类人才，公司要加强对他们的管理，通过完善的规章制度和科学的绩效管理来评估、规范和引导他们的行为，让他们也能够向第 1 个格子靠拢。

第 4 个格子代表人才工作的积极性较低，工作能力也较弱。这类人才对公司来说价值较低。对待这类人才的策略通常是先具体了解和分析情况，可以给予其一定的培训，加强绩效管理或制度建设，也可以实施必要的轮岗、降级或在本岗位中继续观察和锻炼等措施。

这 4 类人才在公司中的比例一般是第 1 个格子的人才为 20% 左右，第 2 个格子的人才为 30% 左右，第 3 个格子的人才为 30% 左右，第 4 个格子的人才为 20% 左右。

2.3.2　绩效 – 能力二维盘点

对绩效 - 能力的二维盘点同样可以划分高、低 2 个层级，采用绩效 - 能力四宫格人才质量盘点工具；也可以划分高、中、低 3 个层级，采用绩效 - 能力九宫格人才质量盘点工具。为与 2.3.1 节区分，本小节以绩效 - 能力九宫格人才质量盘点工具为例进行应用解析，如图 2-9 所示，选择其中比较有代表性小的类型进行说明。

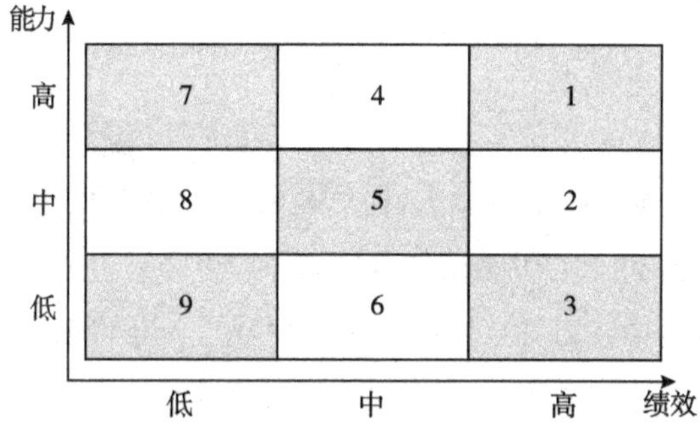

图 2-9　绩效 - 能力九宫格人才质量盘点工具

第 1 个格子代表绩效水平高，能力水平也高的人才。处在这个格子的人才，公司可以根据具体情况考虑对其提拔和晋升，给予这类人才更多的奖励或激励。公司应做好这类人才的保留工作。

第 9 个格子代表能力比较低，绩效水平也较低的人才。这类人才对公司来说是否完全没有价值呢？其实不是，对这类人才，公司还要评估其工作态度。如果人才的工作态度没问题，那么绩效水平低的直接原因可能是人才的能力水平较低，所以对这类人才，公司可以加强培养或采取轮岗方式帮助其学习。

例如，许多应届生作为公司新员工入职时，能力水平通常较低，绩效水平也较低。这类人才基本都处在第 9 个格子。但应届生中不乏吃苦耐劳、踏实勤奋的工作态度积极的人才，公司应重点关注并培养这类人才。

比较异常的人才类别是第 7 个格子和第 3 个格子的人才。

第 7 个格子代表人才的能力水平较高，但绩效水平较低。这种情况可能要考虑人才的能力和绩效是否存在不匹配的情况，人才所处的岗位能否发挥其能力优势，如果不能，公司可以考虑给该类人才调岗；也可能是人才工作的方式方法存在问题，公司需要做绩效指导；还有可能是人才的工作态度出现了问题。公司需要在了解具体原因后，再尝试在绩效或制度上做出相应努力。

第 3 个格子代表人才的绩效水平较高，但能力水平较低。出现这种情况的原因较多，可能是人才所在岗位绩效和能力的相关性不强，可能是绩效指标设置出了问题，还可能是能力体系评估出了问题。这同样需要公司根据实际情况，具体问题具体分析。

第 5 个格子代表人才的绩效水平中等，能力水平中等，是各项比较平均的情况。在一个稳定发展的公司中，处于这个格子的人才通常不在少数。这个格子的人才能够在公司中起到承上启下的关键作用。

在绩效 - 能力九宫格中，健康的人才结构会表现出一定的比例特征。一般，公司中处在第 1 个格子，也就是特别优秀的人才不需要太多，占比通常为 10% ～ 20%；处在第 9 个格子，也就是特别差的人才也不应太多，占比通常为 10% ～ 20%。大部分人才应当处于中等水平。

2.3.3 态度 – 绩效二维盘点

对态度 - 绩效的二维盘点同样可以划分高、低 2 个层级，采用态度 - 绩效四宫格人才质量盘点工具；也可以划分高、中、低 3 个层级，采用态度 - 绩效九宫格人才质量盘点工具。本小节以态度 - 绩效九宫格人才质量盘点工具为例进行应用解析，如图 2-10 所示选择其中比较有代表性的类型进行说明。

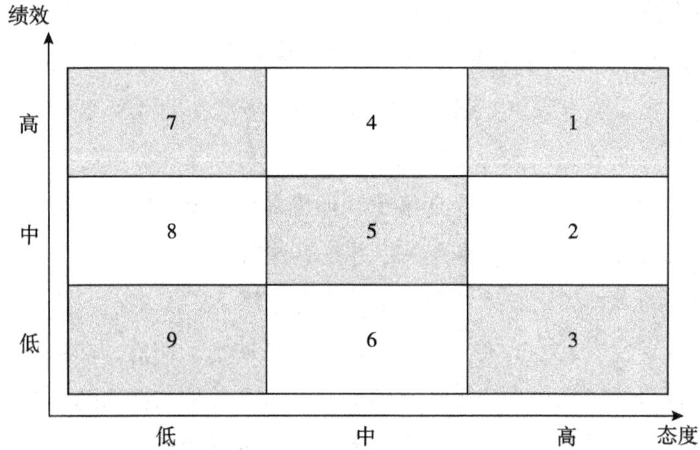

图 2-10　态度 - 绩效九宫格人才质量盘点工具

第 1 个格子代表人才的态度较好，绩效较好。这类人才属于公司的核心人才，是公司的核心人力资源，是公司要重点培养的人才。

第 9 个格子代表人才的态度较差，绩效较差。这类人才属于公司中比较差的人才，这类人才对公司发展通常是不利的，需要对其实施必要的调岗或培训等措施，在多次尝试无效后，可以选择淘汰。

第 3 个格子代表人才的态度较好，绩效较差。对这类人才，公司要找到其绩效差的原因，根据情况给予绩效辅导。这类人才绩效差的原因可能是人岗不匹配，或者能力较差，此时应当对其进行必要的调岗或培训。如果在多次尝试后，这类人才的绩效水平仍然较差，同样可以选择淘汰。

第 7 个格子代表人才的态度较差，绩效较好。对这类人才，不同公司的做法是不同的。有的公司主张这类人才要重用，因为公司不是员工思想的改造中心，在一个具有包容性的公司中，只要员工不对公司发展产生反作用，可以允许员工有一定个性。有的公司则认为这类人才要坚决清除，因为态度差的员工必然会影响周围的员工，让团队氛围变差。

当然，这里对态度的定义是笼统的，并没有具体到某种具体的态度。当分析某种具体态度时，对第 7 个格子的人才的盘点结果会相对比较明确。例如，阿里巴巴对员工态度盘点的重点放在员工的价值观与公司的价值观是否匹配上。阿里巴巴认为员工的价值观若与公司的价值观不匹配，这类人才就不应该在公司内存在。

第 5 个格子代表人才的态度中等，绩效中等。这类人才是公司发展的重要支撑力量，要多加关注并培养。

在态度 - 绩效九宫格中，健康的人才结构同样会表现出一定的比例特征。一般情况下，处在第 1 个格子的人才占比为 10% ～ 20%；处在第 9 个格子的人才占比为 10% ～ 20%。大部分人才处于中等水平。

2.3.4 战略 - 稀缺二维盘点

除了在态度、能力和绩效三维度中选择两个维度做人才质量盘点外，还可以根据公司在不同场景下的不同需求，运用坐标轴法，做二维盘点。

当需要判断当前人才对公司战略的支撑作用，及其在人才市场的稀缺程度时，可以采用战略 - 稀缺二维盘点，将人才按照战略价值和稀缺性两个维度划分。为简化说明，本小节运用高、低两个层级得到战略价值 - 稀缺性四宫格人才质量盘点工具，如图 2-11 所示。

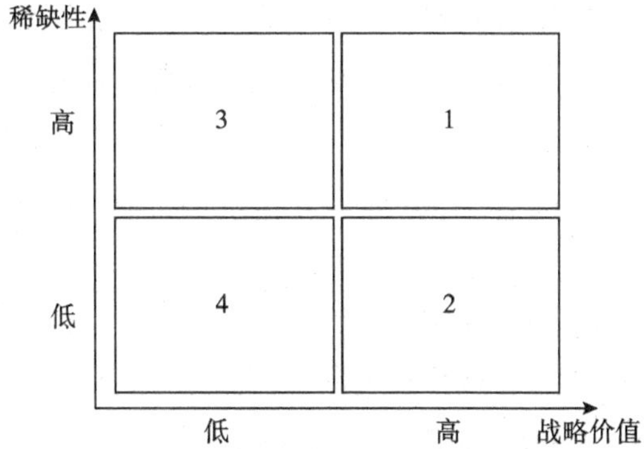

图 2-11　战略价值 - 稀缺性四宫格人才质量盘点工具

第 1 个格子的人才对公司的战略价值较高，稀缺性也较高，属于核心人才。这类人才是公司核心竞争力的来源。对核心人才，公司可以重点培养其领导能力和专业能力，让这类人才继续为公司创造价值。

第 2 个格子的人才对公司的战略价值较高，但稀缺性较低，属于通用人才。

这类人才虽然不够稀缺，但是对公司来说比较重要，公司要注意培养这类人才的基础能力和专业技能，提高这类人才的稀缺性，使其向第 1 个格子转化，成为公司的核心人才。

第 3 个格子的人才对公司的战略价值较低，但稀缺性较高，属于稀缺人才。这类人才虽然比较稀缺，但并不是公司非常需要的人才。这类人才如果可以通过培养实现能力转换，就有可能成为公司的核心人才，但在实践中比较难实现。

第 4 个格子的人才对公司的战略价值较低，稀缺性也较低，属于辅助人才。这类人才可以帮助公司做一些辅助性的工作。对这类人才中比较优秀者，公司可以重点培养其基础能力，使其向第 2 个格子的通用人才转化。

2.3.5 贡献 - 敬业二维盘点

与员工满意度的含义不同，员工敬业度是指员工对公司的归属感、对工作的积极性和对岗位的责任感。

提高员工的满意度能提高员工的敬业度，但不是提高员工敬业度的唯一方式。员工敬业度的高低与员工的目标和价值观有很大关系，有的员工期望在职业上获得比较好的发展，有的员工期望薪酬有所增加，有的员工期望在生活和工作之间获得平衡。当员工的期望得到满足时，员工的满意度和敬业度都会提高。

敬业度高的员工不一定能够为公司带来高的贡献度，敬业度是员工个体的主观努力，贡献度是公司层面的客观评价。如果只研究员工的敬业度，可能不能直接体现出其对公司的价值。要体现出员工对公司的价值，还要看员工对公司的贡献度。

绩效评估结果就是员工对公司的贡献度的一种体现。除此之外，公司可以以部门为单位，通过强制排序法或强制分步法，直接评价不同员工对公司的贡献度。

根据人才对公司的贡献度和敬业度的不同，划分高、中、低 3 个层级，可以得到贡献度 - 敬业度九宫格人才质量盘点工具，如图 2-12 所示。

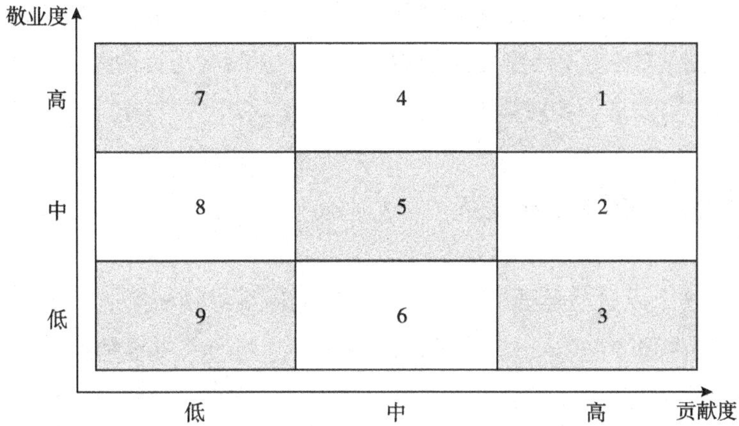

图 2-12　贡献度 - 敬业度九宫格人才质量盘点工具

第 1 个格子代表人才具有高贡献度，高敬业度。这类人才是公司的“明星”员工，公司应当重点关注他们。对这类人才，公司应提供更多的薪酬奖励、福利选择和更高水平的职业发展，进一步提高其对公司的贡献度和敬业度，让这类人才在公司中承担更大责任、创造更大价值。

第 9 个格子代表人才具有低贡献度，低敬业度。公司可以查看这类人才的低贡献度与低敬业度之间是否存在联系。如果低贡献度是由低敬业度引起的，可以设法提高人才的敬业度；如果低贡献度与低敬业度没有联系，公司可以在对其展开必要的培训后，调换岗位或淘汰。

第 3 个格子代表人才具有高贡献度，低敬业度。这类人才的高贡献度并没有受低敬业度的干扰，可能因为这类人才的能力较强，如果提高这类人才的敬业度，可能会获得更高的贡献度；也可能因为贡献度评估机制本身有问题，这类人才所在岗位不需要付出努力，就可以获得高贡献度；还可能因为贡献度评估的标准存在问题，人才的实际贡献度并不高，评估结果却是高的。

第 7 个格子代表人才具有低贡献度，高敬业度。这类人才拥有比较高的敬业度，却没有高贡献度。产生这种情况的原因可能是人才的能力水平较低，这时可以对人才进行能力培训；可能是人才所在岗位不利于其发挥自身能力，这时可以对人才实施调岗；可能是人才所处环境让其难以发挥能力，这时可以帮人才创造更好的环境；可能是人才没有足够资源，这时可以为其提供充足的资源。

第 5 个格子代表人才具有中等敬业度，中等贡献度。这类人才是公司的骨干力量，他们可能勤勤恳恳，但业绩平平。对于这类人才，公司可以了解其需求，首先尝试提高其敬业度，当其敬业度提高后，看贡献度是否得到提高。如果贡献度没有提高，可以进一步对其进行培训。

2.3.6 智商 - 情商二维盘点

对于人才个人素质层面的评价，也可以运用坐标轴法实施二维盘点。当某管理者要评价团队内部员工的情况，或要在一些候选人中选择录用人选，又或要选拔自己的后备人选 / 接班人时，都可以对人才在个人素质层面实施进一步的评价。

智商 - 情商二维盘点就是对人才在个人素质层面的评价。根据人才智商水平和情商水平的不同，划分高、低两个层级，可以得到智商 - 情商四宫格人才质量盘点工具，如图 2-13 所示。

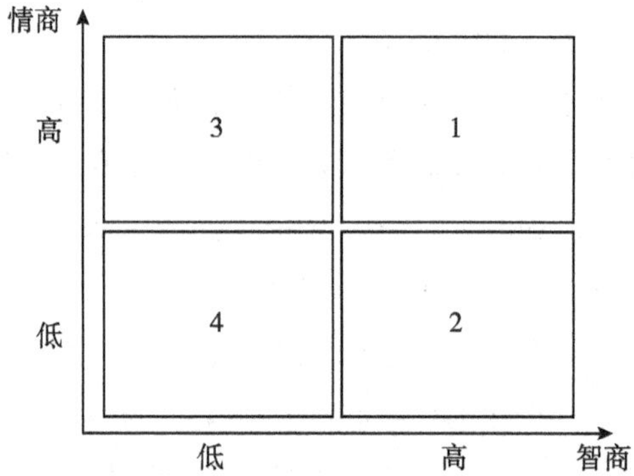

图 2-13　智商 - 情商四宫格人才质量盘点工具

第 1 个格子代表人才的智商高，情商高。这类人才的个人素质较高，很有潜力，是难得的人才，应当重点培养。

第 2 个格子代表人才的智商高，情商低。这类人才可能个人能力较强，但不太适合与人打交道，适合从事技术类的工作，不太适合成为管理者。

第 3 个格子代表人才的智商低，情商高。这类人才虽然不够聪明，但善于交际，适合从事销售、公关等与人打交道的工作，可以作为基层管理者的人选。

第 4 个格子代表人才的智商低，情商低。这类人才的个人素质水平较差，一般不值得重点培养，适合从事比较基础的事务性工作。

2.3.7 重要 – 难易二维盘点

除了人才情况外，公司还可以对岗位情况进行盘点。公司可以针对岗位的重要程度和岗位工作的难易度，通过重要性和难易度的二维盘点，划分高、低两个层级，得到重要 - 难易四宫格人才质量盘点工具，如图 2-14 所示。

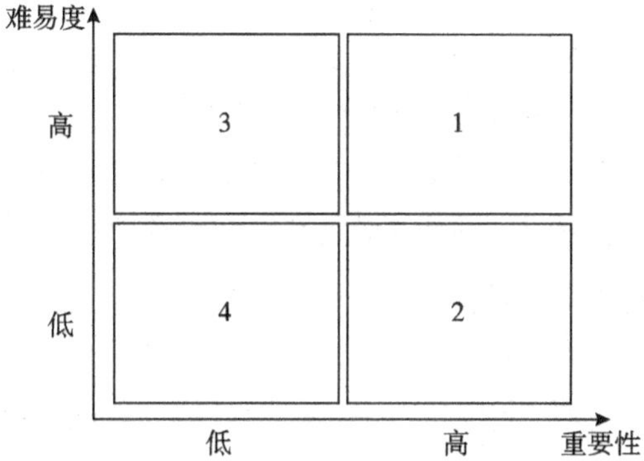

图 2-14 重要 - 难易四宫格人才质量盘点工具

第 1 个格子代表岗位的重要性较高，岗位工作难度较高，属于核心岗位。任职于这类岗位的人才公司应认真选拔、重点培养。

第 2 个格子代表岗位的重要性较高，岗位工作难度较低，属于关键岗位。这类岗位虽然工作难度较低，但因为对公司比较重要，需要由公司的关键人才担任。

第 3 个格子代表岗位的重要性较低，岗位工作难度较高，属于“鸡肋”岗位。这类岗位对公司来说属于“出力不讨好”的岗位，比较适合外包给外部的专业机构。

第 4 个格子代表岗位的重要性较低，岗位工作难度较低，属于一般岗位。这类岗位的工作可以由水平较低的人才或非全日制员工（小时工）完成。

2.4 三维度人才质量盘点

如果把态度、能力、绩效 3 个维度同时放在一起分析，同样划分高、中、低 3 个层级，就会形成一个人才质量盘点魔方工具，如图 2-15 所示。

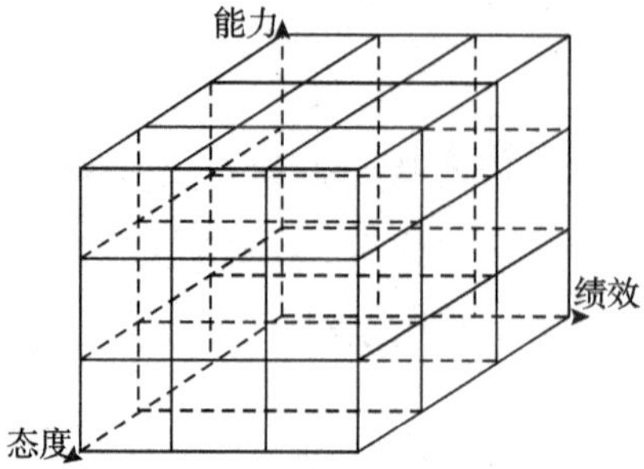

图 2-15　人才质量盘点魔方工具

人才质量盘点魔方工具虽然看起来比较复杂，但它可以形成一个最完整的人才分析体系。公司能够通过人才质量盘点魔方工具看到将人才的态度、能力和绩效 3 个维度放在一起比较后的全貌。

处在人才质量盘点魔方最外延格子中的人才，其工作的积极性高、工作能力比较强、绩效水平比较高，是公司的核心人才，也是最应该关注和保留的人才。处在人才质量盘点魔方最内侧、底部靠近坐标轴心格子中的人才，其工作的积极性低、工作能力比较弱、绩效水平也比较低，对公司来说是价值最低的人才。

人数较多（一般超过 10 000 人）的公司或对人才管理要求较高的公司，可以用人才质量盘点魔方工具来实施人才质量盘点。公司规模不大、对人才管理要求相对不高，但也想运用此工具的公司，可以只划分高、低 2 个层级，得到人才质量盘点魔方工具简化版，这时就会呈现出 8 种情况，如图 2-16 所示。

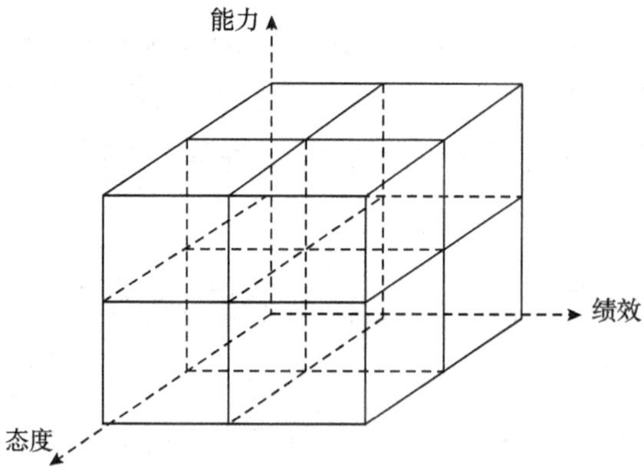

图 2-16　人才质量盘点魔方工具简化版

人才质量盘点魔方是三维立体图形，直接看图形可能并不直观。为直观呈现人才的情况，可以把人才质量盘点魔方里的方格通过表格的形式展示出来，图 2-15

中的所有人才可以被分成27种情况，如表2-2所示。

表2-2　人才质量盘点魔方的27种情况

情况	态度	能力	绩效
1	高	高	高
2	高	中	高
3	高	高	中
4	高	低	高
5	高	中	中
6	高	高	低
7	高	中	低
8	高	低	中
9	高	低	低
10	中	高	高
11	中	中	高
12	中	高	中
13	中	低	高
14	中	中	中
15	中	高	低
16	中	中	低
17	中	低	中
18	中	低	低
19	低	高	高
20	低	中	高
21	低	高	中
22	低	低	高
23	低	中	中
24	低	高	低
25	低	中	低
26	低	低	中
27	低	低	低

对于处在这27种情况中的不同人才，公司要注意出现这些情况的原因，以及可能需要采取的应对策略。对于人力资源管理比较成熟的公司来说，大部分人才的态度、能力及绩效都处在中等水平。这27种情况中，有些情况是人数较少或没人的。如果符合某一种情况的人数较多，可能代表人力资源管理存在异常，需要重点关注。

例如，第4种情况代表了人才的工作积极性高、绩效水平高，能力水平却很低。这属于比较反常的情况。如果把第 9 种情况和第 4 种情况放在一起比较，则更能够体现出第 4 种情况的反常程度。正常情况下，当人才的能力水平比较低时，其绩效水平也会相应较低。

这时，公司要考虑这种情况出现的原因。假如能力评估没问题，评估绩效指标的设置是否存在问题？假如绩效指标的设置没有问题，评估能力水平的认定是否存在问题？如果两者都没有问题，该岗位绩效指标是否与人才能力的相关度较低？如果相关度较低，公司需要判断该岗位绩效指标和什么因素的相关度较高。

如果这类人才持续保持高绩效、低能力，他们很难主动提升自己的能力。如果未来情况变化，当这类人才所在岗位的绩效指标和能力的相关性变得比较高，那么其很可能会受挫。所以，公司要想办法提高岗位能力要求和绩效指标之间的相关度。

比第 4 种情况更异常的是第 22 种情况，也就是人才工作的积极性较低、能力水平较低，绩效水平却很高。这种情况的问题比较大，而且问题很可能出在公司的绩效管理体系上。

第 6 种情况同样是一种异常情况，人才工作的积极性很高，能力很强，但绩效水平比较低。如果是外界环境原因造成公司整体的绩效水平比较低，出现这种情况则没问题。如果不是这样，那么要评估原因，看人才努力的方向或方法是否出了问题。

第 9 种情况是公司最应该给予能力方面的培训和指导的。这种情况是人才工作的积极性很高，但是能力和绩效水平都比较低。这时候，人才具备一定的主观能动性和积极性，绩效较差的原因是能力水平较低，所以公司需要重点关注此类人才。

第 19 种情况虽然看起来也属于一种异常，但相对而言，可能是公司比较希望看到的一种情况。公司毕竟不是思想改造中心，不可能期望和要求每位人才都能保持良好的工作态度。人才即便工作态度不积极，但是仍然能够做出公司期望看到的贡献，得到有助于公司战略发展的结果，达到公司期望达成的绩效目标。对于大多数公司来说，这已经代表着人力资源管理的成功。

第 24 种情况是公司最应该给人才提供绩效管理方面的引导的情况。这种情况是人才本身的能力没问题，但绩效水平低，原因很可能是人才在工作态度上的消极。这时候管理上的引导就显得非常重要。有的公司会把焦点放在人才的态度上，想尽一切办法改变人才的工作态度。这种想法和做法在实践中通常很难成功，因为人的态度很难改变，公司其实不需要总想着改变人才的态度。

通过运用人才质量盘点魔方工具，公司不仅能对人才进行分类，对分类进行进一步分析，也能够检验出公司的态度测评体系、能力测评体系和绩效测评体系的运行情况，同时能根据具体情况，制订对待不同类型人才的具体行动计划。

需要注意的是，人才质量盘点魔方工具运用起来较为复杂，不容易把握，管理成本较高。中小公司应当谨慎选用，中小公司可以借鉴人才质量盘点魔方工具的思维或方法，而不一定要照搬工具的形态来分析本公司的人才情况。

案例

阿里巴巴的人才盘点

阿里巴巴由以曾担任英语教师的马云为首的18人，于1999年在中国杭州创立。阿里巴巴的业务包括核心商业、云计算、数字媒体、娱乐及创新业务。除此之外，关联方蚂蚁金服为阿里巴巴平台上的消费者和商家提供支付和金融服务。

马云是少有的对人才盘点高度重视的老板。人才盘点会议被阿里巴巴列为年度最重要的3个会议之一。在人才盘点会议上，马云会认真梳理手中的“王牌”。根据马云的自述，他手里大概有200 ~ 300张“牌”，而他心目中的标杆，美国通用电气公司（General Electric Company，GE）的前首席执行官杰克•韦尔奇（Jack Welch）手中有5 000张“牌”。

马云说：“假如杰克•韦尔奇今天来上海出差，他就会打开记录，看上海有谁是那5 000张‘牌’里的，杰克•韦尔奇就会约他喝咖啡，聊聊天，聊天的时候他会做笔记。他会不断地到世界各地见这5 000个人，与他们聊天，做笔记。所以，杰克•韦尔奇其实是GE最大的人力资源官。”

阿里巴巴的人才盘点主要关注3个层面。

1. 企业层面

在企业层面，阿里巴巴关注以下内容。

（1）业务布局，包括企业的年度战略和目标。

（2）人才整体结构各维度的数据，包括员工层级分布、职能分布、工龄情况、年龄情况、性别情况、学历情况、地域情况、入职情况、离职情况等。

（3）关键人才分布情况，包括关键人才的现状、重点人才的发展情况等。

2. 团队层面

在团队层面，阿里巴巴关注以下内容。

（1）人才梯队建设的盘点，至少从各级管理者往下看两层，检查人才梯队建设是否完整。

（2）人才价值观和绩效的盘点，根据价值观 - 绩效九宫格人才质量盘点工具，盘点人才的属性。

（3）团队管理行为的盘点，包括团队雇用了什么人、解雇了什么人、调来了哪些人、调走了哪些人、表扬了哪些人、批评了哪些人等。

3. 个人层面

在个人层面，阿里巴巴关注以下内容。

（1）个人的价值观情况。

（2）个人的绩效情况。

（3）个人的能力情况。

（4）个人的特质情况。

（5）个人的潜质情况。

通过人才质量盘点，阿里巴巴根据员工的价值观和业绩，把员工分成 5 种类别，分别是明星、野狗、牛、兔子、狗，如图 2-17 所示。

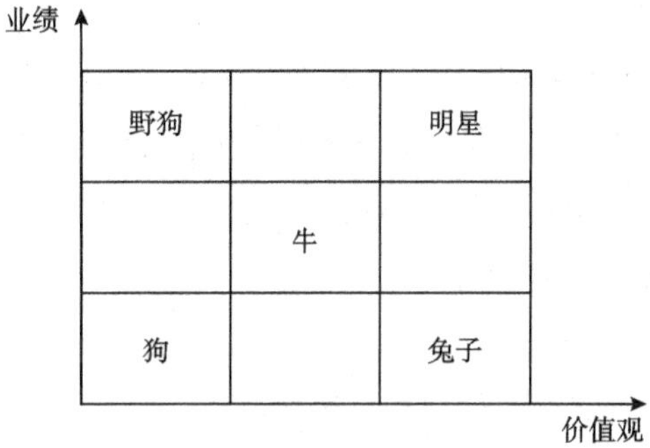

图 2-17　阿里巴巴人才质量盘点对人才的 5 种分类

（1）明星，指的是价值观和阿里巴巴的价值观非常相符，业绩也非常优秀的人才。

（2）野狗，指的是业绩非常优秀，但是价值观和阿里巴巴不符的人才。

（3）牛，指的是价值观和阿里巴巴的价值观基本相符，业绩处于中等水平的人才。

（4）兔子，指的是价值观与阿里巴巴的价值观非常相符，但业绩不达标的人才。

（5）狗，指的是业绩和价值观都不达 标的人才。

在这 5 类人才中，明星的比例一般为 20% ～ 30%；牛、兔子和野狗的总比例一般为 60% ～ 70%；狗的比例一般为 10%。阿里巴巴鼓励管理者给自己的下属打分，并且根据这个比例对员工进行强制排序。

这也是阿里巴巴强调各部门管理者参与和实施人才盘点的一种表现，通过强调管理者的责任，让管理者关注下属。据说通过这种方式，管理者对下属的关注度将提高 60%。针对人才盘点的结果，阿里巴巴采取的策略是清除“狗”和“野狗”，请走“老白兔”（指在人才盘点中长期被评为“兔子”的人才）。

“狗”因为业绩和价值观都不达标，所以要坚决清除；“野狗”虽然业绩达标，但是价值观与公司不符，如果不能迅速提高其价值观的符合程度，成为“明星”，其可能对公司发展产生强大的反作用力。

这种反作用力在业绩数据的掩盖下，可能会给团队带来强大的负能量，长期下去，整个团队的价值观都会被影响，甚至走向与公司相反的方向。阿里巴巴对“狗”和“野狗”采取的是零容忍的态度，采取的是从严、从重、从快、公开处理的方针。

阿里巴巴的人才盘点会重点关注“老白兔”。马云说：“小公司的成败在于聘请什么样的人，大公司的成败在于开除什么样的人。大公司中有很多‘老白兔’，他们不干活，并且慢慢会影响更多的人。”这里的“老白兔”是指那些在公司很多年，没有能力，没有业绩，也没有潜力，很多年都未能晋升的人。

阿里巴巴认为，当公司规模比较小，各项机制还不健全的时候，对公司伤害比较大的是“狗”和“野狗”。当公司发展到一定程度，各项机制完善之后，对公司伤害最大的，往往是“老白兔”。

“老白兔”看似兢兢业业，其实没有产出、没有作品、没有业绩，偶尔还会说一些不利于公司发展和团队士气的话。当公司快速发展时，这类人会越来越多，会影响很多新人对公司的印象。这类人所在的岗位本来可以创造更多的价值，但因为他们占据岗位不离开，可能会使公司错失很多发展机会。

阿里巴巴在每次人才盘点之后都会特别标注出“狗”、“野狗”和“老白兔”型的人才。阿里巴巴的人力资源管理人员会重点跟踪和落实这些人才的情况，关注他们的岗位变化、绩效变化、态度和工作状态变化。阿里巴巴会充分讨论这些人才的岗位调整和去留问题，确保组织的正常运转。

案例

华为的人才盘点

华为创立于1987年，是全球领先的信息与通信技术（Information and Communications Technology，ICT）基础设施和智能终端提供商。华为致力于把数字技术带给每个人、每个家庭、每个组织，构建万物互联的智能世界。截至2019年底，华为约有19.4万名员工，业务遍及170多个国家和地区，服务30多亿人口。

在华为的人才盘点中，比较经典的工具有4个。

1. 绩效 - 素质二维人才质量盘点图

华为在人才质量盘点方面，曾采用过比较经典的二维盘点工具，将人才按绩效和素质分成两个维度。其中，绩效维度主要指的是员工的绩效结果评估情况，素质维度主要指的是员工的态度和能力情况。

华为绩效 - 素质二维人才质量盘点示意图如图2-18所示。

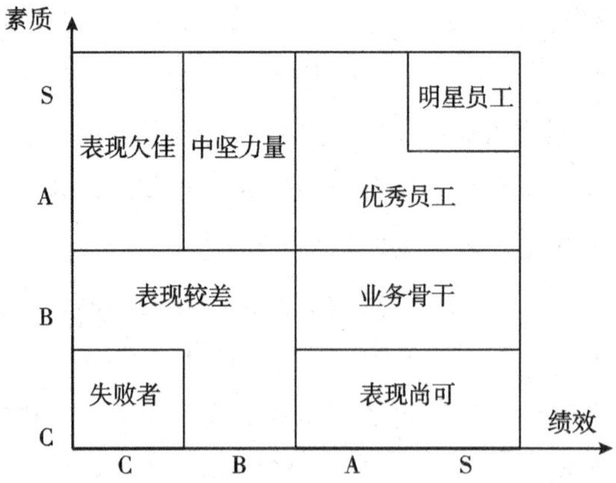

图2-18　华为绩效 - 素质二维人才质量盘点示意图

华为的绩效和素质评估分别分成S、A、B、C共4个层级，其中S级为最高级，C 级为最低级。人才质量可以分为 8 类。

（1）“明星”员工，指的是绩效评估为 S 级，素质评估也是 S 级的人才，这类人才是升职加薪的主要人选。

（2）优秀员工，指的是绩效评估为 A 级及以上，素质评估也是 A 级及以上的非“明星”员工的人才。对于这类人才，公司会积极培养，给予其更多的机会。

（3）业务骨干，指的是绩效评估为 A 级及以上，但素质评估为 B 级的人才。对于这类人才，公司会适当加强其职业素养培训和能力锻炼，让其成为公司的内部骨干，通过素质和能力的成长，让其向优秀员工发展。

（4）中坚力量，指的是绩效评估为 B 级，素质评估为 A 级及以上的人才。对于这类人才，公司会考虑其进一步的发展，给予其更大的业绩责任，并加强对这类人才在绩效达成过程中的指导。

（5）表现尚可，指的是绩效评估为 A 级及以上，但素质评估为 C 级的员工。这类人才比较特殊，公司会让其留在原位，同时加强对其职业态度、能力与职业素养等的培养与训练。

（6）表现欠佳，指的是绩效评估为 C 级，但素质评估为 A 级及以上的人才。对于这类人才，公司会仔细分析其优势所在，给予其更多的工作指导或让其调换岗位。

（7）表现较差，指的是绩效评估为 B 级，同时素质评估为 B 级或 C 级，或者素质评估为 B 级，绩效评估为 B 级或 C 级的人才。对于这类人才，公司会给予温馨提示，提供有针对性的能力或绩效发展支持，必要时会调整其工作岗位。

（8）失败者，指的是绩效评估为 C 级，素质评估也是 C 级的人才。对于这类人才，公司会在 3 个月内对其进行岗位调整。如果调岗后，这类人才依然没有长进，则有可能被淘汰。

2. 人才潜力评价表

在实施绩效 - 素质二维人才质量盘点后，对于绩效评估和素质评估结果都较优的人才，华为还会评价其潜力情况。对于有潜力的人才，公司会重点培养或晋升。华为曾采用过人才潜力评价表，如表 2-3 所示。

表 2-3 人才潜力评价表

潜力测评维度	人际情商	结果导向	思维心智	变革创新
定义	对应人际敏锐力，指拥有卓越的沟通、冲突管理、自我审视、自我提高、组织等能力	对应结果敏锐力，指能够克服困难、打造高绩效团队，能够激发团队的动力	对应思维敏锐力，指视野广阔，能够从容适应各类环境，思路清晰，能够有效解读外部信息，进行内心思考	对应变革敏锐力，指永不满足，热衷创新，领导变革，能够引入新的观点
标准 1	对人际关系有较高的敏感度	有较强的自我驱动力和能动性	在专业领域有较强的专业能力和视野	不满足于现状，持续改善
得分（1～5分）				
标准 2	能够通过交流有力地影响他人	愿意付出足够的努力，吃苦耐劳	具有解决问题的有效方法	愿意迎接挑战，不轻易放弃
得分（1～5分）				
标准 3	能够倾听和接纳不同的意见和负面情绪	具有较高的绩效标准，能激发团队的动力	从容面对复杂的环境	善于引入新的观点和方法
得分（1～5分）				
标准 4	能够进行自我审视和自我进化	鼓励自己和他人发挥绩效潜力	能清晰地思考并解读问题	热衷收集和尝试新的方案与创意
得分（1～5分）				
标准 5	善于组织和协调各方	为达成结果，不拘泥于某种方法	善于发现错误，并将其视为改进机会	能够推动变革
得分（1～5分）				

对于绩效评估和素质评估结果都较优的人才，按照人才潜力评价表，分别对各项进行打分，并将分数汇总。分数汇总后，不同的得分对应不同的人才潜力评价结果，如表 2-4 所示。

表 2-4 不同得分对应的人才潜力评价结果

总得分	20 分及以上	14～19 分	8～13 分	7 分及以下
对应结果	高潜力	中潜力	弱潜力	低潜力

3. 工作定量分析及效能提升表

对人才的工作情况，华为会定期分析并努力提升人才的工作效率。例如，华为曾使用工作定量分析及效能提升表，如表 2-5 所示。

表 2-5　工作定量分析及效能提升表

频率	性质	主要工作内容	用时	日均小时数	占日均实际工作量的比例	结合公司和部门目标，提升效率的方法	工作调整后用时	工作调整后日均用时	工作调整后占日均实际工作量的比例
每天	固定	面试	5	5	59.17%	1.…… 2.……	4	4	61.07%
每天	固定	发布招聘信息	1	1	11.83%	1.…… 2.……	0.5	0.5	7.63%
每天	非固定	指导实习生	0.5	0.5	5.92%	1.…… 2.……	1	1	15.27%
每周	固定	参加并准备人力资源周例会	8	1.6	18.93%	1.…… 2.……	4	0.8	12.21%
每月	固定	与劳务派遣公司结算	4	0.2	2.37%	1.…… 2.……	3	0.15	2.29%
每月	非固定	猎头、劳务派遣费用审批、流转	3	0.15	1.78%	1.…… 2.……	2	0.1	1.53%
合计				8.45	100%			6.55	100%

注：按每个月 20 个工作日计算。

4. 岗位评估组织机构图

为整体把握团队内部各岗位的工作情况，评估各岗位的工作成果，华为曾使用岗位评估组织机构图。岗位评估组织机构图可将团队的编制情况、团队内部各成员的绩效情况、司龄情况、职位等级情况等表示出来，以帮助公司快速判断、查找和发现团队问题。岗位评估组织机构图如图 2-19 所示。

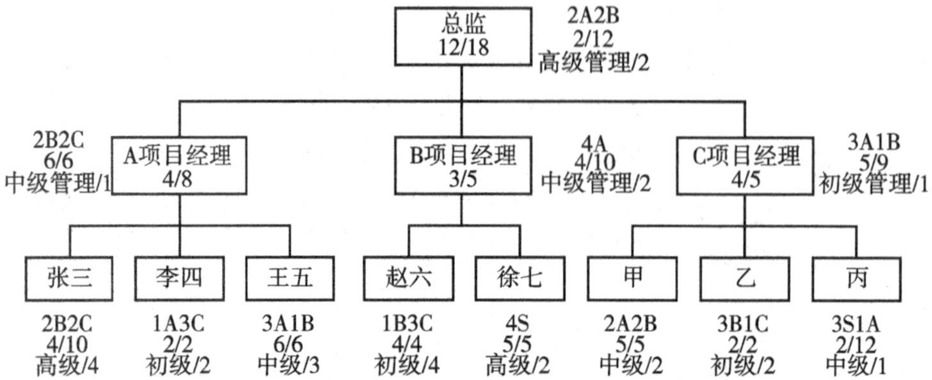

图 2-19 岗位评估组织机构图

图 2-19 中，矩形框中包含了岗位名称和该岗位人员的名称。对于矩形框中的数字信息，前一个数字表示所在部门现有人数，后一个数字表示部门编制总人数。通过现有人数和编制人数，公司能看出团队人员的缺失情况。

矩形框旁边的信息，第 1 行表示该岗位过往连续 4 次的绩效评估结果。通过连续 4 次的绩效评估结果，公司能够看出岗位人员的绩效水平和稳定性。

第 2 行的第 1 个数字表示该岗位人员当前司龄情况，即岗位人员在本公司的工作年限；第 2 个数字表示工龄情况，即岗位人员的工作年限。通过司龄情况和工龄情况信息，公司能看出岗位人员的经验情况。

第 3 行的第 1 个信息表示该岗位人员当前的职位等级，第 2 个信息表示获取当前职位等级的年限。通过职位等级和获取职位等级的年限信息，公司能够了解当前岗位人员的能力和经验情况。

公司把对人才的整体评价结果分成卓越、合格、基本合格与不合格 4 个等级。通过图 2-19 所示的岗位评估组织机构图的连续 4 次的绩效评估结果，公司对当前人员得出以下结论。

绩效评价结果为卓越的人为：徐七、丙。

绩效评价结果为合格的人为：B 项目经理、C 项目经理、王五、甲。

绩效评价结果为基本合格的人为：总监、李四、乙。

绩效评价结果为不合格的人为：A 项目经理、张三、赵六。

运用岗位评估组织机构图实施团队人员的管理与评价，能够使结果一目了然，有效提升管理效率。

案例

京东的人才盘点

京东于2004年正式涉足电商领域。2019年，京东的市场交易额超过2万亿元。2019年7月，京东第4次入榜《财富》全球500强，位列第139位。

2014年5月，京东在美国纳斯达克证券交易所正式挂牌上市，是中国第一个成功赴美上市的大型综合型电商平台。

2019年全年，京东的净收入达5 769亿元，归属于普通股股东的净利润达122亿元，创历史最高纪录；研发投入达179亿元。

京东定位于“以供应链为基础的技术与服务企业”，目前已涉足零售、数字科技、物流、技术服务、健康、保险、物流、地产、云计算、AI和海外等领域，其中核心业务为零售、数字科技、物流、技术服务4大板块。

京东曾采用经典的二维人才质量盘点工具，以潜力和绩效作为人才质量盘点的2个维度，每个维度分成高、中、低3个层级。潜力指的是人才值得培养的程度，绩效指的是绩效结果。京东人才质量二维盘点结果如图2-20所示。

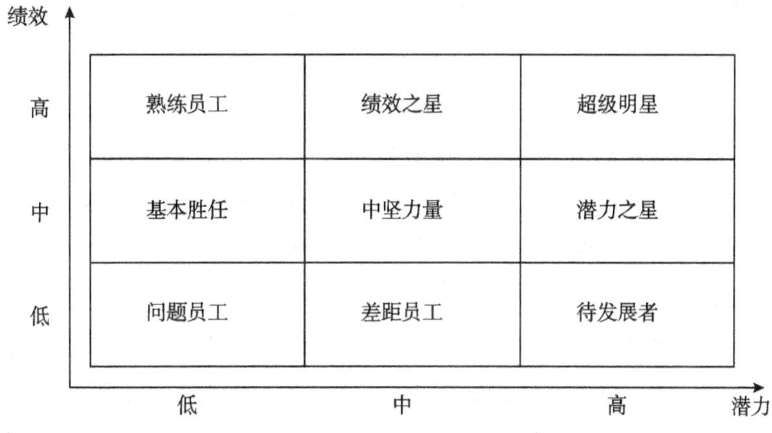

图2-20　京东人才质量二维盘点结果

1. 超级明星

超级明星指的是潜力较高、绩效水平较高的人才。这类人才会展现出非常优秀的绩效结果和未来的发展潜能。如果不给这类人才安排新的挑战或机会，人才可能会出现倦怠，甚至离职等情况。

应对策略：激励倾斜，重点保留，加薪，晋升，让这类人才承担更大的责任。

2. 潜力之星

潜力之星指的是潜力较高、绩效水平中等的人才。这类人才的绩效水平一般，但潜力突出，可能是工作动力不足或人岗不匹配导致其没有展现出高绩效水平。

应对策略：可考虑晋升或加薪，采用正确的激励方式，设置与绩效相关的挑战目标。

3. 待发展者

待发展者指的是潜力较高、绩效水平较低的人才。这类人才的潜力突出，绩效却较差，原因可能是到岗时间不长，尚未适应岗位；可能是工作动机不足；也可能是与团队管理者对工作的看法不一致，导致其能力得不到发挥。

应对策略：根据情况分析原因，给予辅导和培训，给予资源和机会，帮助其提升绩效水平。

4. 绩效之星

绩效之星指的是潜力中等、绩效水平较高的人才。这类人才在现岗位上表现优秀，有一定发展潜能，可以进一步开发。

应对策略：重点保留，合理激励，考虑晋升或加薪，扩大职责范围，给予锻炼机会。

5. 中坚力量

中坚力量指的是潜力中等、绩效水平中等的人才。这类人才已经达到现岗位的绩效标准，并具备一定的发展潜力，是可以依靠的稳定的绩效贡献者。

应对策略：给予关注和辅导，给予挑战性的任务。

6. 差距员工

差距员工指的是潜力中等、绩效水平较低的人才。这类人才在之前的工作中显示出一定的潜力，但当前绩效水平较低，可能是因为尚未适应岗位。

应对策略：分析原因，给予支持；调整岗位，继续观察；降职降薪，绩效辅导。

7. 熟练员工

熟练员工指的是潜力较低、绩效水平较高的人才。这类人才在现岗位上的绩效非常突出，但由于潜力不足，限制了个人发展，是企业中“老黄牛”型的人才。

应对策略：稳定激励，扩大职责范围，给予支持，让其在现岗位上继续发展。

8. 基本胜任

基本胜任指的是潜力较低、绩效水平中等的人才。这类人才基本能达到岗位绩效要求，但潜力有限，短板较明显，能力范围有限，可能后劲不足。

应对策略：留任现岗或适当调岗，确保绩效水平稳定，给予一定的辅导和培训。

9. 问题员工

问题员工指的是潜力较低、绩效水平较低的人才。这类人才没有达到岗位要求的绩效标准，能力水平有限，潜力不足，急需提升绩效和能力。

应对策略：如果是关键岗位上的人才，并确认存在接班人，应给予一定的轮岗培训或直接淘汰。

第 3 章 人才数量盘点

人才数量盘点是公司对人力资源数量情况进行的盘点。人才数量盘点可以分成存量盘点和增量盘点两部分。存量盘点是对当前人力资源的数量情况进行的盘点，增量盘点是对未来人力资源的数量情况进行的盘点。公司通过评估当前人力资源的数量情况，能够判断人力资源数量的变化趋势，结合未来需要补充的人力资源情况，判断公司应在哪些维度上补充人力资源。

3.1 人力资源规划

要评估公司未来需要补充的人力资源情况，首先要了解公司的人力资源规划情况。实施人力资源规划的目的是满足公司总体的战略发展要求，促进公司人力资源管理工作更好地开展，协调人力资源管理各模块的工作计划，提高公司人力资源管理工作的效率。

3.1.1 人力资源需求计划

人力资源需求计划应根据公司的整体发展战略来制订。人力资源需求计划中对不同类别员工的需求要与公司的发展战略相匹配，对公司发展形成支撑。计算人力资源需求时，要考虑员工的离职率（流失率）、晋升率和淘汰率。

案例

某零售上市公司根据战略布局，对开店扩展实施 3 年规划，根据 3 年的开店扩展规划实施 3 年人力资源规划，如表 3-1 所示。

表 3-1　某公司 3 年人力资源规划表

开店类别与人才需求		20×1 年（120 家）					20×2 年（132 家）					20×3 年（150 家）				
		1 季度	2 季度	3 季度	4 季度	总计	1 季度	2 季度	3 季度	4 季度	总计	1 季度	2 季度	3 季度	4 季度	总计
开店业态	开店数	12	48	36	24	120	26	40	46	20	132	22	45	53	30	150
	A 类店	0	2	2	1	5	1	2	3	1	7	1	3	4	2	10
	B 类店	4	16	12	8	40	11	17	19	8	55	9	18	21	12	60
	C 类店	8	30	22	15	75	14	21	24	11	70	12	24	28	16	80
店长	需储备	14	56	42	28	141	30	47	54	23	155	26	53	63	35	177
	A 类店	0	2	2	1	6	1	2	4	1	8	1	4	5	2	12
	B 类店	5	19	14	9	47	13	20	22	9	65	11	21	25	14	71
	C 类店	9	35	26	18	88	16	25	28	13	82	14	28	33	19	94

续表

开店类别与人才需求		20×1年（120家）					20×2年（132家）					20×3年（150家）				
		1季度	2季度	3季度	4季度	总计	1季度	2季度	3季度	4季度	总计	1季度	2季度	3季度	4季度	总计
主管	需储备	120	480	360	240	1 200	260	400	460	200	1 320	220	450	530	300	1 500
	A类店	0	20	20	10	50	10	20	30	10	70	10	30	40	20	100
	B类店	40	160	120	80	400	110	170	190	80	550	90	180	210	120	600
	C类店	80	300	220	150	750	140	210	240	110	700	120	240	280	160	800
员工	需储备	560	2 240	1 680	1 120	5 600	1 213	1 866	2 147	933	6 161	1 027	2 100	2 474	1 400	7 000
	A类店	0	93	93	47	233	47	93	140	47	327	47	140	187	93	467
	B类店	187	747	560	373	1 867	513	793	887	373	2 567	420	840	980	560	2 800
	C类店	373	1 400	1 027	700	3 500	653	980	1 120	513	3 267	560	1 120	1 307	747	3 733

平均每家店配备1名店长，店长的平均年化离职率为10%，平均年化晋升率为4%，平均年化淘汰率为1%。

需要储备的店长数量=开店数量×1÷（1-10%-4%-1%）。

平均每家店配备8名主管，主管的平均年化离职率为12%，平均年化晋升率为6%，平均年化淘汰率为2%。

需要储备的主管数量=开店数量×8÷（1-12%-6%-2%）。

平均每家店配备35名员工，员工的平均年化离职率为16%，平均年化晋升率为7%，平均年化淘汰率为2%。

需要储备的员工数量=开店数量×35÷（1-16%-7%-2%）。

所有数据四舍五入取整数。

各部门在每年根据公司发展战略和年度经营目标制订本部门年度计划的同时，应制订本部门的年度人力资源需求计划，填写人力资源需求计划表，人力资源部负责收集、审核各部门的人力资源需求计划。

1. 公司年度人力资源需求计划

人力资源部根据各部门上报需求，综合考虑公司战略、组织机构调整、部门编制、员工内部流动、员工流失、竞争对手的人才政策等因素，对各部门人力资源需求计划进行综合平衡，分别制订年度人力资源需求计划，确定各部门人员编制，上报集团总经理审批。

2. 招聘指标确定

年度人力资源需求计划审批通过后，人力资源部将确定各部门的招聘指标，通知各部门，并将经总经理批准后的人力资源需求计划表留在人力资源部备案，作为招聘依据。

3. 临时人力资源需求

临时的人力资源需求，指的是在年度人力资源需求计划之外的，部门因人员离职或临时业务需求需要招聘的人才需求。由各部门填写临时人力资源需求申请表，相关领导审批通过后，人事专员进行信息整理，开始招聘。

3.1.2 人力资源成长规划

除了做好人力资源规划和人力资源需求计划外，公司还需要做好人力资源成长规划。人力资源成长规划指的不仅是人才的职业发展路径建设，还包括人才在不同的职业发展路径上的每个环节需要经历的时间。

当公司设计好每个职业发展路径的环节，员工需要经历的时间后，就能够预测员工晋升发展的动态，判断正处于培养和发展过程中的员工的发展情况，从而根据人力资源的变化情况提前做好规划。

案例

某零售公司对人力资源的成长和培养时间的规划设计如图 3-1 所示。

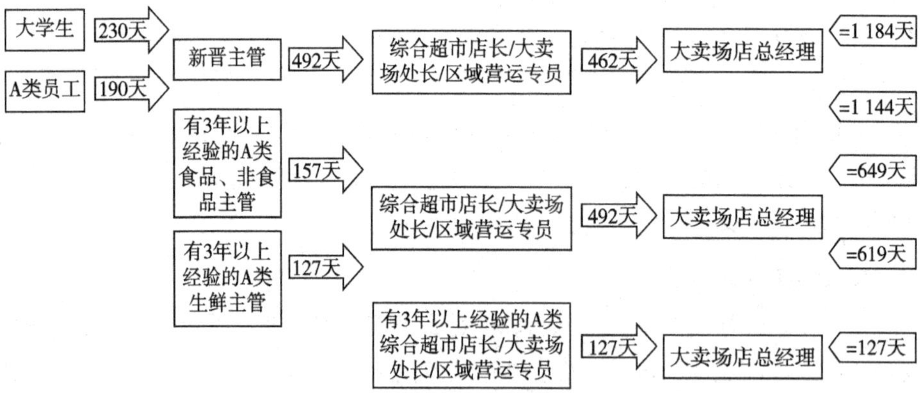

图 3-1　某零售公司人才培养时间规划设计

该公司选择优秀的大学生和卖场内的 A 类员工作为主管的候补人选。

大学生需要 230 天的时间才能成为主管，其中包括 30 天的课堂学习，50 天的实际操作，检核合格后晋升为储训主管；再经过60天的专案培训，检核合格后，晋升为见习主管；再经过90天的实际门店内部的见习期，业绩、检核和考评合格后，晋升为正式主管。

A类员工需要190天的时间成为主管，包括15天的课堂学习，25天的实际操作，检核合格后晋升为储训主管；再经过60天的专案培训，检核合格后，晋升为见习主管；再经过90天的实际门店内部的见习期，业绩、检核和考评合格后，晋升为正式主管。

从主管到综合超市店长、大卖场处长或者区域营运专员这个级别需要492天的时间，包括60天的轮岗；365天的实际操作；7天的培训，以及培训之后的检核；检核通过后，成为见习店长、处长或营运专员，之后经过60天的体验期，进行最终检核，检核通过后获得正式岗位。

从综合超市店长、大卖场处长或者区域营运专员到大卖场店总经理需要462天的时间，其中包括90天的轮岗实操；7天的培训，以及培训之后的检核；365天的实际操作，业绩、检核和考评合格后，才能晋升为正式的大卖场店总经理。

从大学生到大卖场店总经理，最短要经历1 184天（约3.24年）；从A类员工到大卖场店总经理，最短要经历1 144天（约3.13年）。

从有3年以上经验的A类食品、非食品主管到综合超市店长、大卖场处长或者区域营运专员这个级别需要157天的时间，包括90天的轮岗期；7天的培训，以及培训之后的检核；检核通过后，成为见习店长、处长或营运专员，之后经过60天的体验期，进行最终检核，检核通过后获得正式岗位。

从有3年以上经验的A类生鲜主管到综合超市店长、大卖场处长或者区域营运专员这个级别需要127天的时间，包括60天的轮岗期；7天的培训，以及培训之后的检核；检核通过后，成为见习店长、处长或营运专员，之后经过60天的体验期，进行最终检核，检核通过后获得正式岗位。

对于有3年以上经验的主管晋升为综合超市店长、大卖场处长或者区域营运专员级别的人员，需要492天的时间晋升为大卖场店总经理，包括365天的实际操作；60天的轮岗实操；7天的培训，以及培训之后的检核；检核通过后，再经过60天的体验期，进行最终检核，检核通过后成为大卖场店总经理。

从有3年以上经验的A类食品、非食品主管到大卖场店总经理，最短要经历

649天（约1.78年）；从有3年以上经验的A类生鲜主管到大卖场店总经理，最短要经历619天（约1.70年）。

对于有3年以上经验的A类综合超市店长、大卖场处长或者区域营运专员，需要127天的时间晋升为大卖场店总经理，包括60天的轮岗时间；7天的培训，以及培训之后的检核；检核通过后，经过60天的体验期，进行最终检核，检核通过后成为大卖场店总经理。

3.2 招聘情况分析

在人力资源的数量盘点中，人才招聘是主要的增量来源。招聘情况直接关系着人力资源的数量变化。招聘情况分析包括人才招聘计划编制、人才招聘结果盘点和人才招聘来源盘点。

3.2.1 人才招聘计划编制

结果与计划的关联性较高，合理的招聘计划，将对招聘结果产生正面影响。

1. 各部门提出人力资源需求

公司有组织层面的人力资源需求计划，各部门有运营层面和流程层面的人力资源需求计划。各部门根据公司发展战略和年度经营目标编制部门的年度计划时，应同时做好本部门的年度人力资源需求预测，形成人力资源需求计划。人力资源部负责对各部门的人力资源需求计划进行初步审核。

2. 公司年度人力资源需求预测

在各部门提出人力资源需求之后，人力资源部再次综合考虑公司发展、组织机构调整、员工内部流动、员工流失、竞争对手的人才政策等因素，对各部门的人力资源需求进行综合平衡，做好公司的年度人力资源需求预测，确定各部门的人员编制，上报公司总经理审批。

3. 确定人力资源招聘指标

总经理和人力资源部根据各部门提出的人力资源需求和公司层面的人力资源规划，确定各部门的招聘指标。

4. 临时人力资源需求

如果有计划外的人员需求，或因员工临时离职需要补充人员，各部门可以提出申请，经相关领导审批后，临时增加人力资源需求。

5. 编制招聘计划

人力资源部根据公司人力资源的需求和供给预测，编制年度招聘计划表，如表 3-2 所示。

表 3-2 年度招聘计划表

需求公司	需求部门	需求岗位	岗位描述	招聘要求	需求数量	需求原因	拟招聘渠道	预算费用	需求资源	计划开始时间	计划结束时间	笔试面试部门	预计人才到位时间

招聘计划中的招聘要求，包括年龄、性别、学历、工作经验、工作能力、个性品质等内容。预算费用包括招聘广告费、交通费、场地费、住宿费、招待费、出差津贴及其他费用等。

对于招聘计划的行动方案，可以形成具体的招聘行动计划表，如表 3-3 所示。

表 3-3 招聘行动计划表

招聘项目	计划开始时间	计划结束时间	行动计划	预期结果	需要的资源和支持	预计费用	负责人	评估人	备注

3.2.2 人才招聘结果盘点

开始实施招聘后，公司要定期对人才的招聘结果进行盘点。对人才招聘结果的盘点通常包括对不同部门、不同岗位、不同类型人才的招聘情况和离职情况的盘点，从而得出当前人才需求与供应情况的差异。

案例

某零售上市公司 1—12 月人才招聘与离职情况如表 3-4 所示。

表 3-4　某零售上市公司 1—12 月人才招聘与离职情况

类别	招聘人数				离职人数				差异			
	员工	小时工	学生工	促销员	员工	小时工	学生工	促销员	员工	小时工	学生工	促销员
可比店	4 142	1 460	3 293	3 431	5 065	997	3 354	2 894	−923	463	−61	537
不可比店	800	372	372	289	1 169	245	370	190	−369	127	2	99
新店	2 007	275	271	296	1 116	123	250	90	891	152	21	206
区域公司	217	1	1	0	282	1	1	0	−65	0	0	0
未开业新店	107	1	0	0	38	1	0	0	69	0	0	0

从表中数据能够看出，该公司充分利用了小时工、学生工、促销员来满足门店人员需求，这在控制门店用人数量、减少人力成本、降低人工费用等方面都有积极的作用。

该公司一方面减少对正式员工的招聘数量，另一方面提高对正式员工招聘选拔的精细程度，挑选更有发展潜力、更优秀的候选人成为正式员工。

很多世界著名的连锁餐饮品牌都在使用这种用人模式，即对正式员工的招聘选拔越来越重视，越来越趋向于选拔有培养潜力的员工，将其向店长方向培养，基层工作人员主要为小时工、学生工和促销员。

3.2.3　人才招聘来源盘点

对人才招聘来源实施盘点有助于提高招聘效率。人才招聘来源盘点能够比较不同人才招聘渠道的招聘效果。当把招聘的主要资源用在招聘效果好的招聘渠道上时，公司往往能在较短时间内提高招聘满足率。

案例

某零售上市公司去年 1—12 月人才招聘来源盘点如表 3-5 所示。

表 3-5　某零售上市公司去年 1—12 月人才招聘来源盘点

招聘来源	人数	占比
门店自主招聘	6865	51.5%
校企合作	3240	24.3%
报纸广告招聘	1041	7.8%
主动来公司应聘	714	5.4%

续表

招聘来源	人数	占比
内部员工推荐	417	3.1%
外协人力资源公司	457	3.4%
网络招聘	232	1.7%
人力市场	143	1.1%
校园招聘会	129	1.0%
大型招聘会	33	0.2%
收购、合作门店	48	0.4%
总计	13 319	100.0%

注：占比保留小数点后 1 位小数，四舍五入，存在一定误差。

从该公司去年 1—12 月的人才招聘来源盘点能够看出，该公司人才招聘的主要来源是门店自主招聘和校企合作。这两种招聘渠道招聘的人才数量占全年招聘人才总数量的 75.8%（51.5%+24.3%）。如果公司希望加大人才招聘的力度，增加人才招聘数量，可以重点在这两种招聘渠道上投入资源、做出努力。

3.3 人力资源结构盘点

在人力资源的数量盘点中，对公司当前的人力资源结构的盘点非常重要。通过人力资源结构盘点，公司能够发现当前人力资源结构中存在的问题，及时做出预警和调整。常见的人力资源结构盘点包括身份结构盘点、职务结构盘点、年龄结构盘点、司龄结构盘点和学历结构盘点。除此之外，公司还可以根据需求进行更多样的人力资源结构盘点。

3.3.1 身份结构盘点

身份结构盘点是根据公司当前的人力资源情况，了解不同身份的员工在公司的数量分布情况和占比情况。员工身份结构的分类非常多样，不同的身份结构盘点有不同的适用性，可以得出不同的结论，用于不同的目的。

例如，公司可以按照正式员工、试用期员工、小时工或实习生来划分员工的身份结构；可以按照员工籍贯来划分员工的身份结构；可以按照员工所在岗位担任的角色来划分员工的身份结构；也可以按照员工的绩效类别来划分员工的身份结构。

案例

某公司员工身份结构盘点如表 3-6 所示。

表 3-6　某公司员工身份结构盘点表

子公司	正式员工		试用期员工		小时工		实习生		员工总数
	人数	占比	人数	占比	人数	占比	人数	占比	
A 公司	205	72.44%	24	8.48%	47	16.61%	7	2.47%	283
B 公司	144	77.84%	8	4.32%	26	14.05%	7	3.78%	185
C 公司	172	86.43%	9	4.52%	5	2.51%	13	6.53%	199

注：占比保留小数点后 2 位小数，四舍五入，存在一定误差。

该公司的身份结构盘点把员工分成正式员工、试用期员工、小时工和实习生。不同的员工身份对应着不同的稳定性、不同的人力成本和不同的劳动效率。实习生和小时工虽然人力成本比较低，劳动效率比较高，但是稳定性比较差。正式员工虽然人力成本比较高，但稳定性相对比较高。

为了兼顾人力资源成本和员工队伍的稳定性，公司中应当保持一定比例的不同身份的员工。不同身份的员工的比例没有统一的标准，在不同的行业，或者相同行业中的不同公司，各种身份的员工的比例都是不同的。公司可以根据需要，在持续的数据分析中不断调整不同身份的员工的比例。

根据员工的身份结构盘点，若公司发现目前的人力成本较低，但离职率较高，可以查看离职人员的身份。如果离职人员中非正式员工的占比较高，可以考虑减少非正式员工所占的比例；若公司发现目前的人力成本比较高，但离职率相对比较低，可以考虑增加非正式员工的比例，降低人力成本。

3.3.2　职务结构盘点

对员工的职务结构进行盘点，可以把员工分成基层员工、基层管理者、中层管理者和高层管理者等类别。在传统的纵向型组织机构当中，不同层级间的人数比例一般会呈现出一定的规律。一般来说，基层员工的人数比例为 60% ～ 80%，基层管理者的人数比例为 10% ～ 20%，中层管理者的人数比例为 5% ～ 10%，高层管理者的人数比例为 0 ～ 5%。

案例

某公司员工职务结构盘点如表 3-7 所示。

表 3-7　某公司员工职务结构盘点表

子公司	基层员工人数	基层管理者人数	中层管理者人数	高层管理者人数	总人数
A 公司	211	47	22	3	283
A 公司各职务占比	75%	17%	8%	1%	100%
B 公司	130	39	14	2	185
B 公司各职务占比	70%	21%	8%	1%	100%
C 公司	149	31	16	3	199
C 公司各职务占比	75%	16%	8%	2%	100%

注：占比保留整数，四舍五入，存在一定误差。

在产业相似、管理模式相似的不同公司中，员工的职务结构将呈现出一定的近似性。通过与其他公司在不同职务上进行员工数量的对比，公司能够快速找出职务结构可能存在的问题，以及时调整职务结构。

比如表 3-7 中，B 公司基层员工人数的占比和 A 公司、C 公司相比分别少 5%；基层管理者人数占比比 A 公司高 4%，比 C 公司高 5%；3 家公司的中层管理者人数占比和高层管理者人数占比相似。这时候，可以发现 B 公司存在基层管理者人数过多的问题。可能是 B 公司基层岗位的设置导致了这种职务设置情况，但这种职务结构可能是异常状况。

如果公司的岗位管理、编制管理和职业规划等工作做得比较到位，其对员工职务结构应当是具备一定参考价值的，这时候就可以比较当前不同职务上的员工数量与设置的数量之间的差异，根据差异查找问题。

例如，A 公司员工职务结构与设置比较分析如表 3-8 所示。

表 3-8　A 公司员工职务结构与设置比较分析表

子公司	基层员工人数	基层管理者人数	中层管理者人数	高层管理者人数	总人数
A 公司当前人数	211	47	22	3	283
A 公司职务设置人数	200	50	20	3	273
A 公司当前人数与职务设置差异	11	−3	2	0	10

从表 3-8 的数据中能够看出，A 公司当前基层员工的人数比设置人数（编制人数）多 11 人；基层管理者人数比设置人数少 3 人；中层管理者人数比设置人

数多2人。这些都属于异常状况，如果是当前员工数量有问题，可以调整当前人数；如果是职务设置人数有问题，可以调整职务设置人数，也就是岗位编制。

根据需要，对职务结构的盘点可以选择不同的职务逻辑，比如可以按照公司划分的职级、职等做职务划分，并以此进行盘点。

3.3.3 年龄结构盘点

代沟是真实存在的。时代在每个人身上都会留下深刻的烙印，不同的年龄代表成长所处的不同时代，不同时代的群体有不同的价值观和行为模式。

通过年龄结构盘点，公司能够看出当前员工在不同年龄段的人数占比。员工在不同年龄段的人数占比不仅能反映出员工之间的代沟，也能在一定程度上决定公司人才队伍的稳定性和补充后备人才的可能性。

一般来说，从20岁到50岁，以每5年为一个年龄段，如果某个年龄段的人数特别多或特别少，则说明公司的年龄结构可能存在问题。这种异常的年龄结构在某些情况下可能会影响公司的发展，公司察觉后应当有所警觉或及时做出相应调整。

案例

某公司员工年龄结构盘点如表3-9所示。

表3-9　某公司员工年龄结构盘点表

子公司	20岁以下	20 ~ 25岁	26 ~ 30岁	31 ~ 35岁	36 ~ 40岁	41 ~ 45岁	45岁以上	总人数
A公司	8	38	39	45	48	58	47	283
A公司各年龄段占比	3%	13%	14%	16%	17%	20%	17%	100%
B公司	1	33	36	52	27	20	16	185
B公司各年龄段占比	1%	18%	19%	28%	15%	11%	9%	100%
C公司	0	8	23	17	32	45	74	199
C公司各年龄段占比	0%	4%	12%	9%	16%	23%	37%	100%

注：占比保留整数，四舍五入，存在一定误差。

从表 3-9 中能够看出，A 公司各个年龄段的人数比较平衡，不存在某个年龄段人数特别多、某个年龄段人数特别少的情况；B 公司 31 ～ 35 岁的人数最多，40 岁以上的人数偏少，说明 B 公司的员工偏年轻化；C 公司 45 岁以上的人数最多，35 岁以下的人数偏少，说明 C 公司的员工偏老龄化。

判断年龄结构的好坏不能只通过数字，要根据具体的场景进行具体的判断。很多人一看到员工年龄结构呈现老龄化时，第一时间想到的就是这不好；或者一看到员工年龄结构呈现年轻化时，就认为这是件好事。

B 公司员工年龄结构的年轻化不一定是件好事，C 公司员工年龄结构的老龄化也不一定是件坏事。如果 B 和 C 公司的产业都需要员工具备非常丰富的经验才能胜任，那么年龄结构的老龄化可能是件好事，年轻化反而不是件好事；如果 B 和 C 公司的产业是新兴产业，变化较快，不需要员工具备过多经验，但需要大胆创新的人才，那么年龄结构的年轻化可能就是件好事。

公司的年龄结构与公司一把手的用人习惯存在很大的关联。如果公司一把手的年龄偏大，公司整体的年龄结构会偏老龄化；如果公司一把手的年龄偏小，公司整体的年龄结构会偏年轻化。

除此之外，公司的年龄结构与人力资源部的招聘工作存在很大的关联。如果招聘人员在实施招聘之前，不考虑公司当前的人员年龄结构，不考虑公司期望拥有的年龄结构，可能就会在招聘工作中忽略对年龄的筛选，造成某个年龄段的员工人数偏多的情况。

3.3.4 司龄结构盘点

员工的司龄结构在一定程度上代表着公司员工队伍的稳定性。在员工的司龄结构中，工作年限较长的员工越多，代表员工队伍越稳定；工作年限较短的员工越多，代表员工队伍越不稳定。

在员工的司龄结构分析中，对员工司龄段的划分可以参考公司当前的离职情况。公司当前的离职率越高，离职人员的司龄越短，员工司龄结构的时间段也应当越短；反之，如果公司当前的离职率较低，离职人员的司龄越长，员工司龄结构的时间段也应当越长。

比如，在员工离职的司龄段中，3 个月以内的员工占 25%，3 ～ 6 个月的员工占 20%，6 个月以上至 1 年的员工占 15%。这时候，员工司龄结构的时间段也应当参照 3 个月以内、3 ～ 6 个月、6 个月以上至 1 年这样的时间段进行划分。

案例

某公司员工司龄结构盘点如表 3-10 所示。

表 3-10　某公司员工司龄结构盘点表

子公司	3 个月以内	3 ~ 6 个月	6 个月以上至 1 年	1 年以上至 2 年	2 年以上至 3 年	3 年以上	总人数
A 公司	8	18	35	39	45	138	283
A 公司员工各司龄段占比	3%	6%	12%	14%	16%	49%	100%
B 公司	12	24	36	34	37	42	185
B 公司员工各司龄段占比	6%	13%	19%	18%	20%	23%	100%
C 公司	1	16	19	33	49	81	199
C 公司员工各司龄段占比	1%	8%	10%	17%	25%	41%	100%

注：占比保留整数，四舍五入，存在一定误差。

从表 3-10 的数据能够看出，司龄为 3 年以上的员工数，A 公司占比最高，C 公司次之。A 公司和 C 公司的大多数员工的司龄为 2 年以上，B 公司的大多数员工的司龄为 2 年以下。

除了司龄之外，公司还可以根据需要加入员工的工龄分析。工龄与司龄的概念是不同的，司龄指的是员工在本公司工作的时间；工龄指的是员工从参加工作到现在的时间。有的员工司龄短，但工龄长，如果只看司龄，可能会得出该员工经验不足的结论，但实际上该员工可能经验丰富。

有的公司规定，岗位晋升的条件是司龄达到一定年限，但对于能力较强、绩效较好、工作经验较丰富的员工，可以适当降低对员工司龄的要求，这时候，工龄信息能够帮助公司做判断。

3.3.5 学历结构盘点

虽然高学历不能代表高能力，也不能代表高绩效，但公司员工的学历结构能够反映员工的基础素质结构，尤其是对于技术密集型、资本密集型等高学历人才比较多的公司，分析员工的学历结构有助于优化公司的员工结构。在这类公司，如果员工的学历普遍偏低，公司要注意补充高学历的员工。

然而，员工的学历也不是越高越好，在某些劳动密集型行业，如果在一线基础岗位中，高学历人才的比例较高，反而可能降低人才的稳定度。当这类公司发现一线基础岗位中存在比较多的高学历人才的时候，可以通过学历结构盘点识别出这些人才，对这些人才进行选拔和培养，让其能够在更重要的岗位上发挥价值。

案例

某公司员工学历结构盘点如表 3-11 所示。

表 3-11 某公司员工学历结构盘点表

子公司	大专以下	大专	本科	硕士及以上	总人数
A 公司	26	111	104	42	283
A 公司学历结构占比	9%	39%	37%	15%	100%
B 公司	4	41	83	57	185
B 公司学历结构占比	2%	22%	45%	31%	100%
C 公司	3	24	153	19	199
C 公司学历结构占比	2%	12%	77%	10%	100%

注：占比保留整数，四舍五入，存在一定误差。

从表 3-11 的数据能够看出，B 公司硕士及以上学历的员工人数占比为 31%，是 3 家公司中在该学历维度上占比最高的；C 公司本科学历的员工人数占比为 77%，是 3 家公司中在该学历维度上占比最高的；A 公司大专学历的员工人数占比为 39%，是 3 家公司在该学历维度上占比最高的。

从 3 家公司的学历排布情况看，B 公司的学历排布更平衡，C 公司的学历排布更集中，A 公司的整体学历水平偏低。

对于岗位管理运行得比较到位的公司，最佳的员工学历结构是能够被计算出来的。计算的方法是在微观上定义出每一个岗位的最佳学历，在统计所有岗位的最佳学历之后，得出最佳学历结构的总和。通过对公司当前的学历状况和最佳的学历状况进行比较，得出公司在学历结构人数上的差异。

3.4 人力资源离职盘点

人力资源离职盘点的维度很多，不同公司可以针对自身的行业属性和公司特点，选择适合本公司的盘点维度。常见的人力资源离职盘点包括离职员工的在职时间盘点、行业属性盘点、职务类别盘点、离职身份盘点、年龄属性盘点和学历属性盘点。

本节中，所有离职率的计算公式为：离职率 = 期间离职人数 ÷（期末在职人数 + 期间离职人数）。

3.4.1 在职时间盘点

不同行业、不同公司的离职人员的在职时间会呈现出不同的特点。离职人员的在职时间能够在一定程度上反映员工离职的趋势，也能够帮助公司针对在职时间不同的员工采取不同的行动策略。

案例

某公司某年度 1—6 月离职人员在职时间盘点如表 3-12 所示。

该公司所在行业的人员流动率比较高，根据经验，员工对岗位的适应期一般为 3 个月，稳定期一般为 1 年。也就是说，若员工在入职 3 个月后不离职，代表员工能够适应所在岗位；若员工在入职 1 年之后不离职，则代表该员工相对比较稳定。

所以，该公司对员工离职时的在职时间进行了细分，分成了第 1 个月、第 2 个月、第 3 个月、第 4 ~ 6 个月、第 7 ~ 12 个月、1 ~ 2 年、2 年以上等 7 个时间段。

这样划分的好处如下。

（1）各时间段内的数字分布比较均衡，不会出现某个时间段内的离职人数特别多，或某个时间段内的离职人数特别少的情况，便于数据的统计分析。

表 3-12　某公司某年度 1—6 月离职人员在职时间盘点表

在职时间段	1 月离职人数	2 月离职人数	3 月离职人数	4 月离职人数	5 月离职人数	6 月离职人数	1 月离职人数占比	2 月离职人数占比	3 月离职人数占比	4 月离职人数占比	5 月离职人数占比	6 月离职人数占比
第 1 个月	68	48	209	161	117	205	11.22%	8.15%	22.52%	19.93%	11.69%	21.86%
第 2 个月	107	108	49	111	101	80	17.66%	18.34%	5.28%	13.74%	10.09%	8.53%
第 3 个月	85	80	120	23	132	85	14.03%	13.58%	12.93%	2.85%	13.19%	9.06%
第 4 ～ 6 个月	137	123	203	144	108	145	22.61%	20.88%	21.88%	17.82%	10.79%	15.46%
第 7 ～ 12 个月	96	103	151	126	154	149	15.84%	17.49%	16.27%	15.59%	15.38%	15.88%
1 ～ 2 年	50	58	77	80	147	100	8.25%	9.85%	8.30%	9.90%	14.69%	10.66%
2 年以上	63	69	119	163	242	174	10.40%	11.71%	12.82%	20.17%	24.18%	18.55%
总计	606	589	928	808	1 001	938	100.00%	100.00%	100.00%	100.00%	100.00%	100.00%

注：占比保留小数点后 2 位小数，四舍五入，存在一定误差。

（2）有助于根据不同时间段，对离职原因进行进一步分析，针对在职时间不同的员工，采取有针对性的应对策略，降低该时间段内员工的离职率。

（3）能够发现具体哪个时间段出现了异常，快速聚焦原因，尽早采取行动。比如在表 3-12 中，在职时间在 1 个月内的员工在 3 月和 4 月的离职率比较高。

3.4.2 行业属性盘点

在一个多元化的集团公司中，其业务可能涉及不同的行业，不同行业之间虽然具有关联性，但因为行业属性不同，人员的稳定性和离职率可能会呈现出不同的特点。对员工所在行业的离职情况分别进行盘点，有助于把握不同行业的员工离职率的变化趋势。

案例

某公司是一个多元化的集团公司，其内部根据不同的行业属性，划分为不同的业态。该公司某年度 1—6 月离职人员所在业态分析如表 3-13 所示。

表 3-13 某公司某年度 1—6 月离职人员所在业态分析表

业态	1—6 月月均在职人数	1—6 月月均离职人数	1—6 月月均离职率	1—6 月同期离职率	1—6 月月均与同期离职率差距
A 业态	5 289	251	4.53%	2.70%	1.83%
B 业态	6 610	294	4.26%	2.60%	1.66%
C 业态	3 061	121	3.80%	1.70%	2.10%
D 业态	884	17	1.89%	1.70%	0.19%
E 业态	276	7	2.47%	1.50%	0.97%
F 业态	124	9	6.77%	4.20%	2.57%
G 业态	1 212	38	3.04%	2.70%	0.34%
H 业态	560	12	2.10%	1.40%	0.70%
I 业态	453	33	6.79%	3.30%	3.49%
总计	18 469	782	4.06%	2.40%	1.66%

注：占比保留小数点后 2 位小数，四舍五入，存在一定误差。

从表 3-13 中的数据能够看出，在该年度 1—6 月的离职率比去年同期整体增长 1.66% 的情况下，I 业态 1—6 月的离职率与去年同期相比增长比较明显；D 业态和 G 业态 1—6 月的离职率与去年同期相比基本持平。该年度不同业态的离职率与去年同期的差异，不仅和业态自身的特性有关，还与业态内部的人力资源管理能力有很大的关系。

3.4.3 职务类别盘点

员工的离职率与员工所在的职务类别同样存在一定的关联（两者通常成反比关系）。在劳动密集型行业，一般职务层级越高，员工的离职率越低。而在某些资金密集型行业，可能不存在这样的特征。

案例

某公司某年度1—6月离职人员职务类别盘点如表3-14所示。

表3-14　某公司某年度1—6月离职人员职务类别盘点表

职务	1—6月月均在职人数	1—6月月均离职人数	1—6月月均离职率	1—6月同期月均离职率	1—6月月均与同期离职率比较
中层管理者	640	3	0.47%	0.30%	0.17%
基层管理者	3 028	25	0.82%	0.70%	0.12%
员工	14 941	756	4.82%	3.20%	1.62%

注：占比保留小数点后2位小数，四舍五入，存在一定误差。

从表3-14的数据中能够看出，虽然中层管理者和基层管理者的离职率比员工的离职率低，但中层管理者和基层管理者的岗位价值比员工高，离职后对公司造成的影响比员工更大。有的中层管理者和基层管理者是公司独当一面的核心人才，其离职后将会给公司业绩造成直接损失，所以公司不能忽略中层管理者和基层管理者的离职。

对于管理层，公司值得做单独的、更进一步的分析，分析维度可以包含离职分析的所有维度。其中，公司应格外重视对管理层离职原因的分析。分析离职原因后，公司可以调整改善的优先级，即当公司资源有限的时候，可以优先考虑改善管理层的离职情况。

要做好管理层的人才保留工作，公司应重点关注以下内容。

（1）在选拔后备管理人才时，注意后备人选的忠诚度和稳定性。

（2）为管理层岗位提供与岗位价值匹配的薪酬福利。

（3）根据管理层级不同，为管理者提供中长期的薪酬福利。

3.4.4 离职身份盘点

员工的离职率受员工身份的影响。一般来说，正式员工的离职率往往低于非正式员工的离职率，但有时候公司为了控制人力资源成本，需要保留一定比例的非正式员工。外地籍贯员工的离职率往往高于本地员工的离职率，但公司也要保留一定比例的外地籍贯的员工。关注离职率比较高的员工身份群体有助于从整体上稳定公司的员工队伍。

案例

某公司某年度1—6月离职人员身份盘点如表3-15所示。

表3-15 某公司某年度1—6月离职人员身份盘点表

身份	1—6月月均在职人数	1—6月月均离职人数	1—6月月均离职率	1—6月同期月均离职率	1—6月月均与同期离职率比较
正式员工	11 958	208	1.7%	1.0%	0.7%
试用期员工	1 970	165	7.7%	6.6%	1.1%
实习学生	169	22	11.6%	9.7%	1.9%
小时工	4 150	384	8.5%	6.1%	2.3%

注：占比保留小数点后1位小数，四舍五入，存在一定误差。

从表3-15的数据能够看出，实习学生的月均离职率最高，其次是小时工。经过实地调研和访谈之后，该公司发现很多实习学生在工作时，没有受到良好的帮带。虽然人力资源部要求所有的实习学生都要有师傅帮带，但部门落实执行并不到位。

非正式员工的离职率普遍比正式员工的离职率高，除了与员工的身份有一定关系之外，还与公司的管理有很大关系。如果公司能够妥善管理非正式员工，给非正式员工足够的关心，就能够有效降低非正式员工的离职率。

要保留非正式员工，公司可以重点进行以下工作。

（1）为非正式员工提供与其付出的劳动相匹配的薪酬和福利。

（2）让非正式员工享受一部分正式员工的待遇，缩小非正式员工和正式员工在待遇上的差距。

（3）关注非正式员工的工作环境，为其提供必要的劳动保障。

（4）关注非正式员工的身心健康，鼓励其持续进步。

（5）建立非正式员工的技能晋升通道，保证技能越高、待遇越好。

（6）对优秀的非正式员工，根据其个人意愿，允许其转为正式员工且保留司龄。

3.4.5 年龄属性盘点

不同年龄段的员工在离职率上存在差异。这种差异主要与不同年龄段员工所处的生活环境及心智成熟度存在比较大的关联。生活环境压力较大、心智较成熟的员工的离职率往往比生活环境压力较小、心智不成熟的员工的离职率低。

案例

某公司某年度1—6月离职人员年龄段盘点如表3-16所示。

表3-16 某公司某年度1—6月离职人员年龄段盘点表

年龄段	1—6月月均在职人数	1—6月月均离职人数	1—6月月均离职率	1—6月同期月均离职率	1—6月月均与同期离职率比较
20岁以下	19	42	68.85%	61.00%	7.85%
20～25岁	1 929	179	8.49%	5.60%	2.89%
26～30岁	3 363	177	5.00%	2.90%	2.10%
31～35岁	3 563	121	3.28%	2.10%	1.18%
36～40岁	3 018	98	3.15%	1.50%	1.65%
41～45岁	3 789	105	2.70%	1.20%	1.50%
45岁以上	2 653	89	3.25%	1.50%	1.75%

注：占比保留小数点后2位小数，四舍五入，存在一定误差。

从表3-16的数据能够看出，该公司31岁以上的员工的离职率是比较低的。其中，41～45岁年龄段的员工的离职率最低。25岁以下的员工的离职率比较高。所以未来在员工招聘时，该公司可以优先招聘31岁以上的员工。

很多公司在人才招聘时存在一种误区，就是在招聘基层岗位员工时，觉得候选人越年轻越好，工作经验越少越好，这样他们比较容易接受和融入公司的文化，便于公司后续对人才实施培养。员工入职时年轻、工作经验少，确实有这方面的好处，但也有职业稳定性不高的坏处。

年轻的员工往往心智不成熟，容易对现状不满足，渴望新鲜感。这类员工在一种状态下工作一段时间之后，会渴望去看看公司外部“新的风景”。随着年龄和工作经验的增长，接触的公司越来越多，员工会相对比较稳定。

当然，这并不代表公司不应该招聘年轻的、经验比较少的员工，而是应当根据这类员工的特点，做好人才的保留工作。比如，对年轻的、经验比较少的员工实施轮岗措施，为其提供尝试的机会，使其体会不同工作岗位的特点，给其提供选择权，允许其在定岗前有一定的岗位选择主动权。

另外，清晰明确的职业发展通道和完善具体的人才培养计划对留住年轻的、经验比较少的员工有很大帮助。当这类员工体会到变化、发展和进步的乐趣，同时能在努力中获得对等的回报时，其职业稳定性将会大大提高。

3.4.6 学历属性盘点

员工的学历对离职率同样存在影响。一般来说，员工学历越高，职业选择机会越大，当员工现从事的职业与其学历水平长期不匹配，不能满足员工需求的时候，员工离职的可能性会更大。

案例

某公司某年度1—6月离职人员学历情况盘点如表3-17所示。

表3-17 某公司某年度1—6月离职人员学历情况盘点表

学历	1～6月月均在职人数	1～6月月均离职人数	1～6月月均离职率	1～6月同期月均离职率	1～6月月均与同期离职率比较
本科及以上	554	41	6.89%	3.90%	2.99%
专科	1 723	116	6.31%	3.90%	2.41%
中专技校	8 502	335	3.79%	2.60%	1.19%
初中及以下	7 532	326	4.15%	2.00%	2.15%

注：占比保留小数点后2位小数，四舍五入，存在一定误差。

从表3-17的数据能够看出，在该公司，学历越高，员工的职业稳定性越差。这也许与学历低的员工在人才市场上选择工作的机会较小，离职后重新择业的成本较高存在一定的关系。

通过离职人员学历情况盘点能够看出，公司在进行岗位任职资格设置时，不应盲目追求高学历，应设置与岗位工作性质相匹配的学历要求；公司在人才招聘时，也不必“迷信”高学历，在候选人能力相当的条件下，不一定要优先招聘学历高的人员。

高素质人才是所有公司发展的动力，高学历人才相对比较容易被培养成高素质人才。面对员工学历越高、离职率越高的情况，公司不能放任不管，不能被动接受，更不能因此就不再招募高学历人才，而应当查找在留住高学历人才方面存在的缺陷，弥补这些缺陷，为保留高学历人才努力。

要保留高学历人才，公司可以参考以下做法。

（1）提供清晰的职业发展通道和人才培养计划。

（2）明确岗位任职资格和晋升标准的具体要求。

（3）提供充足的晋升发展机会和匹配的岗位。

第 4 章

接班人甄选与培养

要做好关键岗位人才梯队建设，需要扶持接班人（继任者、后备人才）。接班人的识别、选拔和培养是关键岗位人才梯队建设的前端工作。其中，接班人识别需要了解哪些人才具备成为接班人的潜质；接班人选拔要能够从这些有潜质的人才中选拔出适合担任接班人的人才；接班人培养需要注意采用简单、可复制的方法。

4.1 接班人识别

很多人认为只要是优秀员工就适合成为关键岗位的接班人，实际上，这种理解是不完全正确的。适合做接班人的员工通常拥有某种潜质，具备某些特质。发现和识别这些潜质和特质，有助于公司快速确定接班人的人选。

4.1.1 公司接班人的 5 大类型

根据公司的业务模式不同，常见关键岗位接班人包括以下 5 大类型，如图 4-1 所示。

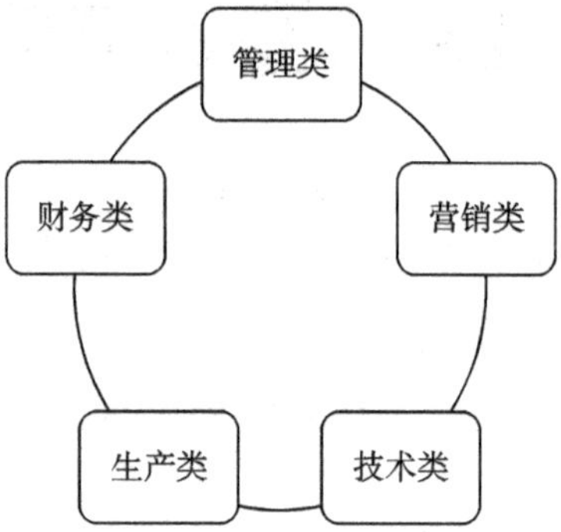

图 4-1 常见关键岗位接班人的 5 大类型

1. 管理类

管理类接班人主要是指人力资源管理、行政管理、采购管理等通用管理类岗位的接班人。

管理类接班人可以根据管理层级的不同分成 3 类。

（1）基层管理岗位接班人。

（2）中层管理岗位接班人。

（3）高层管理岗位接班人。

2. 营销类

营销类接班人主要是指公司的市场营销、业务拓展、客户开发、市场策划、贸易合作等营销类岗位的接班人。

3. 技术类

技术类接班人主要是指公司的技术研发、产品设计、技术创新、工艺设计、工艺改进等技术类岗位的接班人。

4. 生产类

生产类接班人主要是指公司的生产制造、质量检测、品质管理、设备管理、安全管理等生产类岗位的接班人。

5. 财务类

财务类接班人主要是指公司的财务管理、预算管理、税务筹划、投资融资、会计核算、经营分析、财务审计等财务类岗位的接班人。

4.1.2 高潜力人才的 5 大特质

很多专家、学者和机构都对高潜力人才展开过研究，他们的结论虽各不相同，却有着一些相同之处。综合当前的研究成果与个人经验，适合做接班人的高潜力人才一般具备 5 大特质，如图 4-2 所示。

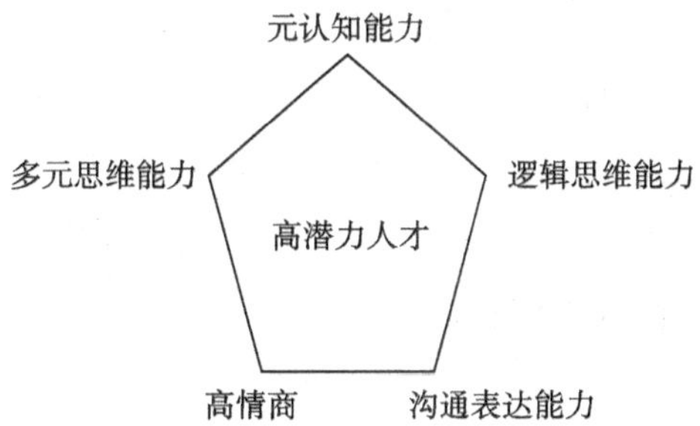

图 4-2　高潜力人才的 5 大特质

1. 元认知能力

元认知是关于认知的认知，是个体对自己的认知加工过程的自我觉察、自我反省、自我评价与自我调节，通俗地讲就是对自我认知过程的思考。元认知能力强的通常表现是学习能力很强。因为元知能力强的人对自己的认知和学习过程很了解，能够在自我思考和自省后快速生成优化过的学习策略。

2. 逻辑思维能力

逻辑思维是人们在认识事物的过程中借助概念、判断和推理等思维形式能动地反映客观现实的理性认识过程。只有利用逻辑思维，人们才能实现对具体对象本质的把握，进而认识客观世界。逻辑思维能力考查是考验一个人的基本工作能力的必备环节，如果不具备合格的逻辑思维能力，就会导致主次不分、条理不清、前后矛盾、重复阐述以及概念混乱等多种问题。

3. 沟通表达能力

双方信息不对称的沟通现象在工作中很常见，尤其容易发生在团队合作和上下级之间。如果彼此都能用最简洁的语言解释复杂问题或描述一件事情，可以大大提高工作效率。用简洁的语言，至少说明说话的人懂得换位思考，能够从对方的角度分析和评价自己的表达。

4. 高情商

在公司中，职位越高，情商越重要。情商高表现为有自知之明，对人对己都比较诚实，并抱有务实不苛求的态度；善于控制自己的情绪，常常会自我反省，经过深思熟虑，不断成长；追求成就感，对工作充满激情，乐于学习并富有上进心；善于社交，能帮助领导管理团队，调动人际关系资源。

5. 多元思维能力

很多职级比较高的人都拥有较强的多元思维能力。他们不固执，总是对自己不了解的领域谨慎地发表观点；能够包容不同的观点，甚至与自己的想法完全相反的观点，依然无碍于自身行事；不会执迷不悟或固执己见，当新的信息和证据证明自己原来的观点是错误的时候，能够及时接受并改正。

4.1.3 高潜力人才的发现方法

高潜力人才不代表当前一定具备高能力或高水平绩效。所谓高潜力人才，就是“潜力股”。发现高潜力人才的过程并不容易，这相当于在马云（阿里巴巴主要创始人）还在学校里教书，王健林（万达董事长）还在当兵时就发现他们未来能做出一番事业。

但高潜力人才通常都具备某种基本的素质和工作状态，也就是 4.1.2 节提到的高潜力人才的 5 大特质。并不是每个高潜力人才都能在这 5 大特质中做到面面俱到，但公司在寻找和发现高潜力人才的时候，可以重点观察这些人才身上是否具备这些特质。

常用的发现高潜力人才的 5 种特质的方法有人才测评、行为观察、360 度评估和员工访谈 4 种。这 4 种方法的实施成本和实施难易程度如表 4-1 所示。

表 4-1　高潜力人才的发现方法

高潜力人才发现方法	实施成本	实施难易程度
人才测评	高	难
行为观察	高	易
360 度评估	中	中
员工访谈	低	低

如果公司当前的情况不支持实施成本比较高的人才发现方法，可以使用员工访谈的方法来判断员工的特质和主观能动性，简单、直接地发现高潜力人才。如果公司愿意实施管理成本较高的人才发现方法，可以使用人才测评和行为观察的方法。

4.2　接班人选拔测评

有潜力的人才并不一定适合做接班人，要想准确地甄选适合做接班人的人选，还需要对接班人实施有效的选拔测评。接班人的选拔测评方法主要有工作访谈测评、观察分析测评、笔试问卷测评和智力水平测评。

4.2.1　甄选培养程序

接班人的甄选培养程序可以分成 5 步，如图 4-3 所示。

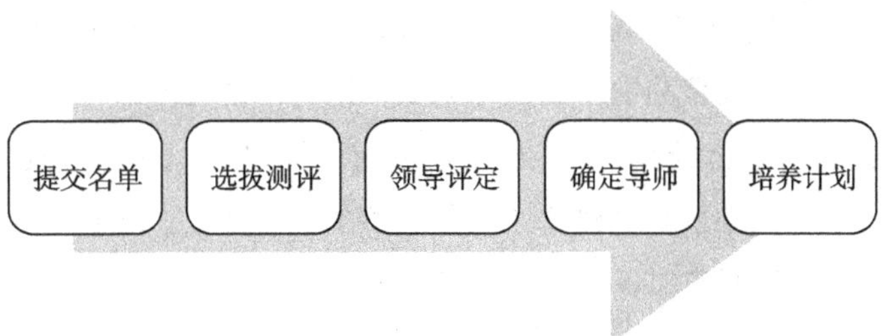

图 4-3　接班人的甄选培养程序

1. 提交名单

甄选接班人前，首先要有备选的接班人名单。备选接班人名单一般由各部门管理者根据高潜力人才的特质在部门内部寻找，形成名单后报公司人力资源部。

2. 选拔测评

为保证接班人的选拔效果，人力资源部应根据各部门上报的备选接班人名单，综合运用访谈、观察、笔试、面谈等方式，对备选接班人进行素质、知识、能力、绩效等方面的综合测评，筛选出优秀的、适合成为接班人的人选。

3. 领导评定

人力资源部对备选接班人实施筛选后，能初步得出适合成为接班人的人选名单，此时应将名单报公司主要领导审核鉴定。人才梯队建设与培养是关系到公司未来发展的重要工作，主要领导层应为此成立专项领导组，由专项领导组做接班人人选的最终评定，必要时可以对接班人实施专项面试。

4. 确定导师

公司对接班人的培养，应当采取导师制。接班人的成长以导师教育为主，以公司统一组织的培训为辅。导师能在日常工作中促进接班人成长，对接班人能力的发展起到了至关重要的作用。导师制是公司人才梯队建设中提高接班人能力最有效的培养手段。

5. 培养计划

导师应当根据接班人的情况，与接班人一起制订培养计划。人力资源部也可以参与接班人的人才培养计划，一方面监督人才培养计划的实施，另一方面为导师和接班人提供公司层面的资源支持。

4.2.2 工作访谈测评

工作访谈测评指通过和备选接班人面对面谈话来获取备选接班人的能力信息。工作访谈测评包括单独面谈和团体面谈。这种方法比较适合用于工作内容标准化程度比较低，变化性和创新性比较高的岗位，比如人力资源管理、行政管理、专业技术等难以从外部直接观察备选接班人的能力的岗位。实施工作访谈测评，需要访谈人掌握比较好的面谈技巧。

工作访谈测评的流程包括 4 步。

1. 访谈准备

访谈人在进行访谈准备时，要注意做好以下事项。

（1）明确访谈的目标，要事先做好时间约定。

（2）事先准备好访谈需要的相关问题和资料，提前通知被访谈人让其做好准备。

（3）访谈地点最好选择在比较安静，不容易受干扰之处。

2. 访谈开始

在访谈正式开始之前，访谈人要做好以下事项。

（1）解释访谈的目的，营造一个比较宽松的环境和友好的氛围。

（2）告知被访谈人整个访谈过程中可能需 要做必要的记录。

（3）去除偏见，不要带着个人观点访谈。

（4）准备全面的问题，获得对被访谈人的总体认知。

3. 访谈过程

针对被访谈人能力的访谈是一种事实挖掘类访谈，目的是获得事实而不是观点或偏见，所以访谈人在整个访谈过程要注意引导，要把被访谈者带入访谈主题中，让被访谈人针对问题回答事实而不是个人的观点，同时给被访谈人留出足够的时间思考。

在访谈过程中，为防止被访谈人不断表达个人观点或情绪，访谈人要不断澄清事实，使用沟通中的提问和倾听技巧，同时及时与被访谈人核实其没有表达清楚的内容。

4. 访谈结束

访谈结束时，访谈人要做好以下工作。

（1）核查是否已经获得需要的所有信息。

（2）总结关键信息，询问被访谈人是否还有话说。

（3）如果还有内容不够清楚，可以继续询问。

（4）访谈结束后，感谢被访谈人所投入的时间和努力。

访谈人在与被访谈人面谈之后，可以与被访谈人的直属上级沟通，向其反馈访谈内容，在一些因为上下级信息不对称而造成认知差异的问题上，可以与被访谈人的直属上级进行讨论，也可以借此了解被访谈人的直属上级对被访谈人的真实评价。

4.2.3 观察分析测评

观察分析测评是通过对备选接班人的观察，对备选接班人的工作能力进行分析的方法。观察分析测评取得的信息更加直观，但要求观察者有足够的经验，而且在必要的时候要懂得提问和纠偏。

这种方法比较适合用于备选接班人的工作内容标准化程度比较高，所处岗位的变化性和创新性比较低的情况，不适宜用于备选接班人所在岗位的工作内容创新性比较高、可变性比较高、循环周期长和以脑力劳动为主的情况。

适合采取观察分析测评的岗位，通常具备标准化的工作流程，有比较明确的操作方法。如果备选接班人的能力适合通过观察分析来测评，但目前不具备实施的条件，可以先明确定义岗位的作业流程后再实施。

要有效实施观察分析测评，首先要定义员工作业的每个动作背后，哪些是能产生价值的，哪些是无价值甚至会产生副作用的。这样做不仅有助于进行选拔测评，而且通过对员工作业动作的持续修正，有助于员工在未来的工作中保持正确的动作，减少错误的动作，规范作业流程，从而提高生产效率，降低成本。

有了岗位的标准作业流程后，观察者就可以通过观察分析测评，对备选接班人实施能力测评。例如，某岗位要求在某段时间内实施多种正确动作，观察者通过对该岗位上不同备选接班人的观察，记录不同备选接班人操作的熟练度、准确度，从而判断备选接班人的能力水平。

为保证观察分析的准确性，有时观察者也可以实际从事待评估岗位的工作，在实际工作的过程中掌握有关工作的第一手资料。采用这种方法可以使观察者切身体会岗位工作的实际任务，以及该岗位在体力、环境、社会方面的要求，能够更细致、深入、全面地判断备选接班人的能力水平。

4.2.4 笔试问卷测评

笔试问卷测评是评估人员根据待评估的能力项目，设计结构化、标准化的试卷或问卷，并将之发送给备选接班人，在备选接班人填写试卷或问卷之后，收集并整理试卷成绩或问卷结果，得出对备选接班人能力的评价的方法。

根据不同的测评目的，笔试问卷测评可以与不同的方法相结合。

当公司需要考查备选接班人基本的道德素质能力，比如道德修养、思想作风、敬业精神等能力时，可以采用笔试问卷测评与日常工作考核相结合的方法。

当公司需要考查备选接班人的一般能力，比如观察力、记忆力、判断力、创新力等能力时，可以采用笔试问卷测评与工作访谈测评相结合的方法。

当公司需要考查备选接班人的专业技能，比如客户接待能力、作业操作能力时，可以采用笔试问卷测评与观察分析测评相结合的方法。

应用笔试问卷测评时需注意以下事项。

1. 注意内容相关

在设计笔试问卷测评的试卷题目时，要注意把岗位技能测试中最重要、最具有代表性的核心知识和技能放在试卷测试题中。不相关的测试内容不能用来评价备选接班人的能力。

2. 注意公平公正

公平公正是笔试问卷测评有效实施的前提。为保证测评的公平，对同一批次的备选接班人，应发放相同的试卷。为保证测评的公正，试卷测试的过程要防止作弊的情况。

3. 不要唯成绩论

笔试问卷测评得出的成绩能在一定程度上反映问题，但不能成为选拔测评的唯一依据。受各种因素的影响，同一个备选接班人对两份不同的试卷可能得到不同的分数。所以公司在应用笔试问卷测评时，不能简单地得出成绩为 90 分的备选接班人一定比成绩为 80 分的备选接班人更优秀的结论。

4.2.5 智力水平测评

智力因素是人才素质中最基本的素质之一，智力是对人的一般认知能力的量化，结果常用一个商数，即智商（Intelligence Quotient，IQ）来表示。智力水平测评是人才素质测评的重要内容。通过智力水平测评，公司能够将人才的智力水平划至相应的范围，得出对人才智力水平的评价。

智力水平一般包括知觉、语言能力、空间意识、数字能力、记忆能力和逻辑推理能力等方面的内容。

对备选接班人进行智力水平测评时，通常要求备选接班人运用自身当前的知识和技能来解答测试题。公司中常用的智力水平测评可以分为个人智力测评、团体智力测评以及学习能力测评等。

大多数公司常用的智力水平测评是个人智力测评，这是单独评估个人心智能力的最好方法之一。目前常用的个人智力测评主要分为两种，分别是斯坦福-比奈智力量表（Stanford Binet Intelligence Scale）和韦克斯勒智力量表（Wechsler Intelligence Scale）。其中，韦克斯勒智力量表还可用于诊断一定程度内的心智失调。

团体智力测评多属于识别型的笔试测验，包括文字推理、数字运算、普遍常识以及非文字推理等项目，公司通过测评可迅速获得有关测试者心智能力的客观指标。

学习能力测评，比普通智力测评的范围更窄，它主要用于测评那些影响学业成功的基本能力。学习能力测评和团体智力测评一样，多用于笔试测验，一般包括词汇、数字、常识、图形推理、阅读理解等项目。

4.3 接班人培养

对接班人的培养应当采用以导师制为主，以公司集中组织培训为辅的方式。人才培养应当有标准，有参照。为快速促进接班人成长，人力资源部可以协助导师将岗位学习内容标准化，同时规范岗位的标准工作流程。

4.3.1 接班人培养方式

接班人来源于高潜力人才，高潜力人才很容易被发现，但很难被培养。因为公司可以传授给人才知识和技能，却没办法传授人才相应的基本素质。高潜力人才能否成为合适的接班人其实是由人才的基本素质决定的，比如人才的智商、情商、动机、价值观，这些不是靠公司就能培养出来的。

公司对已经被发现的、确定为接班人的高潜力人才进行培养，应当把重点放在知识、技能和资源上。被确定为接班人的高潜力人才通常具备较强的主观能动性，有内生动力。当这类接班人具备学习和发展的机会时，其成长速度往往快于一般人。

对接班人，除了常规的人才培养方式之外，还可以实施一对一、有针对性的培养。其中比较有效的是导师制 / 师徒制，通过导师制 / 师徒制，公司可以有针对性地让接班人参与各类任务或项目。不同身份的接班人对应的导师 / 师傅和可选择的培养方式如表 4-2 所示。

表 4-2 不同身份的接班人对应的导师 / 师傅和可选择的培养方式

高潜力人才的身份	导师 / 师傅的人选	可选择的培养方式
高层管理者	总经理	引入外部的导师给予辅导； 为其提供专属的职业发展项目； 为其安排各种有挑战性的任务； 为其安排特殊的任务； 为其提供更广泛的管理培训
中 / 基层管理者	高层管理者	在公司内部实施职能、部门的轮换； 提供更多中 / 基层管理者相互交流的机会； 为其提供通用的职业发展通道； 提供管理或参与重要项目的机会
基层人员	中 / 基层管理者	提供更多的内外部培训； 在公司内部实施职能、部门的轮换； 提供参与重要项目的机会

对于不同类别的岗位，可以有针对性地进行各类主题培训。不同类别的岗位可以学习的通用课程名称如表 4-3 所示。

表 4-3 不同类别的岗位可以学习的通用课程名称

大类	小类	课程名称
管理技能	高级管理者	战略管理、组织机构设计、企业文化、品牌管理、风险控制、领导艺术、如何决策、危机管理、公关管理、压力管理
	中层管理者	知识管理、员工激励、员工授权、冲突管理、人才选用育留、项目管理、非财务人员的财务管理、非人力资源人员的人力资源管理、高效能人事的习惯
	基层管理者	目标管理、计划管理、团队建设、沟通技能、时间管理、解决问题、执行技能、会议管理、情绪管理、员工关系管理
岗位技能	营销技巧	电话销售技巧、客户服务技巧、渠道销售技巧、经销商管理、专业销售技巧、大客户销售、顾问式销售、客户关系管理、销售呈现技巧、双赢商务谈判
	生产运营	生产计划、现场管理、安全管理、品质控制、成本控制、设备管理、工艺管理、流程管理、订单管理
	人力资源	岗位管理、招聘管理、培训管理、素质模型、薪酬管理、绩效管理、劳动关系、人才测评、职业生涯、培训培训师、战略 HR 管理
	财务管理	统计核算、报表编制、现金管理、单证管理、成本管理、资产管理、税务筹划、预算管理、财务预测、管理会计
	技术研发	创新意识、产品知识、研发项目管理、研发项目管理沙盘、产品需求分析、产品中试管理、研发成本控制、研发质量管理
	采购管理	诚信意识、报价方法、谈判技巧、采购预算管理、供应商管理、合同管理、市场调研

续表

大类	小类	课程名称
岗位技能	质量管理	品质控制流程、质量检验方法、全面质量管理、质量控制的数理基础、统计质量控制的常用工具和方法、产品生命周期质量分析和控制技术、质量可靠性分析
	仓库管理	仓储管理流程、仓库系统使用、供应链计划、库存管理、仓库数据分析
	物流管理	物流质量管理、报检流程、报关流程、物流系统、商品包装管理、物流运筹管理、物流成本管理
	客户服务	客户关系管理、客户服务原则、沟通技巧、电话礼仪、接待礼仪、如何有效地提问、服务用语、肢体语言
通用技能	个人成长	自我认知、人生规划、时间管理、压力管理、情绪管理、团队意识、沟通技巧、人际关系、个人知识管理、个人品牌管理、身体品质管理、心态塑造、如何处理问题、文书写作、办公软件使用
	新员工培训	企业文化、发展历程、规章制度、奖惩条例、消防安全

4.3.2 接班人学习卡片

对于某个具体岗位，公司可以设计针对该岗位的学习卡片。学习卡片应当包括关于岗位的应知应会的全部内容。有了学习卡片，接班人的导师可以有针对性地对接班人实施培养。学习卡片不仅可以作为导师培养接班人的依据，也可以作为导师培养接班人的证据。

案例

某零售上市公司，为了保证主管岗位的人才发展，设计了主管岗位的学习卡片。主管岗位接班人在师傅的指导下，根据学习卡片学习。每项内容学完后，师傅应当对其该项内容的学习情况做出评价，由师傅签字表示合格。

其中，生鲜主管岗位学习卡片的部分内容如表 4-4 所示。

表 4-4 某零售上市公司生鲜主管岗位学习卡片的部分内容

序号	温馨提示	学习内容	学习要点	参考学习天数	注明学习起止时间	合格后师傅签名
1	在这个家里，我的责任是什么呢？	岗位职责	1. 负责柜组商品管理等现场营运工作以及员工管理 2. 内容详见《生鲜主管岗位职责》	0.5		

续表

序号	温馨提示	学习内容	学习要点	参考学习天数	注明学习起止时间	合格后师傅签名
2	我要让家里的每一个角落干净整洁	卫生管理	1. 保障商品卫生 2. 个人清洁卫生 3. 加工设备卫生 4. 柜组环境卫生 5. 仓库存储卫生	1		
3	永远记住：安全第一	安全管理	1. 食品安全 2. 人身安全 3. 消防安全 4. 设备安全 5. 防盗安全	2		
4	我每天应该做哪些事呢？	主管工作流程	1. 每天的作息时间 2. 工作流程 3. 工作重点	2		
5	我要如何装饰我的家呢？	标示系统管理	1. 标示的种类 2. 标示的使用标准和规范	2		
6	我的柜组，要尽在掌握	商品品类	1. 大中小、次小、单品的分类 2. 战区、高敏感、敏感、非敏感、盲区 3. AI 商品 4. 柜组单品数	2		
7	工欲善其事，必先利其器	工具的使用和维护	1. 类型：加工工具、超市、电子工具 2. 工具的正确操作和使用 3. 工具的维护和保养 4. RF 枪的使用	2		
8	平时管好这些细节，会有惊喜	辅料（耗材）管理	1. 自门店领用的商品耗材 2. 自配送领用的标准耗材 3. 如何控制内耗	1		
9	其实这一项很有学问	上货管理	1. 上货流程（补货、陈列、入库、卫生） 2. 量的标准 3. 注意事项 4. 陈列技巧	2		
10	做好这一点后，商品自己就会说话	陈列管理	1. 顺序：黄金位置、次黄金位置、一般位置 2. 原则：按大、中分类，先进先出，包装商品，标示正确 3. 方式：圆积型、方排型、格子型、散置型、斜立植入型、搭配型 4. 常见陈列问题	2		

续表

序号	温馨提示	学习内容	学习要点	参考学习天数	注明学习起止时间	合格后师傅签名
11	知己知彼，方能百战百胜	市场调查	1. 高敏感、敏感品项市调 2. 非敏感和盲区品项市调 3. 全品项市调 4. 注意事项 5. 结果反馈流程	2		
12	这些都有规定	生鲜价格管理	1. 定价 2. 打折价 3. 竞争价 4. 档期促销价	1		

该公司在每家门店都配有学习资料，包括公司内网系统中的各类流程标准、打印版的培训资料、岗位技能手册等。岗位接班人可以在上班时间学习，也可以利用下班时间将关键知识点抄在笔记本上，回家复习。

4.3.3 接班人成长卡片

导师培养接班人时，比较有效的方法是“查漏补缺”。导师可以通过找出接班人当前能力与岗位要求能力之间的差距，和接班人一起弥补这个差距。这要求导师了解岗位的具体要求和接班人当前能力的基本情况。

为了让接班人更好地成长，公司可以为接班人设计成长卡片。成长卡片是可以用来查找岗位要求能力和接班人当前能力的差距，并形成能力提升计划的工具。通过成长卡片，导师能清晰地看到接班人当前的能力和岗位要求具体在哪方面存在差距，也能通过持续运用这个工具，看到接班人的成长。

成长卡片不仅可以作为设计接班人培养项目的依据，也可以作为评估培养结果的依据。所以这个工具应当包含培养方法、完成时间和责任人。成长卡片样表如表 4-5 所示。

表 4-5 成长卡片样表

类别	岗位要求	接班人现状	存在差距	弥补差距的方法（学习计划/培养方法）	完成时间	责任人

表 4-5 中，“类别”可以按照素质、知识、能力和经验 4 个维度分类，也可

以按照单个能力维度细分。

“弥补差距的方法（学习计划 / 培养方法）”是能力补充的具体做法，有计划，有行动，才可能有落实。

“完成时间”主要是用来进行能力培养结果评估检查的。导师可以在到达完成时间时，评估接班人的完成情况。

“责任人”指的是帮助接班人提升这方面能力的人，可以是部门负责人，可以是导师，也可以是某个具备这方面能力的人。

案例

某公司客服经理岗位的成长卡片展现了该岗位在岗位胜任力方面的要求以及接班人的现状与要求之间的差距，如表 4-6 所示。

表 4-6　某公司客服经理岗位成长卡片

类别	岗位要求	接班人现状	存在差距	弥补差距的方法（学习计划 / 培养方法）	完成时间	责任人
素质	具备创业心态； 拥抱变化； 能快速适应调整	具备创业心态； 不喜欢变化； 对工作调整的适应性较差	拥抱变化和快速适应调整方面			
知识	知晓售前、售中、售后各环节的服务质量评估标准； 知晓客服团队工作流程和规范话术； 知晓各种投诉及突发事件处理方法； 知晓售前售后疑难问题解决方法	知晓售前、售中、售后各环节的服务质量评估标准；知晓客服团队工作流程和规范话术； 知晓各种投诉及突发事件处理方法	售前售后疑难问题解决方法方面			
能力	熟练运用 WORD/EXCEL/PPT/VISIO 等软件； 有较强的文档编辑及数据处理、分析及总结能力； 具备较强的口头和书面沟通能力； 逻辑思维能力强，善于分析问题； 能独立带领客服团队，团队建设管理能力较强，统筹和计划能力较强	熟练运用 WORD/EXCEL/PPT/VISIO 等软件； 有较强的文档编辑及数据处理、分析及总结能力； 具备较强的口头和书面沟通能力	逻辑思维能力和分析问题方面； 独立带领客服团队方面，团队建设管理能力方面，统筹和计划能力方面			

续表

类别	岗位要求	接班人现状	存在差距	弥补差距的方法（学习计划/培养方法）	完成时间	责任人
经验	3年以上客服团队管理经验； 2年以上第三方售后服务管理经验	无团队管理经验；无第三方售后服务管理经验	3年以上客服团队管理经验方面； 2年以上第三方售后服务管理经验方面			

成长卡片不仅适用于对接班人的培养，如果情况允许，公司可以把成长卡片用在每一个员工身上，也可以根据需要，对这个工具进行调整，使其变成一个上级对下级成长提出要求或目标的工具。

4.3.4 接班人工作流程

明确接班人待成长岗位的工作流程，能够提高培养接班人的效率。除了标准化的学习内容（学习卡片）和成长差距（成长卡片）外，对岗位工作流程明确与否也关系到接班人培养的质量。当岗位有明确的工作流程时，接班人只需要按照工作流程完成工作，接班人的工作质量也可以根据工作流程执行的标准化程度判断。

案例

某零售上市公司根据主要管理岗位的工作特点，定义了该岗位每天的工作流程。其中，生鲜主管每、工作流程如表4-7所示。

表4-7　生鲜主管每日工作流程表

时间	工作内容
营业前	1. 人员到岗，检查仪容仪表 2. 检查加工间是否有异味（煤气），保证生鲜自制区安全 3. 班前会，总结前一天工作，强调今天的工作重点 4. 根据配送开单价、生鲜参考价，核对当日商品售价，在系统中调价后落实电子秤价格是否更改，标价签是否到位 5. 准备相关器具，安排人员收货。肉禽类商品收货时须索要“三证”或“四证”；海产类商品收货时要检查冷柜温度 6. 核对单据，按照收货判断标准验收货物

续表

时间	工作内容
营业前	7. 入库暂存，按照日期分类存放，进行粗加工 8. 上货，按照陈列标准陈列商品（肉禽须进行分割陈列） 9. 再次核对所有商品价格，检查价格标示是否清晰，张贴农药残留检测报告 10. 一切准备就绪后，清理现场卫生 11. 面带微笑，准备营业
营业中	1. 客流高峰期前补货，随时进行商品质量检查，在市场调查之后更改商品价格 2. 巡视卖场，检查陈列商品的新鲜程度 3. 上货、补货过程中将残次品挑出，及时处理 4. 按照顾客的排队顺序依次称重 5. 双手接递商品，轻拿轻放 6. 整理排面，将卖相不好的商品及时挑出，主力商品和促销商品大量陈列；做好面销，提升气氛，促进销售 7. 随时补充商品，保证商品供应充足。下午 4:00 前重新补充一轮商品，确保陈列出的商品充足、新鲜 8. 做好交接班工作，盘点库存，确认是否需要追加要货。根据客流量、销售量等做好订货工作 9. 整理陈列，保证上架商品当天售完 10. 对冷库、保鲜库的内外卫生及商品进行整理，检查是否有过期变质商品未处理 11. 根据当天的销售情况确定第 2 天的促销商品 12. 货架清理，做好晚间商品打折销售的陈列
营业后	1. 营业结束后检查卖场，管理顾客遗留 2. 整理仓库；将未售完的商品分类定位存放；标明商品名称、日期 3. 夜间清场，检查柜组线路、开关，做好清洁及安全工作

生鲜主管每周工作重点如表 4-8 所示。

表 4-8　生鲜主管每周工作重点表

时间	工作重点
周一	了解本部门上一周的销售情况、预算达成情况，发现提升销量的机会，并及时与采购部门联系，针对销量不佳的商品做出调整
周二	查看部门是否存在负库存、负毛利的情况，并及时查找原因、调整。查看内耗库存，并针对库存情况向仓库要货
周三	对陈列柜、仓库进行清扫、整理，并按销售情况及时调整陈列面，与现场的加工人员进行沟通、协商
周四	根据销售预算进行比较全面的市场调查，查看竞争对手商品的质量、价格、优势，及时进行调整
周五	做好周六、周日的销售准备，合理备货，做好促销计划
周六 周日	查看商品是否齐全，看好排面，主抓销售，争取完成销售预算

生鲜主管每月工作重点如表 4-9 所示。

表 4-9　生鲜主管每月工作重点表

时间	工作重点
月初	1. 针对上月末的盘点情况进行分析，查找原因并了解部门的毛利情况；与部门人员交流沟通，查找原因；制订本月销售计划 2. 了解本部门的销售情况，预算达成率，同期销售情况，进行数据分析，找出原因，制订促销方案 3. 针对每日工作流程合理安排员工休假，并进行排班
月中	1. 核对各种单据（入库单、出库单、打折报亏、调拨单） 2. 整理仓库库存 3. 做好月中部门商品盘点工作，提前整理好仓库商品，做好卫生，并保证商品信息在系统中录入、上传准确 4. 了解、分析盘点结果原因，并做好记录 5. 查看上半月的销售情况、预算达成率，与采购部门沟通，做好促销计划，完成预算
月末	1. 进行单据处理，整理库存，准备月末盘点 2. 查看本月销售情况，查找可提升的空间

4.4　【实战案例】阿里巴巴干部选拔与培养

阿里巴巴非常重视对干部的选拔和培养，阿里巴巴秉承着“严把招聘关”的理念，要招聘优秀的人才，要吸引那些和阿里巴巴“味道”一样的人（和阿里巴巴价值观相同的人）。阿里巴巴把人才视为公司最宝贵的资产，人才是借给团队管理者的，团队管理者要想办法让人才增值，让人才超越发现他的伯乐。

4.4.1　干部选拔要求

马云曾说：“我找的人都是积极乐观、高智商的，我不喜欢雇用‘专家’，因为没有人是‘未来的专家’，只有‘过去的专家’，好的员工都需要不断地学习。”马云积累了许多面试和选拔人才的经验，在无数次对人才的选拔活动中，马云时不时地抛出“金句”。这些金句，逐渐成为阿里巴巴选拔人才的原则。

很多人对马云的人才选拔原则的理解是片面的。马云说的“专家”指的是只懂得理论知识，没有实战经验，不能给公司创造价值、带来效益的“空有名声的人”。而阿里巴巴需要的是，在某个领域有丰富实战经验的，能够给公司带来价值和收益的实战派专家。

马云曾说：“对于员工来说，最重要的不是‘你需要我做什么？’而是‘你能为我们做什么？’前者的态度是消极地被安排，而后者的态度是主动地做些什么。两者之间看似差别微小，实质上却是员工价值观的巨大差异。”

马云曾在谈话中表示，阿里巴巴的员工都不是最聪明的，因为聪明的员工在公司经营困难的时候都走了。阿里巴巴真正需要的是那些有追求和梦想的员工。

有人觉得，听马云讲的话，好像阿里巴巴选拔干部的原则非常简单，既没有知识和技能的要求，又没有素质和经验的要求，但这恰恰是一个更高的干部选拔原则。具备招聘实战经验的HR大都知道，当问一个候选人“你的梦想是什么”的时候，能够坚决、果断、毫不犹豫地回答的人是极少的。

阿里巴巴在外部招聘干部时，会由老员工组成“闻味官”负责面试把关。“闻味官”专门负责“闻味道”，判断候选人和阿里巴巴是否“味道相同”。这一点和很多公司选拔干部时采取的标准结构化面试截然不同。

时代在快速地发展，阿里巴巴也在快速发展，在这种快速发展下，各种不确定因素越来越多，阿里巴巴要想持续实现公司战略，管理能力、团队沟通能力对员工来说将变得越来越重要。在阿里巴巴不断变化的组织和团队中，文化和价值观是不变的。

每个公司都有自己的“味道”，阿里巴巴希望“闻味官”可以在招聘环节中“闻候选人的味道”，确保候选人在未来接受阿里巴巴文化的过程中，能够感受到阿里巴巴是一家与自身属性、追求和价值观一致的公司。

阿里巴巴一直以来都坚持，不一定选择最好的人才，只选择最合适的人才的招聘理念。只有价值观与公司一致的人，才能适应并享受阿里巴巴的环境，避免被不同的价值体系冲击、遗落。

只有具有5年以上司龄的“老”阿里人才有资格担任“闻味官”。“闻味官”不需要考查候选人的知识和技能。“闻味官”在面试过程中的主要工作是和候选人聊天，具体聊什么内容不关键，一般是关于工作和家庭的话题，通过聊天，“闻味官”能感觉到候选人究竟适不适合加入阿里巴巴。

除了基本的专业能力要求和个人价值观必须与阿里巴巴的价值观匹配外，阿里巴巴在选拔干部时，还有以下3方面的要求，如图4-4所示。

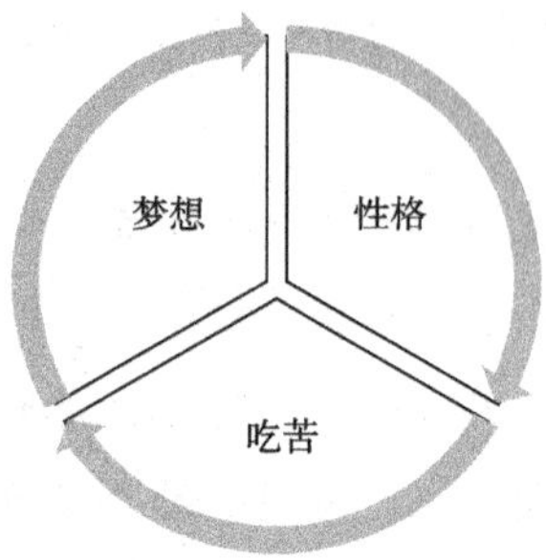

图 4-4　阿里巴巴选拔干部的 3 方面要求

1. 性格

阿里巴巴选拔干部的首要要求是性格，这其实也是对人才价值观的一种筛选。俗话说，江山易改，本性难移。知识、能力和经验对工作来说的确很重要，但这些都是可以培养和提升的，而成年人的性格基本已经形成，再想改变就比较难了。

阿里巴巴最喜欢的性格是乐观，这也许和阿里巴巴曾经是一家销售型的公司有一定关系。销售人员被多次拒绝是正常的事，所以销售人员的性格必须乐观，否则就没办法坚持下来。随着阿里巴巴的转型与发展，各岗位的工作压力都比较大，同样对人才的性格有乐观的要求。

2. 吃苦

阿里巴巴选拔干部的第 2 个要求是能吃苦。俗话说，越能吃苦，越能享福。能吃苦的另外一层含义是当遇到困难时，勇于坚持，迎难而上，不被苦难打倒。阿里巴巴的创业历程是艰辛的，跟着阿里巴巴一路走下来的阿里人都具备这种吃苦耐劳的优秀品质。渐渐地，阿里巴巴把这种品质变成了选拔干部的标准。

3. 梦想

阿里巴巴实施干部选拔时，有一个理念是这样的："不在乎人才曾经做过什么，只在乎人才在乎过什么。"其大意是员工的工作经历固然重要，但是员工"想要什么"或"希望获得什么"更重要。

例如，支付宝曾招聘过一个架构师。这个人来面试时说自己曾做过 2 年炸油条的工作，后来攒钱学了计算机。因为阿里巴巴相信"平凡的人做不平凡的事"，几轮面试后录用了他。后来，这个人成长为阿里巴巴的高级架构师。

4.4.2 干部能力要求

阿里巴巴对干部有一定的要求。在阿里巴巴有一句话，叫“团队 Leader（负责人）要既当爹，又当妈；要上得厅堂，下得厨房”。如果将这句话拆解分析，其中“当爹”指的是要做好业务，“当妈”指的是要带好团队；“上得厅堂”指的是要关注长期利益，“下得厨房”指的是要抓住短期利益，如图 4-5 所示。

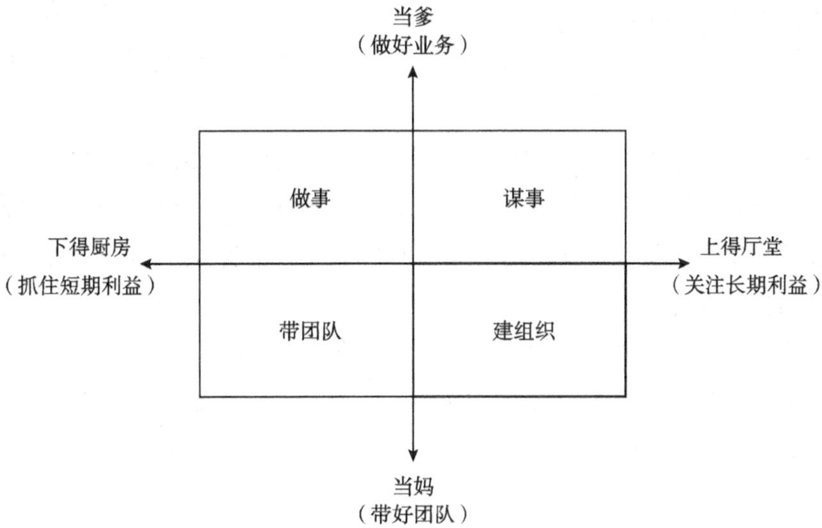

图 4-5　阿里巴巴对干部的要求

很多公司在创业初期，管理者“当爹”（做好业务）的能力比较强，非常关注个人业绩的提升，重视绩效结果；“下得厨房”（抓住短期利益）的能力也比较强，对上级提出的指令有很强的执行力，有时候加班加点、任劳任怨，否则，公司很难生存下来。

可随着公司的发展及公司规模不断扩大，其对管理者“当妈”（带好团队）的能力和“上得厅堂”（关注长期利益）的能力要求越来越高。

“上得厅堂”在“当爹”的部分是“谋事”，在阿里巴巴内部，也被叫作“画图”，指管理者要具备战略规划的能力，规划团队的作战策略和计划；“上得厅堂”在“当妈”的部分是“建组织”，团队规模变大了，已经不是当初只有几个人的小团队，这时候就要形成一个长期发展的组织，要搭班子、分层级，做到分工明确、流程清晰，要培养出一批会带团队的人，否则，公司发展必然遇到瓶颈。

作为阿里巴巴的团队管理者，在带团队时必须做的工作包括以下内容。

（1）定目标：管理者要明确团队的目标和方向，通过共同的目标凝心聚气，增强团队凝聚力。

（2）要结果：对待下属不软弱，一切以结果说话，以公司大局为重，不纵容庸才，不养闲人。

（3）管过程：注重管控绩效过程，外部状况变化时及时调整目标，团队成员出现问题时及时纠偏。

（4）有味道：明确团队内部规则，打造专属的团队味道，增强团队士气，奖优罚劣。

当管理者能够做好业务、带好团队、关注长期利益、抓住短期利益时，公司就会呈现出上层管理者不断强调公司的顶层目标，中/基层管理者承接顶层目标设置关键绩效指标，并根据变化不断调整，员工准确执行并努力达到自己的目标的良好风气。

要成为阿里巴巴的干部，必须具备“既当爹，又当妈；上得厅堂，下得厨房”的能力。管理者只有把这 4 个角色平衡好，才能成为阿里巴巴的合格干部，才能让公司的发展保持活力。

4.4.3 干部培养方法

当公司不断发展壮大，只靠最高管理者的一言堂是行不通的。如果没有优秀的干部班子，顶层的思想很难传达给基层员工；有了优秀的干部班子，才能群策群力，上行下效，把公司的发展理念执行到位。

阿里巴巴对干部的培训除了干部培养制度、轮岗制度、接班人计划外，还包括 3 种培训，分别是管理三板斧、侠客行和湖畔大学。

1. 管理三板斧

管理三板斧是马云在 2010 年提出的，马云说：“阿里巴巴的干部培养要像程咬金的‘三板斧’一样简捷有效。”这句话后来成了阿里巴巴干部培养体系的重要原则，并由此逐渐形成了一套干部培养体系。

阿里巴巴的干部培养体系建立在团队理论与行动实践相结合的基础上，并运用“照镜子、扯袖子、打板子”的监督考核体系予以斧正。这套体系不是面向个体的、知识性的、短暂的领导力培训，而是面向团队的、具备实操性的、以结果为导向的、影响深远的长效机制。

管理三板斧的内容如图 4-6 所示。

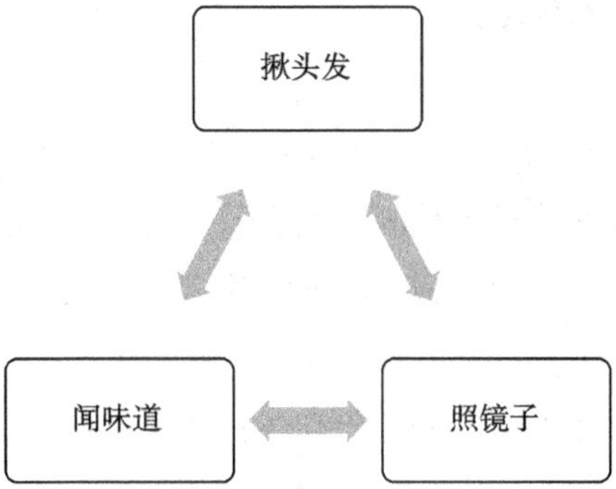

图 4-6 管理三板斧

阿里巴巴对管理干部实施的管理三板斧培训体系效果显著。这套培训体系不仅解决了业务端口的实际问题，而且通过团队重构的方式，进一步强化内部淘汰体系，促使员工成长。

开展管理三板斧培训体系的管理干部大约需要 1 个月的准备时间，3 ～ 4 天的集训时间。在集训过程中，每个参训者都像“打了鸡血”一样，有的团队为了完成培训目标，甚至会出现“3 天只睡 10 小时”的情况。整个培训过程中，人才的价值潜力被充分挖掘。大部分参训者在体验完整套培养体系之后的感受是脱胎换骨。

管理三板斧后来逐渐演变成阿里巴巴对管理者的 3 项基础能力要求，分别是获得结果（Get Result）、建立团队（Team Building）和雇佣与解雇（Hire&Fire）。

这 3 项能力的培养主要是以全景实战的方式，在真实的业务背景中，推动集体思考，以提升团队的整体业务能力、管理者的团队管理能力和组织能力。

2. 侠客行

侠客行主要是面向阿里巴巴一线管理者的培养项目，已经培养了众多的内部管理者讲师。阿里巴巴根据对管理者的能力要求，自主研发了管理者的进阶课程体系，并引进了部分外部课程作为辅导。它分别以业务需求和层级进阶的方式推进管理者的学习。

阿里巴巴通过“课上真实案例演练 + 课后真实作业练习 + 课后管理沙龙”的

不间断的学习方式，保证管理者在“角色与职责”上的统一认知。阿里巴巴根据不同的管理场景与及其复杂程度，输出完整的领导力提升方法论和应用技巧，并在侠客行管理沙龙中形成良师（资深阿里巴巴管理者）与益友（同期管理者）之间共同的语言、心力和能量场。

3. 湖畔大学

湖畔大学是面向阿里巴巴高阶管理者的培养项目。湖畔大学以学习的参与者为中心，通过平等、开放的学习体验，以及不同背景、经历的高阶管理者之间的分享交流，来解决高阶管理者的融入、战略的对焦、领导力的提升以及文化的传承等问题。

除了常规的学习安排之外，湖畔大学还设置了不定期的“湖畔大讲堂”，通过国内外杰出学者、业界领袖的分享，开阔参与者的眼界和视野；通过“业务沙龙”促进协同，建立全局观，提升整合能力；通过“文化沙龙”，挖掘管理背后的问题，传承阿里巴巴的文化。

4.4.4 管理三板斧：揪头发

管理三板斧中的“揪头发”，就是要开阔管理者的眼界。优秀的管理者不仅要能够把事情做好，还要做到了解业务发展的路径与方法，探究行业演变的规律和经济环境的局势。

在很多公司，管理者最容易出现的问题有 3 个。

（1）本位主义，只看局部利益，只顾自己，看不到整体利益，不顾大局。

（2）急功近利，只想眼前利益，鼠目寸光，看不到长远利益，不想规划。

（3）各自为战，只关注小目标，单打独斗，看不到大目标，不懂协同作战。

阿里巴巴认为，好的管理者在认知水平上，至少需要做到 3 点，分别是开阔眼界、开放胸怀和超越伯乐。

1. 开阔眼界

阿里巴巴对管理者开阔眼界方面的训练，最常用的方法是让管理者进行数据分析，最常进行的数据分析有 3 种。

（1）行业历史与发展趋势的分析。

（2）竞争对手的数据整理与竞争力分析。

（3）产品及业务的详细规划与发展分析。

培训过程中所有的分析，不是简单地用一张数据表格进行，而是将培训人员分成小组，每个小组由几个管理者对同一主题进行分析，规定准备时间，然后让这个小组内的管理者分别汇报分析结果。整个汇报过程由专业的评委评分，并排出名次。评价结果将记录到管理者的评级体系中。这种培训方法运用的是“教学相长”的思路，一个人只有能把一件事情给别人讲得清楚时，才说明他自己掌握了。

2. 开放胸怀

阿里巴巴对管理者开放胸怀方面的训练，最常用的方法有 4 种。

（1）通过坦诚交流和教练技术引导，挖掘管理者内心的力量，发现管理者心中支持他自己的最重要的力量源泉和最有成就感的体验，让管理者保持自我悦纳的心态。

（2）要求团队整体参与，团队内部充分进行沟通，和团队成员一起探讨变化的必要性与可能的方法，最终得到团队的支持。

（3）邀请更高级别的管理者参与，并与上级管理者沟通资源支持。好的上级不会对下属指手画脚，而是当下属需要帮助时给予下属大力的支持，画龙点睛。

（4）将培训过程中的目标与计划写入岗位要求，在制订业绩考核指标时，充分交流，一旦确定，就必须按照事先的约定来执行。

3. 超越伯乐

好的管理者通过成就别人来成就自己，所以好的管理者也需要成为好的教练。超越伯乐，就是让管理者愿意培养下属、支持下属、帮助下属，让下属成为比自己更优秀的管理者。阿里巴巴对管理者超越伯乐方面的训练，最常用的方法有 3 种。

（1）后备军机制。如果一个管理者没有培养出一个可以替代自己的人，那么这个管理者就没有升职的可能性。阿里巴巴管理者升职的必要条件之一，是至少培养出一个可以接任自己职位的人。

（2）管理专业培训。对不同级别的管理者，阿里巴巴会设置不同的管理课程，设置不同的学习计划和学习目标。管理是一门科学，需要长期的思考与学习。

（3）允许人才流动。如果某个团队的管理者不能给下属提供成长的支持，不愿意真正培养自己的团队，那么他的团队成员可以选择到更好的团队，这样好的团队就可以有更好的发展。让人才“用脚”投票，公司就能看出不同管理者在带领团队上的差异。

4.4.5 管理三板斧：照镜子

管理三板斧中的“照镜子”，就是要修炼管理者的胸怀。在《旧唐书•魏徵传》中，李世民有名句：“夫以铜为镜，可以正衣冠；以史为镜，可以知兴替；以人为镜，可以明得失。”意思是一个人用铜当镜子，可以照见衣帽是不是穿戴得端正；用历史当镜子，可以知道国家兴亡的原因；用人当镜子，可以发现自己的对错。阿里巴巴干部培养体系中的“照镜子”也是这个道理。

阿里巴巴提倡的照镜子分别是照 3 面镜子：心境、镜观和镜像。

1. 心镜

心镜指的是做自己的镜子。人们思考和做事的根基是内心的底层假设。这个底层假设决定了当人们面临一些问题时，人们会如何抉择。心镜就是要帮助人们找到自己内心深处的底层假设，看清楚自己是谁。

每个管理者的内心都是有力量的。在三板斧培训体系中，最关键的是帮助管理者发现自身的力量，而不是为其注入新的力量。公司发掘出管理者内心力量的种子，并提供土壤，让种子生根发芽，长成参天大树。

2. 镜观

镜观指的是做别人的镜子。镜观就是把自己当成镜子来观察世界。在一个管理团队中，团队成员彼此成为对方的镜子是一件难事。人们要学会如何做好一面镜子需要一定的修炼。

要做到镜观，需要人们不断修炼自己的心性。首先需要学会聆听，放下自己，关注他人；其次需要具备同理心，站在对方的角度思考问题；再次需要共情，和别人产生情感共鸣；最后需要客观，在反映问题时不掺杂自己的主观感受。

3. 镜像

镜像指的是以别人为镜子。阿里巴巴内部流传着这样一句话：“别人说你有，你就是有；别人说你没有，你就是没有！”人们对自己的评价往往是正面评价较多，很容易不客观；他人的评价是他人根据人们行为的外在表现做出的判断，往往比较客观。

要实现以别人为镜子，需要有一定的团队氛围，否则没有人愿意把自己内心的想法说出来。有的团队表面一团和气，背后却互相指指点点；有的团队表面争吵拍桌子，面对问题时却能背靠背，上下一心。

阿里巴巴内部还流传着这样一句话："如果你对我不满意，就来找我，可以骂，可以批。但如果你不对我说，而是在背后说，那么请你离开。"所以阿里巴巴中的很多团队会举办"同心会""扒皮会"，就是鼓励大家当面把话讲出来。这类会议在刚开始的时候总会有一些冲突，甚至可能出现不解和谩骂，但长期坚持这样做，团队内部的隔阂反而会越来越少。

4.4.6 管理三板斧：闻味道

管理三板斧中的"闻味道"，就是要锻炼管理者的心力。任何一个团队的氛围，都是团队管理者自我"味道"的体现与放大。团队管理者的味道，就是团队的空气，无时无刻不在影响着每个团队成员思考和做事的方式，尤其会影响团队内部的协作以及跨团队间的协作。阿里巴巴的"闻味道"就是种下阿里之味，调至阿里之味，闻味知阿里。

1. 打造团队灵魂

"闻味道"的目的是塑造管理者的灵魂，并借此打造团队的灵魂。团队的味道是团队的内核、基因和灵魂。优秀的团队灵魂是能够被团队成员感受到的。任何一个团队，都有自己的传统，这些传统会成为这个团队的一种性格和气质。

《亮剑》中的李云龙在阐述"亮剑精神"时说："古代剑客在与对手狭路相逢的时候，无论对手有多么强大，即使对方是天下第一剑客，明知不敌，也要亮出自己的宝剑，即使倒在对方的剑下，也是虽败犹荣，这就叫亮剑精神。"这正是一种团队灵魂。

2. 崇尚简单信任

阿里巴巴认为中层管理者一定要有的味道是简单信任。这里的简单，实际上不简单。很多中层管理者有着丰富的人生阅历，价值观早已成型，他们能不能坚持一份简单，很难讲。每一份简单的背后都是管理者强大的自我管理能力。

简单就是说到做到，让团队成员做到的同时，团队管理者自身也要做到；简单就是奖罚得当，所有的奖励和处罚都要服众；简单就是充分信任，相信每一个团队成员都是有能力的，相信每一个成员都能够成长。

3. 散发自身味道

团队管理者的味道在团队中会自然散发，在团队中，团队管理者的一言一行、一举一动，都在向团队成员散发自己的味道，传达自己的味道。团队管理者在散发味道时，重点不是去改变他人，而是管好自己，用自己的行动去感化团队成员。

4.5 【实战案例】某上市公司后备干部选拔与培养

某大型上市公司A公司是以超市连锁为主业，以区域一体化物流为支撑，以发展现代农业生产基地和食品加工产业链为保障，以经营生鲜为特色的全供应链、多业态的综合性零售渠道商。截至2020年，该公司已有直营连锁门店近800家，网络覆盖山东省内40多个市县及河北、安徽、内蒙古、江苏等地，形成了大卖场、综合超市、百货店、便利店、专业店等多业态并举的市场格局。

店长岗位是该公司最关键的干部岗位之一，起着落实经营策略的承上启下的作用，直接影响着公司经营目标的达成，对公司的发展至关重要。本节主要介绍A公司对店长岗位后备干部的选拔方法、任职资格、培养流程、培养内容和离职面谈。

4.5.1 后备干部选拔方法

A公司对店长岗位后备干部选拔的方法包括3部分，第1部分是笔试环节，第2部分是无领导小组讨论，第3部分是面试环节。

1. 笔试环节

A公司店长岗位后备干部笔试的主要内容是行政能力测试，题目主要是常识判断题和逻辑推理题。其中，部分试题内容如下。

（1）下列金属中，属于液体的是（　A　）

A. 汞　　B. 银

C. 镁　　D. 氟

（2）新疆哈密瓜之甜闻名全国。新疆哈密瓜甜度如此之高的原因是（　A　）

A．新疆的日照时间长，昼夜温差大，雨水不充足

B．哈密瓜品种好

C．新疆的气候温暖宜人

D．过于夸大了

（3）被西方称之为“物理学之父”的科学家是（　A　）

A．阿基米德　　　　B．欧几里德

C．牛顿　　　　D．伽利略

（4）下列收入形式在国家财政收入中所占比例最大的是（　B　）

A．国有产权收入　　　　B．税收

C．债务收入　　　　D．费收入

（5）水的沸点是 100℃，但是水沸腾的时候的温度并不都是 100℃，比如在青藏高原地区不到 100℃水就开了，其原因是（　C　）

A．高原地区水质不同

B．高原地区气温比较低

C．水的沸点与大气压强有关，气压低的地方水的沸点要低一些

D．地理条件决定的

（6）目前，人类已经设计出智能机器人，智能机器人可以帮人做许多人类无法直接做的事情，也可以帮人做一些日常的事情。可见（　B　）

A．机器人可以代替人类的地位

B．机器人已经成为人类很好的工具

C．人类的大脑已无限开发

D．机器人是最有用的

2. 无领导小组讨论

A 公司店长岗位后备干部选拔中的无领导小组讨论是将一定数量的人选组成一组（一般为 6 ～ 9 人），进行 1 小时左右的与工作有关的问题的讨论，讨论过程中不指定谁是领导，也不指定小组就座的位置，让候选人自行安排组织。

通过无领导小组讨论，考官可观察候选人的组织协调能力、口头表达能力、辩论说服能力等各方面能力和素质是否达到店长岗位的基本要求。在整个过程中，考官也可以判断候选人的自信程度、进取心、情绪稳定性、反应灵活性等个性特

点是否符合店长岗位需要，由此来综合评价候选人的情况。

在无领导小组讨论中，考官评价的依据标准主要包括以下内容。

（1）候选人参与有效发言次数的多少。

（2）候选人是否有消除紧张气氛，说服别人，调解争议的能力。

（3）候选人的沟通协调能力和氛围调节能力，能否最终使众人达成一致意见。

（4）候选人能否提出自己的见解和方案，敢于发表不同意见。

（5）候选人能否在坚持自己意见的基础上，根据别人的意见发表自己的观点。

（6）候选人能否倾听他人意见并尊重别人，在别人发言时不强行插嘴。

（7）候选人的语言表达、分析问题、记录整理、概括或归纳总结不同意见的能力。

（8）候选人是否具备基本的时间观念。

（9）候选人反应的灵敏性、概括的准确性、发言的主动性等。

3. 面试环节

A 公司店长岗位后备干部选拔面试环节的部分问题如下。

（1）请做一下自我介绍。你自身有哪些优势和哪些劣势？

（2）请谈谈你对企业文化、企业价值观和经营理念的理解。

（3）你今后的发展方向如何？如何给自己定位？

（4）如果员工犯的错误是你反复强调过的问题，此时你会怎么办？请现场展示。

（5）在什么情况下，你会发火？

（6）用一句话来形容在同事眼中你是什么样的人。

4.5.2 后备干部任职资格

A 公司对店长岗位后备干部的任职资格要求如下。

1. 基本要求与否决条件

店长岗位后备干部的基本要求与否决条件如表 4-10 所示。

表 4-10　店长岗位后备干部的基本要求与否决条件

类别	内容
基本要求	年龄要求 :20 ～ 55 岁
	学历：高中、中专及以上（条件优异者可放宽至初中）
	工作经验：在企业工作 1 年以上，具有 1 年以上的组长及以上职务的工作经验
	身体要求：身体健康
否决条件	诚信要求：无欺诈，隐瞒事实等行为
	忠诚度要求：无不认同企业文化，抨击企业，在网络媒体上发表损坏企业形象的言论等不热爱、不忠诚于企业的行为
	纪律要求：无违规、违纪、不廉洁行为

2. 素质与能力要求

店长岗位后备干部的素质与能力要求如表 4-11 所示。

表 4-11　店长岗位后备干部的素质与能力要求

类别	内容
指导能力	专注、耐心、有条不紊地指导下属主管带领员工
策划能力	接到公司指令后第一时间想出执行业务的方法，做出计划表并按部就班地传达给主管，使计划得到推进
实践能力	实施计划时要有时间管理和分配人手的能力
创新能力	除公司规定的摆放标准外，花心思设计出新颖的招揽顾客的方式
自我提升能力	要有自我提升能力，加深对本行业的认识和开阔眼界，一边武装自己，一边配合公司发展
管理下属	有效地管理下属
以身作则	用自己的实际行动给下属做出榜样
公平公正处事	做事透明化，公平对待每一位员工，保障员工的知情权，杜绝腐败
服从指示	服从公司的安排
职业知识与工作质量	精通各项专业技能，工作结果注重质量
计划与组织	计划、组织、协调、控制
沟通技巧与倾听	有效地倾听、沟通，使有效信息在部门、员工之间得以传播，让沟通流畅起来
纪律与时间管理	维护集体利益并保证工作正常进行，要求员工必须遵守规章制度及条文，有效管理时间
培训与指导能力	定期对下属进行管理和技能的培训，可以依据公司的要求有效指导门店的各项工作
培养与发展他人的能力	认识到为企业培养储备干部的重要性；遇到培训的机会，鼓励、推荐员工参加，在日常工作中给予员工培养和锻炼的机会
数据分析与数据运用	较高的数据敏感度，利用数据查找原因，归纳并解决
经营分析与业绩提升能力	能够就目前的经营状况及行业竞争对手的经营状况做出准确的分析和比较，并制订相应的调整方案；能够将复杂的问题通过数字的形式进行分解，简单化、规律化，并对问题进行合理解决，以提升门店的经营业绩

续表

类别	内容
团队合作	要有为相同目标而奋斗的精神
主动性和积极性	做事积极主动，并且能够通过自身的积极主动感染和带动员工
抗压能力与情绪控制	要有一套自己最熟悉的、最擅长的处理事务的方法，成为习惯后就不再惧怕任何突变的环境和压力
营运标准流程的执行	具有很强的执行力，可以根据公司标准严格执行营运流程，同时对区域内店长的执行情况进行跟踪考核
顾客聚焦(外部与内部)	关注顾客对服务的满意度，形成顾客至上的服务理念，发展忠诚顾客
解决问题和决策能力	掌握解决问题所需要的工具，例如，运用 SWOT 分析，剖析问题的优势、劣势、机会、威胁等来解决问题
公司理念的理解与传承	能够充分理解公司的经营理念和企业文化，并能够将经营理念和企业文化传达给员工
廉洁自律	具有高尚的行为操守，能影响和感染身边的员工，作风正派，能够揭发营私舞弊的行为

3. 知识与技能要求

店长岗位后备干部的知识与技能要求如表 4-12 所示。

表 4-12　店长岗位后备干部的知识与技能要求

类别	内容
公司知识	公司发展历程
	公司文化核心内容
	组织架构和岗位设置
	各岗位职责
	公司制度及工作相关流程
基本技能	日常办公软件（WORD/EXCEL）操作技能
	公司软件系统【NC 系统、DRP（Distribution requirements planning）系统、行为识别（Behavior Identity，BI）系统、资源管控系统、供应宝、销售时点信息系统（Point of Sale，POS）】操作技能
营运技能	门店所经营的商品的知识
	门店经营的 122 条营运标准
	生鲜柜组、杂货柜组、非食品柜组、综合柜组的业务技能和工作流程
	利用数据指导门店工作(提升销售业绩、降低损耗、毛利达成、成本管控、门店周转)
	服务礼仪及面销技巧
	客诉处理及流程
管理技能	计划总结能力
	分析能力
	培训技能
	督导技能
	统筹能力

4. 管理标准

店长岗位后备干部的管理标准如表 4-13 所示。

表 4-13　店长岗位后备干部的管理标准

项目	行为标准细项
门店销售计划管理	销售目标管理
	顾客服务管理
	销售过程管理
	销售技巧管理
门店人员管理	考勤管理
	绩效管理
	培养管理
门店财务管理	库存管理
	营业款管理
	固定资产管理
团队建设管理	员工激励管理
	团队建设
	员工关系管理
危机管理	安全事故管理
	突发事件管理
	客户投诉管理
信息管理	公司系统操作指导
	数据安全及保密管理
管理红线	各项管理红线制度

5. 晋升条件

店长岗位后备干部的晋升条件如表 4-14 所示。

表 4-14　店长岗位后备干部的晋升条件

类别	要求	备注说明
经验范围	具备 3 个柜组以上经验（生鲜柜组经验为必备经验）或者 2 个及以下柜组经验（需要轮岗学习，检核通过后才可试用）	1. 必须全部符合业绩 / 服务 / 培训 / 培养 / 素质要求才可晋升 2. 外聘店长必须接受面试，以对其综合素质能力进行评估，通过公司店长培训考核后，才能担任见习店长及以上职位
任职时间要求	在企业工作 1 年以上，具有 1 年以上的组长及以上职务的工作经验	
业绩要求（申请见习店长）	1. 所经营柜组在公司整体品类中排名靠前 2. 所经营柜组门店销售同比增长、毛利、损耗情况良好	
服务要求	1. 前 3 个月所负责的门店柜组无顾客投诉，具有较高的顾客满意度 2. 所管理柜组的员工对其评价高	
培训要求	通过培训部的能力与知识考试与营运部的专业技能考核	
素质评估要求	通过公司的素质能力评估(面试与民主考评的方式相结合）	
否决条件	触犯否决条件者不予晋升	

4.5.3 后备干部培养流程

A 公司店长岗位后备干部的培养流程如下。

1. 后备干部选拔流程

店长岗位后备干部选拔流程如表 4-15 所示。

表 4-15 店长岗位后备干部选拔流程

步骤	内容
1. 选拔周期	每年 3 次职业晋升发展机会；分别在 3 月、6 月、9 月
2. 选拔对象	区域竞聘通知下发后，参加报名的以及获得公司荣誉主管称号、区域推选的人员
3. 闭卷考试	现场考试（侧重考查基础业务技能和企业文化）
4. 面试	第 1 轮面试主要考查沟通能力、管理思维、组织协调能力、应变能力 考查内容：自我介绍、情景模拟、实际案例分析
	第 2 轮面试：由职业发展委员会组织进行小组面试
5. 面试结果及录用	面试结果 = 现场考试 ×25%+ 第 1 轮面试 ×15%+ 第 2 轮面试 ×60%+ 经营业绩（附加分）
	根据测评结果安排不同个性、不同特长的候选人走合适的发展路径
	后备干部录用原则根据各区域发展需求按最终得分由高到低进行录用

2. 后备干部培训发展流程

店长岗位后备干部培训发展流程如表 4-16 所示。

表 4-16 店长岗位后备干部培训发展流程

步骤	内容
1. 培训对象	通过面试、被纳入人才储备库的后备干部
2. 培训内容	为处于不同阶段的后备干部安排不同的知识、技能、思维、管理类课程，综合提升后备干部的业务与管理能力
3. 培训成绩	培训成绩将纳入后备干部最终考核指标
4. 培训淘汰制	针对培训不合格者将给予 1 周的学习补考机会，若第 2 次不合格将被淘汰，并从后备干部人才储备库中除名
5. 培训跟踪	在结束培训之后要对后备干部的培训结果和日常工作进行相应跟踪
6. 后备干部发展设计	设计后备干部的发展路径，预估培养与发展周期

3. 后备干部轮岗流程

店长岗位后备干部轮岗流程如表 4-17 所示。

表 4-17 店长岗位后备干部轮岗流程

步骤	内容
1. 信息调整	通过面试的人员需要进行相应轮岗并作为后备干部进行储备
2. 轮岗安排	发放店长岗位学习卡片，根据店长岗位学习卡片学习店长岗位的业务知识和岗位技能

续表

步骤	内容
2. 轮岗安排	面试通过后，后备干部的轮岗由区域分公司统一安排，轮岗所在门店必须是区域内的优秀门店，轮岗部门必须是门店的优秀柜组（销售、毛利、损耗、费用等各项指标都表现优良）
3. 帮带导师	轮岗期间安排帮带导师，帮带导师必须是管理能力强、柜组业绩突出的员工
	对于帮带导师的奖励：店长级别在年底增加平衡计分卡中员工成长维度的奖励；主管级别在年底将优先考虑其评优资格

店长岗位后备干部轮岗记录表如表 4-18 所示。

表 4-18 店长岗位后备干部轮岗记录表

所在区域	姓名	人员编码	现门店	现门店编码	现岗位	轮岗门店	所轮岗位	导师姓名	轮岗开始时间	此岗位考核成绩

4. 后备干部考核流程

店长岗位后备干部考核流程如表 4-19 所示。

表 4-19 店长岗位后备干部考核流程

步骤	内容
1. 考核周期	在每个部门学习结束后进行技能检核，一般每个部门的轮岗时间为 2 周
2. 考核方式	现场业务技能检核：区域总经理、店长、营运部负责人、人力资源部负责人进行现场业务技能检核
	撰写轮岗报告：参训人员应于每阶段轮岗结束后 1 周内向人力资源部提交轮岗总结或心得体会
	营运部、人力资源部进行面试
3. 考核成绩	考核成绩 = 现场检核成绩 ×40%+ 面试结果 ×60%
	轮岗考核结果作为岗位晋升的重要依据，考核优秀者在同等条件下优先考虑晋升
4. 考核结果及奖惩原则	通过者： （1）区域分公司内轮岗结束并考核通过后安排到公司总部学习，熟悉总部各关联部门，并到优秀区域的优秀门店学习 （2）轮岗结束并通过每项考核的后备干部可直接作为代理店长人选，并且在区域分公司有新店计划时作为老店候选人优先备选 （3）对通过者的帮带导师进行奖励 未通过者： 考核未通过者继续学习，连续 2 次考核未通过者将取消其后备干部资格

5. 后备干部培养目标

店长岗位后备干部培养目标如下。

（1）持续不断地培养后备干部，保质保量地满足店长岗位的人选需求。

（2）通过定向培养，缩短后备干部的成才时间，满足公司发展对店长岗位人才的需求。

（3）通过多方位测评与跟踪，更好地规划员工的职业生涯，更好地做到适人适岗，实现员工的多元化晋升与发展。

（4）为期望成为店长的人才明确晋升发展路径，在整个公司内形成积极向上的氛围，鼓励年轻人向上发展，使真正有能力的人得到晋升和发展。

4.5.4 后备干部培养内容

A 公司店长岗位后备干部培养内容如表 4-20 所示。

表 4-20 店长岗位后备干部培养内容

大类	关联部门	内容
人力	人力资源部	店长岗位职责
	人力资源部	廉洁自律规定
	人力资源部	店长平衡计分卡指标
	人力资源部	店长作息时间
	人力资源部	店长休假制度
	人力资源部	见习店长转正规则
	人力资源部	店长 NC 系统权限
	人力资源部	人员录用要求及标准
	人力资源部	门店主管定编及架构
	人力资源部	员工晋升通道
	人力资源部	薪酬制度
	人力资源部	店长各类补贴发放标准
	人力资源部	区域内员工晋升见习主管检核管理规定
	人力资源部	员工工伤出险报案提示
	人力资源部	店长交接清单、离职承诺书
资产	设备采购部	设备操作规范
	设备采购部	设备维修流程
商品	营运部	营运标准流程
	营运部	生鲜营运标准

续表

大类	关联部门	内容
商品	营运部	店长接待日制度
	营运部	手机操作规范
	营运部	公司服务月服务操作规范
	营运部	采购部商品配置时间及规范
财务	财务部	款项管理规定
	财务部	门店款项管理方案
	财务部	增值税发票开具规范
	财务部	保险业务介绍及操作流程
	财务部	贵宾卡责任状
	财务部	载具责任状
	财务部	证照管理责任状
	财务部	NC 网上费用审批流程更改方案
	财务部	报账提示
其他	信息部	店长查看 5 大报表的流程图
	信息部	供应宝使用、自动补货

其中，店长岗位职责的培训内容如表 4-21 所示。

表 4-21　店长岗位职责的培训内容

类别	内容	
岗位职责	1	负责完成本店业绩目标（销售额、毛利、损耗、净利润等指标）；能够根据公司发展战略和下达的预算目标，制订本店的平衡计分卡行动计划并科学分解目标任务、完成预算目标
	2	负责代表门店和总部联系沟通，传达并执行总部的工作计划，及时进行数据分析，查找机会点，提高销售、服务业绩
	3	负责门店的销售管理，包括货架陈列、促销活动、商品质量、商品价格等
	4	门店堆头、端头、广告位的整体统计规划和合理布局，保障资源性收入
	5	进行库存管理，负责保证货品充足、存货准确及订单及时发放
	6	保障营运安全，对清洁、防火、防盗的日常管理和设备的日常维修、保养
	7	严格控制损耗、人力成本、营运成本，防止商品丢失和资源浪费，进行费用管控
	8	负责营造整洁、亲切、舒适的购物环境，保持良好的服务水平
	9	指导门店各级人员的业务工作，负责全店人员的培训工作，负责门店各级管理人员的选拔和考评
	10	负责建立完善门店的各项管理制度，确保人、财、物的严格管理和供应；建立设备等资产的登记制度

续表

类别	内容	
岗位职责	11	负责对门店各部门实施业绩考核，对员工实施绩效考核，保证奖金发放公平合理
	12	对门店员工实施合理定编，负责各部门人员的调整变动，提高工作效率，负责向公司人力资源部提出建议
	13	负责员工的休假安排、住宿员工的食宿安排、门店夜间的值班安排、办公区及生活区的环境卫生检查和员工福利等行政后勤事务
	14	负责维护门店与所在地区居民、政府部门、工商企业、社会团体等的关系
	15	有外租区的门店要对出租区按公司规定进行规范管理
	16	负责处理门店内的各种突发事件
	17	负责门店内其他日常事务以及上级分派的其他工作
岗位要求	知识技能	运营管理基本知识
		商品基本知识
		财务会计基本知识、数据分析基本知识
		计算机基本知识
		领导力、决断力、理解力、连接力、执行力
	其他要求	健康证
工作关系	直接上级	区域店长、营运部
	直接下级	副店长、店助、食品处长、非食品处长、生鲜处长、综合处处长、各部门主管
	内部关系	门店内部、总部各部门、相关物流、工厂
	外部关系	顾客，门店所在地区的工商、税务、消防、质量监督局、劳动保障局等相关职能部门

4.5.5 后备干部离职面谈

A 公司一方面重视店长岗位后备干部的选拔和培养工作，另一方面也非常重视后备干部的保留工作。为降低后备干部的离职率，A 公司人力资源部会定期进行后备干部的离职面谈，分析后备干部的离职原因。

A 公司后备干部的离职原因分类如表 4-22 所示。

表 4-22　后备干部的离职原因分类表

大类	具体原因	请在对应的选项后面打“√”
行业性质	工作强度大，工作累	
行业性质	工作环境差	
行业性质	不喜欢零售行业，选择其他行业	
薪酬方面	工资收入（例如，自身认为工资收入与付出不成正比）	
薪酬方面	工作时间长，没有加班费	
培训方面	工作能力差，表现差（技能不到位造成的无法胜任）	
个人原因	家庭需要（例如，照顾老人、孩子升学）	
个人原因	职业规划（例如，跳槽、转行、出国工作、升学进修）	
个人原因	身体状况	
个人原因	旷工辞退	
个人原因	不服从调动	
个人原因	违纪	
个人原因	工作压力大	
个人原因	不适应公司的企业文化、管理方式（针对外聘人员）	
个人原因	与员工关系不融洽	
个人原因	到达退休年龄，退休	
其他原因		

后备干部离职面谈包括以下问题。

（1）您认为您离职的根本原因是什么？

（2）您在公司工作最希望获得的是什么，公司是否满足了您的希望？如果公司满足您的希望，您还会选择离职吗？

（3）您认为人力资源部做得最正确的事情是哪件，做得最不正确的事情是哪件？

（4）请向公司或人力资源部提出您的宝贵意见。

备注：问题可根据实际情况灵活调整。

离职面谈之后，需形成离职面谈记录表，如表 4-23 所示。

表 4-23　离职面谈记录表

月份	分公司	部门	人员编码	姓名	岗位	年龄	离职原因	关联部门

整理汇总后的离职面谈记录表可以为进一步分析离职原因提供基础数据，为改善公司的离职情况做出贡献。

案例

华为干部任职资格

华为的发展非常迅猛，业务遍及全球，其不仅对一般人才的需求量大，对干部的需求量也巨大。为承接业务的发展，华为非常重视干部的选拔。华为对后备干部的选拔标准主要分成3个部分，分别是否决条件、必要条件和参考条件，如表4-24所示。

表4-24　华为后备干部选拔标准

<table>
<tr><th>考察项目</th><th colspan="3">考察要素</th><th>测评标准</th><th>测评方法</th><th>备注</th></tr>
<tr><td>否决条件</td><td colspan="3">品德</td><td>1. 传播消极情绪，发牢骚
2. 自律性差、作风不严
3. 有赌博或出入不良场所的行为
4. 传播小道消息，私下议论人事、职务、薪酬等话题
5. 做出违背公司诚信要求，违背公司商业准则的事</td><td>1. 查阅关键事件库
2. 查阅党委诚信档案
3. 采取调查的方式进行了解</td><td>出现测评标准中的任意一条则不能入选</td></tr>
<tr><td rowspan="8">必要条件</td><td rowspan="3">硬指标</td><td colspan="2">绩效</td><td>1. 近4季度的绩效水平为3次B、1次C及以上的。在关键事件中表现突出的，可以考虑2次B、2次C以上
2. 上年度绩效结果是A或B，且排名为各大部门内考核的前20%～30%</td><td>查阅季度和年度绩效结果</td><td rowspan="8">硬指标中的每个考察要素都必须符合标准，有一条不符合则不能入选</td></tr>
<tr><td colspan="2">任职</td><td>专业技术任职资格为2级及以上</td><td>查阅任职资格记录</td></tr>
<tr><td colspan="2">四海为家</td><td>服从公司安排，愿意到海外艰苦地区工作，不计个人得失，工作地意向调查结果是A</td><td>查阅工作地意向调查</td></tr>
<tr><td rowspan="5">软指标</td><td colspan="2">劳动态度</td><td>上年度年终劳动态度评议结果是A或B</td><td rowspan="2">查阅年终劳动态度评议结果</td></tr>
<tr><td colspan="2">品格要求</td><td>有较强的责任意识和服务意识，坚持原则，始终以积极向上的心态面对工作中的困难，不断进取，不断进行自我批评和自我超越</td></tr>
<tr><td rowspan="3">基本素质</td><td>影响力</td><td>达到影响力素质的基本线要求，得分为2分及以上</td><td rowspan="3">查阅素质区分方法</td></tr>
<tr><td>主动性</td><td>达到主动性素质的基本线要求，得分为2分及以上</td></tr>
<tr><td>概念思维</td><td>达到概念思维素质的基本线要求，得分为2分及以上</td></tr>
</table>

续表

<table>
<tr><th>考察项目</th><th colspan="2">考察要素</th><th>测评标准</th><th>测评方法</th><th>备注</th></tr>
<tr><td rowspan="2">参考条件</td><td>参考素质
团队领导
成就导向</td><td>关注客户</td><td>供参考</td><td>查阅素质区分方法</td><td rowspan="2">在符合基本条件的情况下，参考条件作为优中选优的条件，择优入选</td></tr>
<tr><td colspan="2">其他</td><td>符合标准，在同等条件下，优先考虑：
1. 一线团队中的优秀员工
2. 参加过全流程培训的员工
3. 有跨部门工作经验的员工</td><td>查阅团队绩效和A 培名单记录</td></tr>
</table>

否决条件就是一票否决项，是不能触碰的“高压线”，否决条件与人才的品德直接相关。当人才触犯否决条件中的任意一项时，则代表人才不符合后备干部选拔标准。

必要条件是后备干部必须具备的条件，分为硬指标和软指标两个部分。其中硬指标指的是依据客观评价判断的指标，软指标指的是依据主观评价判断的指标。华为后备干部的每一项必要条件都有其背景和来由。例如硬指标中的“四海为家”，主要是因为华为的海外业务较多，要求人才能吃苦耐劳，最好服从公司安排。

如果用图形表示，华为对后备干部的要求如图 4-7 所示。

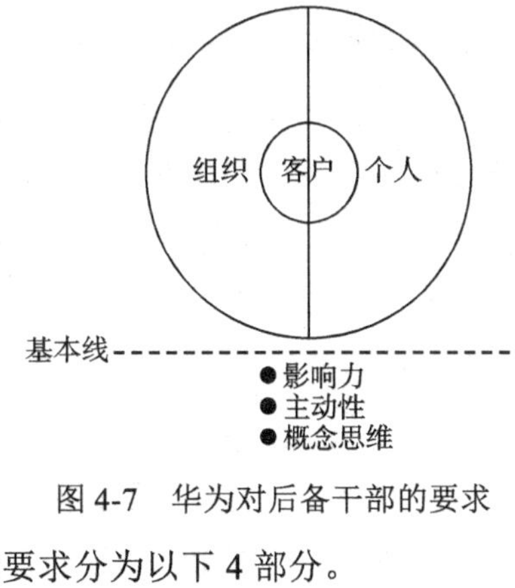

图 4-7　华为对后备干部的要求

华为对后备干部的要求分为以下 4 部分。

1. 基本线以下

华为的后备干部要具备基本的影响力、主动性和概念思维，具体含义同华为后备干部选拔标准中软指标包含的3项基本素质。

2. 客户能力

华为的后备干部要以客户为中心，关注客户情况，和客户建立并维护好合作伙伴关系。

3. 组织能力

客户连接着组织和个人两部分。在组织的层面，后备干部需要具备组织能力，包括团队领导力、跨部门协作能力、沟通协调能力等。

4. 个人能力

后备干部需要具备的个人能力包括具有战略思维、能兑现组织承诺、理解他人和成就导向等。

案例

腾讯干部领导力模型

腾讯于1998年11月在中国深圳成立，于2004年6月在中国香港联合交易所主板上市。腾讯是一家以互联网为基础的平台公司，通过通信及社交平台微信和QQ促进用户联系，并帮助用户连接数字内容和生活服务。腾讯通过高效的广告平台，协助品牌和市场营销者触达数以亿计的中国消费者；通过金融科技及企业服务，促进合作伙伴业务发展，助力实现数字化升级。

腾讯在人才队伍上大力投资并推动科技创新，积极参与互联网行业协同发展。腾讯把人才视为公司最宝贵的财富，一直高度重视人才发展，不仅为员工设计专业和管理的双通道职业发展路径，让员工的能力得到更聚焦、更清晰的发展，而且让每位员工的成长贡献能够通过职级体系得到及时、明确的体现。

在腾讯举办的"20周年司庆"上，腾讯董事会主席兼CEO马化腾、总裁刘炽平、腾讯创始人之一及前CTO张志东等人与员工进行了一场内部交流。在交流中，总裁刘炽平有以下发言内容。

对于公司来说，如何让公司保持年轻状态非常重要。我认为年轻不纯粹指年龄，还有心态。我们也有很多有经验的人心境还很年轻，投入度很高，也很有激情。但我们更希望年轻的同事们有成长机会，我们也很鼓励年轻人站出来争取机会。

现在，我将从公司层面代表总办正式宣布"青年英才计划"。在这个计划里，我们将把 20% 的晋升机会给予年轻人，这将是硬性的百分比。一个公司要年轻，一定要有很强的“新陈代谢”能力，这也代表人员要不断地流动。对应到管理者，今后要看你手里有多少年轻人是你识别出来、培养出来、提拔出来的，这将作为一个管理考核指标。

在激励方面，我们将设立现有体系以外的激励计划，用于激励有潜力、对公司发展有贡献的年轻人。

在干部体系方面，我们也希望一定要有流动，这样才有新的位置给后起之秀。我们的干部体系淘汰力度将进一步加大，要求每年有一定比例的管理干部要退下来。

腾讯不可以把干部变成终身制。从长期来讲，我们鼓励“能上能下”的文化，你有能力的时候我们很快让你上去，但是到一定程度打疲了，就先下来，如果有合适的机会就再上去。

希望“青年英才计划”可以鼓励越来越多的年轻人站出来说：我能够在公司扮演更重要的角色，我能够为自己创造更快的成长路径，我能够为公司贡献更多。

腾讯对干部的培养围绕着干部领导力模型展开。干部领导力模型有个外号叫“帝企鹅领导力模型”。这个模型的外号取自腾讯的标志产品 QQ 的企鹅外观形象，如图 4-8 所示。

图 4-8　腾讯干部领导力模型

腾讯干部领导力模型的核心理念是“本着正直的心，以激情、好学、开放的态度和行为，培养人才，打造精品，创造用户价值”。腾讯在干部选拔、人才培养和干部考核 3 个方面都是围绕领导力模型展开的。

腾讯成立了腾讯大学，帮助员工打造专业的成长发展之路，致力于把腾讯打造成学习型组织。腾讯大学以成为“互联网行业最受尊敬的企业大学”为愿景，通过设计职业发展通道和完善对应的培训体系，努力成为腾讯员工的成长顾问与业务团队的发展伙伴，为腾讯的现在和未来培养人才。

第 5 章

导师制设计与实施

导师制也叫师徒制，是保证公司人才培养，尤其是接班人培养效果的重要方式。公司不可能做到将员工岗位需要的所有知识和技能都通过集中培训来传授。实际上，员工岗位需要的知识和技能的获取，绝大部分发生在日常工作中，集中培训的作用大多是查漏补缺。而员工的知识和技能转化和内化的全过程，则几乎 100% 发生在岗位工作中。因此，要保证员工在岗位知识和技能上的持续提升，需要建立导师制。

5.1 导师制的实施

当员工在日常工作中遇到困难时，能够最快速、最高效、最有针对性地对员工进行指导，帮助员工解决问题的人不是人力资源部的培训管理人员，也不是员工所在部门的高级管理者，而是能直接辅导员工的导师。导师制适用于上到最高层管理者，下到最基层新员工的所有员工，它对公司的任何层级、任何岗位都适用。

5.1.1 导师制的实施原理

企业领导咨询服务公司海德思哲（Heidrick&Struggles）的资深主席格里说："新媒体的发展，让人与人的关系浅碟化、虚拟化，如果在现实世界中能有一位比你位阶更高的导师亲自指导，你一定会比别人更具职场竞争力。有句话说得好，'获得一件东西最快的方法是帮别人得到它，学会一项本领最快的方法是教会别人'。没错，一段良好的师徒关系对你们彼此都有益。"

在国内传统公司的管理体制中，很多公司将导师制应用得非常成功。在这类公司中，导师制被叫作师徒制。有的公司甚至有"一日为师，终身为父"的说法，即徒弟和导师之间的关系可以亲如父子。

导师不仅关心徒弟的工作，而且会在思想上、生活上帮助徒弟；徒弟对导师不只有学到技能的感激，而且会在观念上、行为上尊敬导师。这种师徒关系，精彩地演绎了在经济发展的过程中，整整两代人的工作关系。

然而，随着经济的飞速发展，公司的发展异常迅猛，渐渐地，导师制这种优秀的管理传统在许多公司中已经不复存在，甚至有人认为在公司中推行导师制是一种管理的倒退。

实际上，导师制从来不是对新型的企业管理模式或培训管理模式的否定，而是一种非常高效的人才培养手段。在许多管理非常成熟的大型公司中，导师制不仅存在，而且是提升员工能力最主要的方式，受到各级管理者的高度重视。

在职业成长和技能提升方面，如果前辈能给后辈一些建议，这往往会给后辈的职业成长和技能提升带来巨大的帮助。公司与其让员工摸着石头过河，等待公司统一组织的培训或促使员工自学，不如花点心思，为员工找个好的引路人，帮员工过河。

读万卷书不如行万里路，行万里路不如阅人无数，阅人无数不如贵人相助，贵人相助不如高人指路。导师能从旁观者的角度看待徒弟的工作或事业，帮助徒弟看清全局。导师可以与徒弟谈论务实的、具体的解决方案。

导师能让徒弟在忙碌中也始终认清工作的目的和方向。导师会提醒徒弟注意在工作中可能会遇到的陷阱。这样的提醒也许无法完全避免徒弟走弯路，但会让其更快地从错误中领悟教训，从而更有效率地总结出一套适合自己的方法。

导师制能让新员工更快、更好地融入公司；能让老员工的技能得到稳步提升；能让技能水平较差的员工跟上团队成长的脚步；能促进公司人才梯队建设中的人才培养；能提升导师的荣誉感、成就感、责任感；能提升导师的综合素质及锻炼导师的领导能力；能增强公司团队的凝聚力和团队意识；能提升公司员工的稳定性和满足感。作为一种培养人才的有效手段，导师制可以被运用在各种规模、各种组织形式的公司中。

5.1.2 导师制的实施流程

导师制具体应如何实施呢？

导师制的通用实施流程可以分成 5 步，如图 5-1 所示。

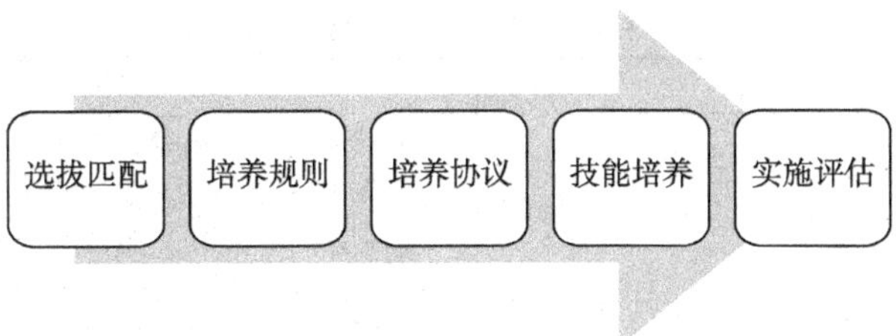

图 5-1 导师制通用实施流程的 5 个步骤

1. 选拔匹配

选拔匹配是指为员工选拔和匹配导师。成为导师是公司对员工的认可，是一种荣誉。导师不一定是徒弟的直属上级，有时根据需要，导师与徒弟甚至不需要在同一个部门。

2. 培养规则

公司要在导师制中明确导师对徒弟的具体培养规则，主要体现为公司对导师制的实施流程和实施制度的具体规定，以及制度和流程在公司内的传播和落实工作。

3. 培养协议

为保证导师制的推行与落实，公司可以要求导师和徒弟签订一份纸质培养协议，一方面从正式文件的角度明确双方的权利义务关系或主要职责，另一方面形成纸质承诺，有助于提高导师对这项工作的重视程度。

4. 技能培养

技能培养环节可以分两个方面：一方面是公司对导师培养徒弟技能方面的培养，发起人是人力资源部的工作人员，被培养的对象是导师；另一方面是导师对徒弟技能的培养，发起人是导师，被培养的对象是徒弟。

5. 实施评估

公司要站在人才培养与发展管理的角度，通过预先设立的对导师制运行的评估机制，实施检查和评估工作，保障导师制的有效运行。

5.1.3 导师徒弟权责划分

要运行好导师制，需要明确导师和徒弟的权责，导师与徒弟的权责划分如表5-1所示。

表 5-1 导师与徒弟权责划分表

类别	权利	职责
导师	（1）放弃权：对于不履行导师制职责、屡教不改或者资质较差的徒弟，导师可以选择放弃 （2）建议权：根据徒弟的表现和潜质，导师可以给予人力资源部对其进行绩效考核或岗位调整方面的建议 （3）评价权：导师有权对徒弟做出评价	（1）热心传授徒弟理论知识和实际操作技能 （2）在为人处事方面起到模范作用 （3）从思想、工作、生活上关心和爱护徒弟 （4）帮助徒弟认同企业文化和遵守各类规章制度 （5）帮助徒弟达到岗位要求的知识和技能水平 （6）定期向公司管理人员反馈徒弟的学习情况 （7）协助徒弟规划在企业内部的职业生涯发展通道 （8）对徒弟的学习与发展情况做出考核和评价

续表

类别	权利	职责
徒弟	（1）举报权：徒弟有权举报导师的违规行为或故意刁难行为 （2）更换权：对于不履行导师职责的导师，徒弟有权提出更换 （3）建议权：为了更好地学习与吸收，徒弟有权对学习内容提出建议	（1）遵守企业的各项规章制度 （2）按照工作流程和规范操作 （3）做好本职工作，认真学习 （4）服从导师合理的工作安排 （5）配合导师完成学习计划 （6）规划并实施个人职业计划

为保证导师制顺利运行，需要注意以下事项。

（1）导师不仅要传授徒弟技能，还要关心徒弟的生活；不仅要关注徒弟的工作结果，还要关注徒弟完成工作的过程。

（2）实施导师制的时候，不能因为教徒弟而影响导师的正常工作。因此，导师制中，一名导师不应带数量过多的徒弟，从经验上来说，同一时间带徒弟的数量不超过 3 人，最好采取一对一辅导的形式。

（3）导师在教徒弟的时候，应首先了解徒弟的基本情况，包括徒弟的知识、能力、经验、特长和个人发展意向等情况，要采取查漏补缺的方式，有针对性地辅导徒弟。导师对徒弟的辅导应形成计划，最好具体到每周的学习目标和内容等。

（4）导师与徒弟之间的良好沟通是导师制顺利运行的关键，只有勤沟通，导师才能深入了解徒弟的思想情况和学习进展。沟通有助于营造良好的氛围，有助于导师及时帮助徒弟解决问题，让徒弟更快获得成长。

5.2 导师制的保障

很多公司都意识到了导师制的重要性，然而在实际操作中，导师制运行得并不理想，有时会出现导师不愿意教徒弟的问题，有时会出现徒弟不愿意学的问题。要想保障导师制的有效运行，就需要认清导师制有效运行的逻辑、应用承诺一致性原理、做好对导师制的评估。

5.2.1 导师制有效运行逻辑

导师制要想有效运行，需要导师和徒弟共同努力，在 4 个方面做出努力，如

图 5-2 所示。

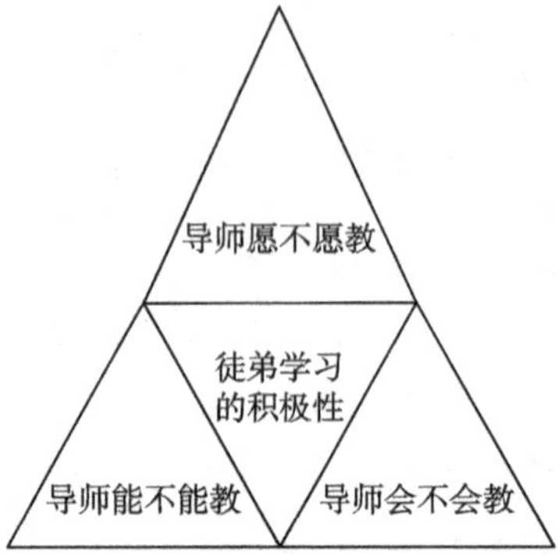

图 5-2　导师制有效运行的 4 个方面

1. 徒弟学习的积极性

导师制的核心是徒弟学习的积极性。徒弟如果不愿意学习，导师制就无法有效运行。要保证徒弟具备学习的积极性，公司可以为徒弟设计完善的职业发展通道，设计岗位的技能评定标准，要明确随着个人能力的成长，徒弟能获得哪些好处。

2. 导师愿不愿教

出于某些原因，有的导师不愿意教徒弟。针对这种情况，公司可以让导师和徒弟之间签订帮带协议、设立对导师的奖励机制，同时强化人力资源部监督检查的力度，解决导师不愿意教徒弟的问题。

3. 导师会不会教

有的导师个人能力很强，但像“茶壶里煮饺子”，倒不出来。针对这种情况，公司可以对导师进行培训，通过培训中的辅导和练习，导师能学会提炼、萃取知识和经验的方法，并能够将自己的经验和方法传授给徒弟。公司也可以量化导师应传授徒弟的具体知识和技能类别、量化培训教材、量化操作标准，让导师教徒弟的过程变得简单易行。

4. 导师能不能教

有的导师想教徒弟，但导师本身工作较忙，或者导师的直属上级不允许导师教徒弟。针对这种情况，公司可以通过完善导师制的相关制度，从制度层面保证导师制的落实。另外，公司可以通过岗位设计，让徒弟成为导师的“B 角”（接班人）。

5.2.2 承诺一致性原理应用

要促使导师持续关心和帮助徒弟，让徒弟积极响应导师的传授，除了制度上的规定和奖罚上的约束外，可以应用“承诺一致性原理”。所谓“承诺一致性原理”就是当人们做出承诺后，会不自觉地偏向于兑现这个承诺。这个承诺对自己的影响越大，人们兑现这个承诺的动力也越大。

心理学家曾在纽约的沙滩上进行过一个实验。一个实验人员扮成游客，放下随身听去上厕所；另一个实验人员扮成小偷把随身听偷走，并且在过程中故意让一名受试者看到，观察受试者会不会出面阻止。结果这个实验进行了 20 次，只有 4 个受试者出面阻止了“小偷”的行为。

后来，实验人员改变了做法，在上厕所之前，事先请求旁边的受试者帮他看管自己的物品。在得到受试者的肯定答复后，他再假装去上厕所。同样的实验过程进行了 20 次，有 19 个受试者出面阻止了“小偷”的行为。

承诺一致性原理在导师制的有效运行中能起到非常重要的作用。大部分公司实施导师制时，靠的只是公司关于导师制的规章制度，或者只是人力资源部关于导师制的制度，没有让导师和徒弟为此做出任何承诺。实际上，导师和徒弟才是导师制有效运行的主角。

没有承诺，就不能应用承诺一致性原理。这也是很多公司导师制运行失败的原因之一。要想应用承诺一致性原理在公司中推行导师制，可以参考以下3类操作，如图 5-3 所示。

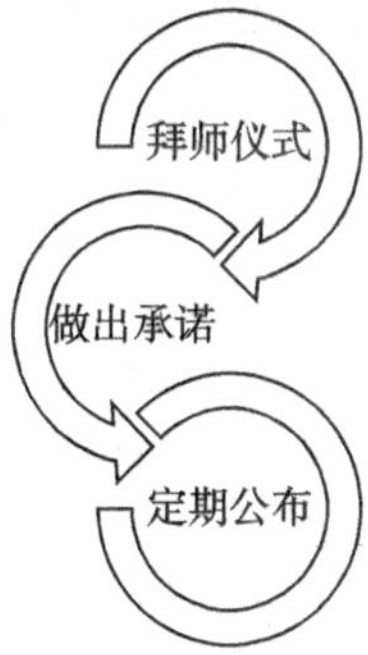

图 5-3　公司推行导师制的 3 类操作

1. 拜师仪式

在导师和徒弟正式建立师徒关系时，在部门内举办比较隆重的“拜师仪式”。在拜师仪式上，导师要做出对徒弟传授技能的承诺，徒弟也要做出认真学习的承诺。仪式越隆重，让人越难忘，导师制运行的效果越好。

2. 做出承诺

有的公司比较前卫，不习惯举办拜师仪式，这时可以通过导师和徒弟之间签订帮带协议的方式做出承诺。签订帮带协议时，HR 要在场，HR 除了明确导师和徒弟间的权利义务关系外，也要让双方做出口头承诺。

3. 定期公布

在每周或每月的公开会议上，可以公布新的导师和徒弟关系的缔结情况，让导师和徒弟分别上台发言，做出各自的承诺。另外，要让已经缔结关系的导师和徒弟上台发言，说明当前导师制的运行情况。

根据承诺一致性原理，公司可以采取适合自身的方法，来保证导师制的有效运行。

5.2.3 导师制评估的 3 个层面

人都有惰性，因为运用导师制进行人才培养是一种长期机制，不像帮别人看一会儿东西那么简单，所以即使导师和徒弟都做出了承诺，公司也不能把导师制的有效运行想得顺理成章，觉得做了承诺就一定能一帆风顺。

要落实导师制，还需要 HR 有勤勉的态度。HR 首先要克服惰性，做好检查评估工作。HR 评估导师制要从 3 个层面入手，如图 5-4 所示。

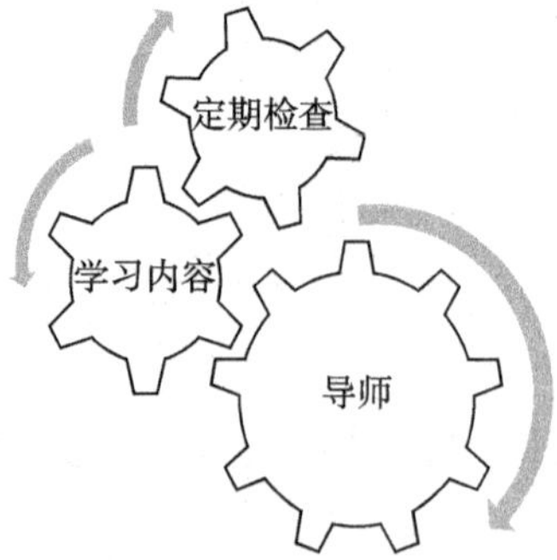

图 5-4　导师制评估的 3 个层面

1. 对导师的评估

教给别人知识和学习知识都是一类技能，不是每个人都具备这类技能。导师并非天生就会教徒弟，徒弟也并非天生就知道当别人教自己时，应该如何学习。HR 要评估有没有教过导师应该怎么教徒弟；有没有明确告诉徒弟，他应该怎么学。

2. 对学习内容的评估

不是每个导师都知道应该教徒弟什么，即使是自己长期从事的岗位工作，如果没有采取正确的方法去总结思考，也很难清晰地知道徒弟应该学习的内容有哪些。HR 要明确是否已规定导师应该教徒弟哪些具体内容；应当按照哪些标准教；教到什么程度算徒弟学会；导师教徒弟的进度。

3. 对定期检查的评估

人们趋向于做别人要检查的，而不是别人要求的事情。如果 HR 完全不检查，导师和徒弟很可能会失去落实导师制的动力。HR 要注意是否在导师制运行过程中实施过检查，是否在导师和徒弟关系结束后做过评估，是否对比较优秀的导师实施过奖励，是否对不那么优秀的导师采取过一定的惩罚措施。

有效运行导师制并不是一味对导师和徒弟提出要求，HR 要做好各项保证和检查工作。当 HR 从这 3 个层面对导师制实施评估后，其往往能发现导师制无法有效运行的真实原因，从而有针对性地实施改进。

5.3 导师的选拔与培养

在导师制中，导师的作用非常关键。要保障导师制的有效运行，需要做好导师的选拔与培养工作。除导师外，内训师也关系着员工能力的成长，所以公司也应做好内训师的获取和开发。

5.3.1 导师的选拔标准

有人认为，为了防止导师有“教会徒弟饿死师傅”的想法，导师的人选不应是徒弟的直属上级；有人认为，公司部门内部同事之间存在一定的竞争关系，所以导师的人选不能是徒弟的同事；还有人认为，导师的定位并不完全是解决徒弟的技能问题，还有很多对徒弟的通用能力和精神层面的培养，所以导师的人选可以是公司的高层管理者。

这些观点在具体公司、具体条件和具体环境中都是成立的，但并不具备通用性，不能作为寻找导师人选的原则。很多公司的规模、文化和性质决定了导师只能在本部门内部找，而且很可能只能是徒弟的直属上级。

如果硬要找其他部门的人担任导师，也只能解决徒弟在思维或通用方法上的问题，并不能解决徒弟在日常工作中、在操作层面上遇到的具体问题。而且，由其他部门的人担任导师，徒弟很难在第一时间得到解决眼前问题的方案，往往会让导师制起不到应有的效果。

所以，选拔导师的原则应是选择能够快速、有效、方便地教给徒弟技能或能够为徒弟提供解决方案的人。同时，在导师人选的选择方面要注意将负面影响最小化。有条件的公司，导师和徒弟之间最好是一对一的关系。如果徒弟人数较多，一位导师同一时间带的徒弟数量一般不超过 3 人。

导师最好是在职业轨迹上领先徒弟 3 ～ 10 年的前辈。这样的时间距离一方面可以保证导师提供给徒弟的建议具有足够的前瞻性，帮徒弟提前做好准备，不至于出现过分超前于徒弟现状的理念而使徒弟措手不及的状况；另一方面，导师和徒弟之间的年龄差异不会过大，沟通障碍较小。

选拔导师时，导师一般需要满足以下要求。

（1）具有强烈的责任心和事业心。

（2）工作表现良好，绩效水平高。

（3）具有一定的培训与组织能力。

（4）对公司忠诚，具有执行能力。

（5）掌握本部门工作的专业知识和技能。

（6）熟练掌握本部门的工作流程。

（7）具有丰富的实战工作管理经验。

5.3.2 导师的教导原则

导师在教导徒弟时，应遵循 5 大原则，如图 5-5 所示。

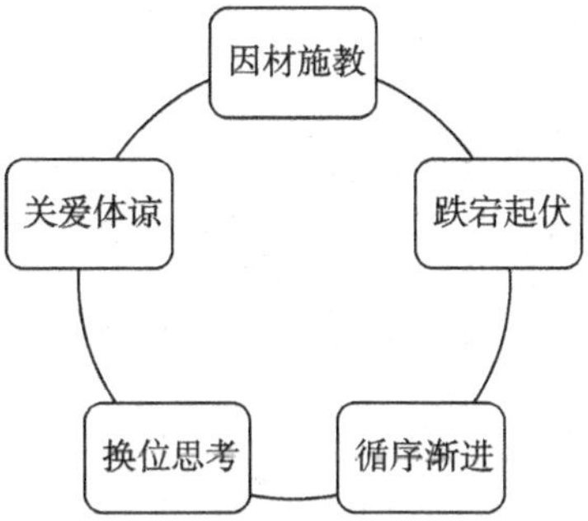

图 5-5　导师教导徒弟的 5 大原则

1. 因材施教

每个人都有自己的特点，有的人特别聪明，但不愿意学习；有的人不那么聪明，但心态很好；有的人基础很好；有的人基础很差。针对不同的徒弟，导师应当采取不同的教导方法，不能一概而论，不能对所有的徒弟都采取同一套教导方法。

2. 跌宕起伏

白开水索然无味，不好喝，但给喜欢吃甜的人的水中加入一些糖，给喜欢吃咸的人的水中加入一些盐，能让人们更愿意喝白开水。导师教徒弟也是如此。导师在教授徒弟技能时，不能毫无情感、平铺直叙地讲述，应当把教学内容设计成跌宕起伏的故事。

3. 循序渐进

一口吃不成胖子，带徒弟也是如此。有的导师一身本领，也愿意教，但徒弟的接受能力有限，不可能在短时间内全部学会。因此，导师应当把技能分阶段、分批次、有计划地传授给徒弟，让徒弟循序渐进地学习、成长。

4. 换位思考

很多导师在传授技能时容易只从自己的角度出发，这样不利于徒弟成长。导师在岗位上的能力比徒弟强，经验比徒弟丰富，对岗位的认知水平通常也比徒弟高。因此在传授徒弟技能时，导师要学会换位思考，要站在徒弟的立场上设计传授的内容和进度。

5. 关爱体谅

动之以情时更容易晓之以理，导师对徒弟要关爱和体谅。导师和徒弟的关系虽然是教与被教的关系，但彼此之间存在一定的情感纽带。导师对徒弟要抱以温情，徒弟对导师才会心存感激。

5.3.3 导师的技能培养

很多导师不知如何向徒弟传授技能，为此，公司要把对导师培养徒弟的技能的培养加入公司的年度培训管理计划中，定期向导师提供传授技能方面的培训。

导师教徒弟的通用流程可以分成6步，如图5-6所示。

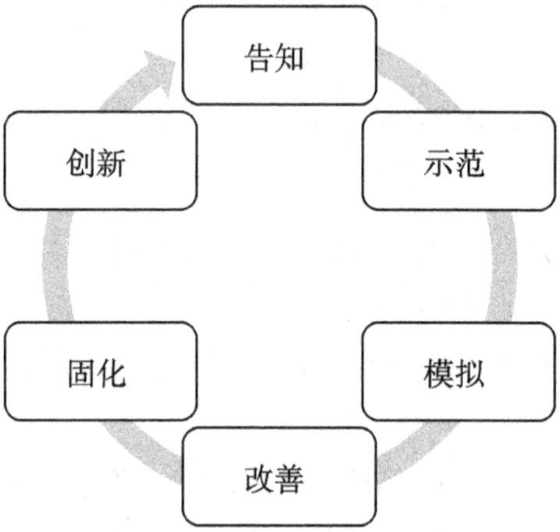

图5-6　导师教徒弟的通用流程

（1）告知：导师要把待传授的技能变成可操作的流程和步骤，告知徒弟。

（2）示范：导师把待传授的技能变成实际操作后，演示给徒弟看。

（3）模拟：导师让徒弟自行模拟操作，并进行展示。

（4）改善：导师指出徒弟在操作环节中出现的问题，帮徒弟改善操作。

（5）固化：导师督促徒弟不断练习和操作，帮徒弟养成习惯。

（6）创新：导师鼓励徒弟有所创新或改进，帮徒弟实现超越。

导师教徒弟的这6步通用流程可以用在公司内部任何级别的导师和徒弟之间。任何导师在传授徒弟技能时，都可以参照这6步通用流程。

5.3.4 内训师的获取方法

除了导师之外，内训师在员工培养中也担任了重要角色。内训师的质量，决定了公司层面的人才培养质量。内训师的获取方式有两种，分别是内部开发和外部聘请，这两种内训师的获取方式的优缺点及人选如表5-2所示。

表 5-2　内部开发和外部聘请内训师的优缺点及人选

内训师来源	优点	缺点	人选
内部开发	1. 熟悉企业内部情况，培训过程中的交流较为顺畅 2. 内训师自身能够为参训人员树立榜样 3. 易于管理，便于沟通 4. 成本相对较低	1. 权威性相对较低 2. 选择范围较小，难出“高手” 3. 可能出现“近亲繁殖”现象 4. 参训人员可能热情不高	内部专职 / 兼职内训师 优秀的部门主管 专业技术人才 骨干员工 中高层管理者 拥有某项技能的兴趣爱好者等
外部聘请	1. 选择范围大，可获取高质量的内训师资源 2. 可以给企业带来较多的新理念、新方法、新工具 3. 对参训人员有较大的吸引力，能获得良好的培训效果 4. 能够提高培训的档次，引起企业内部各方的重视	1. 对企业缺乏了解，培训失败的风险较大 2. 通用课程为主，有可能让培训缺乏针对性，适用性低 3. 难以形成系统的培训 4. 成本相对较高	培训或咨询机构的专业内训师 行业标杆企业的兼职内训师 某领域的专家或学者 高校教师 长期稳定合作的大型供应商或客户提供的内训师资源等

内部内训师资源和外部内训师资源相比，哪种更好呢？

对于具备一定的管理能力或对内部管理要求比较高的公司来说，从人才长远发展的角度来看，以内部开发和培养的内训师为主，外部聘请的内训师为辅会更有利于公司的发展。

通过内部开发和培养内训师，能锻炼一部分核心员工的能力，能激发他们深入研究某一领域知识和技能的热情，能调动他们的积极性，能增加他们的荣誉感。从某种程度上来说，成为公司的内训师也是公司提供给优秀员工的一种激励措施。

对于一些内部无法传授的课程，除了聘请外部内训师作为辅助之外，也可以让内部内训师学习和内化外部内训师的知识，逐渐把外部课程的知识转化成适应公司内部需要的课程。

5.3.5　内训师的开发步骤

内训师的开发可以分成 5 步，如图 5-7 所示。

图 5-7　内训师开发的 5 个步骤

1. 公布条件

开发内训师的第 1 步是公司公布内训师的选拔条件。担任内训师的条件应根据公司实际需要制订，通用的条件一般包括乐于助人的品质、领域内的专业能力、相对较高的绩效水平和良好的沟通与表达能力。

2. 申请试讲

感兴趣、想做内训师的员工可以自行申请，参加公司统一举办的试讲。这个环节最容易出现的问题是公司在发出号召后，很少有员工报名。遇到这种情况，公司要弄清楚员工不愿意报名的真实原因，针对问题重新审视报名通知和担任内训师的条件。

3. 评价考核

这一步是公司对报名后参加试讲的员工进行评价和考核的过程。这里的评价和考核指的不仅是对员工试讲环节的评价考核，更重要的是评价和考核员工日常工作的情况。对员工的评价考核，最重要的是其态度，其次是绩效，最后是能力。

4. 培训认证

初步选拔出具备内训师潜质的人才后，因为其中很多人通常不具备内训师需要具备的经验提取、授课表达、课程设计、课程制作等相关能力，所以公司要统一组织有关内训师能力的培训。培训结束后，要对参训人员进行检核和认证，通过认证者才有资格被聘任为内训师；认证不通过者，不能获得聘任。

5. 聘任 / 续聘

对通过认证的内训师候选人，可以聘任；对于已经成为公司内训师的人选，复训后认证通过的，可以续聘。如果公司的战略、机构、流程、员工等因素随时间变化较大，对内训师的聘任可以每年举行一次。如果这些因素变化较小，可以每 2 ～ 3 年举行一次。

案例

阿里巴巴前沿人才培养机制

阿里巴巴已经在很多技术领域走在世界前列，必须要有与之匹配的前沿的人才培养机制，从而接触世界最前沿的科技。为此，高等院校和研究机构成为阿里巴巴重要的合作伙伴。阿里巴巴为学术界提供数据、场景、项目等各类支持，共同推进学术进步与人才培养。阿里巴巴已经与众多高校和科研机构建立了联合培养机制，以培养复合型的高技能人才。

1. 研究型实习生

阿里巴巴推出的研究型实习生（Research Intern）项目主要是面向海内外顶尖高校的博士生、硕士生及本科生的实习生项目，项目的主要目的是基于阿里巴巴在电商、金融、物流、文娱、健康、云计算等领域的丰富业务场景，联合培养高素质的计算机创新研究人才，为服务20亿人的新经济体储备核心人才。

该项目自启动以来，吸引了来自麻省理工学院、斯坦福大学、加州大学伯克利分校、卡内基梅隆大学、清华大学、北京大学等多所高校的数百名学生。

阿里巴巴为入选“研究型实习生项目”的学生提供以下待遇。

（1）为期3个月以上的阿里巴巴实习科研机会，接触业界真实的场景与数据，联合发表国际顶级论文、申请专利等。

（2）由技术能力较强的人才作为导师，提供科研方向的指导，实习生可以享受一对一的阿里巴巴师兄教带，共同挑战世界级的技术难题。

（3）参与培训活动、技术讲座、云栖大会的机会，与来自全球的技术领先人物进行零距离交流。

（4）丰厚的实习报酬、参加实习的往返路费、住宿补贴等一系列福利，并优先获得阿里巴巴转正面试的机会。

2. 创新研究计划

阿里巴巴创新研究计划（Alibaba Innovative Research，AIR）是阿里巴巴探索科技创新的全球性科研计划。

本着“技术驱动未来”的理念，AIR致力于推进计算机科学领域的基础性、前瞻性和突破性的研究，探索颠覆性的新兴技术发展；与此同时，促进公司与高校的深度合作，引领重大科技创新的实践应用，共创产学研深度融合的合作生态圈。AIR的合作理念是提供开放真实的业务场景，携手学术界共同发现和定义问题，内外协作解决领域难题。

2018年，AIR向学术界发布基础设施、系统软件、数据计算、机器学习、多媒体人机自然交互、自然语言理解、安全等7个技术领域的79个合作课题，提供科研专项、访问学者、研究奖学金等灵活多样的合作形式，邀请全球学者和阿里巴巴一起创造未来。

3. 访问学者计划

阿里巴巴访问学者计划（Alibaba Research Fellowship，ARF）是阿里巴巴学术合作的重要组成部分。该计划向高校及科研机构学者，尤其是青年学者提供访问阿里巴巴的机会，促进高校及科研机构与阿里巴巴之间的交流与合作。学者的学术研究和阿里巴巴的业务场景相结合，能推动更多有实际应用价值的科研成果的产生与落地。

4. 技术论坛

阿里巴巴技术论坛（Alibaba Technology Forum，ATF）是阿里巴巴针对技术精英人士举办的技术品牌论坛，从2013年5月至今已成功举办10余场活动，在国内外知名高校与学生、学者进行深入交流，其中包括清华大学、斯坦福大学、卡内基梅隆大学等。ATF旨在对外展现阿里巴巴的技术优势和实力，并传递阿里巴巴对技术、业务和互联网形态的思考和理念。

5. 学术交流

阿里巴巴学术交流是阿里巴巴技术团队和海内外高校学者建立链接、互相了解和进行深度沟通的平台。在这个平台上，双方能够分享技术进展，面向前沿技术展开讨论，这可以促进学术界与产业界的思维碰撞，探索合作机会。学术交流项目包括对话科技、阿里巴巴技术论坛、学术会议和主题研讨会等。

6. 对话科技

对话科技项目是外部专家学者与技术专家来阿里巴巴进行技术交流分享的平台，致力于建立阿里巴巴技术岗位与科技界进行沟通交流的桥梁。阿里巴巴邀请国内外科技界顶尖人才为阿里巴巴技术岗位人才分享最前沿的科学领域与技术领域的研究和实践成果，通过课程内容与知识分享，助力阿里巴巴技术岗位人才勇攀技术高峰。

案例

阿里巴巴校企合作平台

阿里巴巴与国内外知名高校合作建立联合实验室，旨在依托高校前瞻的科研力量，结合阿里巴巴丰富的数据和应用场景，深入合作，培养创新型研究人才，进行更多前沿性的技术创新和应用落地。阿里巴巴已经拥有北京、杭州两地的博士后工作站，形成了产学研合作的学术共建平台，专注培养面向未来的研究型人才。

1. 阿里巴巴 - 浙江大学前沿技术联合研究中心

阿里巴巴 - 浙江大学前沿技术联合研究中心（Alibaba-Zhejiang University Joint Institute of Frontier Technologies，AZFT）成立于2017年年初，依托浙江大学雄厚的科研实力和阿里巴巴丰富的生态应用，AZFT致力于在前沿技术和未来技术上进行研究开发，并将科研成果落地到日常生活中。

阿里巴巴为AZFT提供资金、数据、计算能力等必要的研究资源，浙江大学投入研究人员、设备、实验环境等资源，力争在前沿技术领域的国内国际专利、标准、学术论文、技术与商业结合等方面产出具有国际水平的创新成果。

AZFT开展了联合实验室、项目合作和访问学者等多种科研合作模式，并面向全球招募研究人员。AZFT现已成立计算机视觉与视频分析，网络空间安全，下一代数据库技术，互联网数据挖掘，智能、设计、体验与审美，物联网，知识引擎，智能计算系统，以及认识智能等联合实验室，并开展了知识图谱、数据可视化、三维建模、电商平台、智能运维、系统软件等领域的90多个科研项目，有70多名学者投入中心的研发工作。另外，双方依托科研合作，开展了博士后和研究生人才的共同培养项目。

2. 清华大学 - 阿里巴巴自然交互体验联合实验室

清华大学 - 阿里巴巴自然交互体验联合实验室成立于2018年4月3日，由清华大学与阿里巴巴共同建立，双方将在人工智能、情感认知计算、实体交互、多通道感知等领域开展合作研究，探索人机自然交互领域的前沿科技。

3. 阿里巴巴 - 新加坡南洋理工大学联合研究院

阿里巴巴 - 新加坡南洋理工大学联合研究院（Alibaba-NTU Singapore Joint Research Institute）成立于2018年2月28日，是阿里巴巴设立的第一家海外联合研究院。该联合研究院将结合南洋理工大学以人为本的人工智能技术，以及阿里巴巴世界领先的自然语言处理、计算机视觉、机器学习等技术，进一步探索人工智能的前沿技术，逐步提供覆盖城市交通、家庭、零售、社区、医院和疗养院等场景的人工智能解决方案。

案例

某上市公司师徒协议

某上市公司实行师徒制，对新入职的员工和主要岗位接班人都安排师傅帮带，保证新员工和接班人不断提升能力。为了使师徒制有效运行，在师徒关系确立之后，该公司要求师傅和徒弟签订帮带协议，明确师徒帮带过程中的权责归属。

该公司《师徒协议》内容如下。

师傅：　　　　　　　　　　　　身份证号：

徒弟：　　　　　　　　　　　　身份证号：

经双方共同协商，自________年________月________日至________年________月________日，双方确定为师徒帮带关系，为提高徒弟的专业理论知识和技能水平，双方愿意订立《师徒协议》，并共同遵守。

一、师傅职责

1. 承担对徒弟的全面培养工作，制订有针对性的培训计划、目标和学习书目，监督检查徒弟对工作计划的执行情况。

2. 耐心、细致地指导徒弟的工作和学习，及时帮助徒弟解决工作中遇到的问题，真正把技术本领和自身所长传授给徒弟。

3. 在传授技艺的同时，也要把优良作风和安全生产以及各种规章制度知识等传授给徒弟，培养徒弟认真负责、爱岗敬业、开拓创新、遵纪守法的工作作风和刻苦钻研、迎难而上的学习态度。

4. 定期检查徒弟的工作、学习情况，协助做好对徒弟的考核评价工作。严格遵守相关规定，履行相关职责，按要求完成培训任务，实现培训目标。

5. 及时总结徒弟的进步和不足，每月向部门负责人及人力资源部提交一份反映徒弟各方面表现的工作小结，协议期满后提交一份帮带总结报告。

二、徒弟职责

1. 按照制订的培训目标努力学习，有计划、有步骤、有措施地圆满完成培训计划。

2. 尊敬师傅、虚心请教，服从指导，勤问、勤记、勤练。在学习技艺的同时，要学习师傅的优良作风，学习安全生产知识，学习各项规章制度知识。每月向部门负责人及人力资源部提交一份工作小结。协议期满，提交一份内容详细的总结报告。

3. 严格遵守相关规定，履行相关职责，按要求完成任务，实现目标。

三、考核办法

帮带期满，将由相关领导及业务人员检核，检核结果分优秀、合格、不合格3类，检核不合格者，其师傅不享受帮带费，将由师傅继续培养或指派其他师傅，直至合格为止。继续培养期间，原师傅不享受帮带费。

新师傅帮带成功，新师傅享受帮带费。徒弟帮带情况将计入师傅个人档案，有多名徒弟被评定为优秀的师傅，优先享受公司评优、晋升等福利。有多名徒弟被评为不合格的师傅，将取消其评优、晋升资格，并考虑调岗、降级。

四、有关要求

1. 帮带费标准为500元/月。

2. 协议期内，如师傅或徒弟一方工作变动，导致不能继续履行协议的，协议即行终止。

3. 根据工作需要和个人申请，可变更师徒人选，变更后应重新签订或变更帮带协议。

4. 本协议一式3份，师傅、徒弟与人力资源部各持一份。

师傅签字：　　　　　　　　　　徒弟签字：

日期：　　　　　　　　　　　　日期：

公证人：

第 6 章
接班人考核与评价

要保证人才梯队建设有效实施，公司除了要督促和帮助导师做好培养工作外，还要注意做好接班人的考核与评价。为保证接班人快速成长，强调接班人考核与评价的同时，也要做好接班人的辅导工作。

6.1 接班人考核方法

管理行业中有句老话叫“没有考核就没有结果”，相比于做公司要求的，人们更愿意做公司会考核的事情。对于接班人的成长情况，公司应当实施必要的考核，遵循优胜劣汰的原则，对合格的接班人及时晋升，对不合格的接班人实施淘汰。

6.1.1 接班人考核形式

考核接班人的目的是让接班人了解公司对人才培养的重视，让接班人产生紧迫感。公司对接班人的考核的相关内容如下。

1. 考核周期

根据接班人职位的不同，接班人的考核周期一般为 1 个月～ 1 年。接班人培养情况的考核周期可以与接班人所在岗位绩效考核的周期相同。

2. 考核对象

对于导师或接班人的直属上级来说，接班人培养情况的考核对象是接班人，考核人是导师或接班人的直属上级。

对于公司来说，接班人培养情况的考核对象是导师或接班人的直属上级、接班人和人力资源部，考核人可以是人才培养的相关部门或人员（专项领导组成员）。

3. 考核内容

对于导师或接班人的直属上级来说，接班人的考核内容主要是接班人的成长情况。

对于公司来说，考核内容包括接班人选拔工作的进展情况、人才培养计划的实施情况、接班人的成长情况以及合格人才的补充情况等。

4. 考核结果

对于导师或接班人的直属上级来说，接班人的考核结果主要包括接班人是否获得成长、是否符合继任岗位要求，接班人应晋升还是淘汰。

对于公司来说，考核结果包括导师对接班人实施培养的质量、接班人的直属上级对接班人成长的贡献情况、人力资源部在人才培养和接班人培养中的工作质量、接班人本人是否符合继任岗位要求等。

5. 注意事项

考核的目的是发现问题、进行改善，而不是处罚。所以对接班人成长情况的考核应当聚焦在发现接班人在培养过程中出现的问题上，及时发现问题、改善问题。

考核应当及时，不能抱着“秋后算账”的心态实施考核。

6.1.2 接班人考核内容

对接班人的考核内容应当包括 4 个维度，如图 6-1 所示。

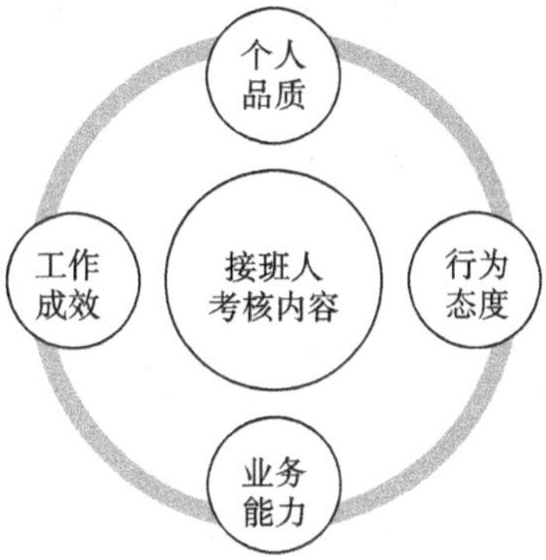

图 6-1 接班人考核内容的 4 个维度

1. 个人品质

个人品质是接班人的基本道德情况，这部分通常是接班人最难改变的。随着时间的推移，接班人的个人品质将会展现得更加全面，更有助于考核评价。

个人品质中的正面和负面行为通常包括以下内容。

（1）正面行为：品行端正、以身作则、责任心强、言行一致、坚持原则、具备团队精神和奉献精神等。

（2）负面行为：言行不一、推卸责任、个人主义等。

2. 行为态度

接班人工作时的行为态度代表着接班人的工作状态。工作状态不佳或不稳定的接班人不能被委以重任。

行为态度中的正面和负面行为通常包括以下内容。

（1）正面行为：爱岗敬业、顾全大局、遵纪守法、积极主动、勇于创新、勇于担当等。

（2）负面行为：投机取巧、不按时打卡上班、消极怠工、无故离开工作岗位等。

3. 业务能力

业务能力是接班人工作的专业程度，代表着接班人的工作能力，是接班人把工作做好的可能性。

业务能力中的正面和负面行为通常包括以下内容。

（1）正面行为：精通业务、有领导力和执行力、有沟通协调能力、有逻辑思维能力、工作思路清晰、有学习能力和理解能力、有创新能力等。

（2）负面行为：眼高手低、好高骛远、缺乏沟通能力、不思进取等。

4. 工作成效

工作成效是接班人的工作成果，是一种绩效结果，是判断接班人实际上有没有把工作做到位的依据。

工作成效中的正面和负面行为通常包括以下内容。

（1）正面行为：实现部门价值、与其他部门密切配合、决策准确、合理分工等。

（2）负面行为：只顾自己、不配合其他部门工作、无法按时保质保量地完成工作任务等。

通用的接班人考核表如表 6-1 所示。

表 6-1　通用的接班人考核表

接班人姓名	个人品质（20 分）	行为态度（20 分）	业务能力（30 分）	工作成效（30 分）	总分（100 分）
张三					
李四					
王五					
备注：评估结果的总分为 100 分，评估结果低于 60 分为不及格，60 ～ 85 分为良好，85 分以上为优秀					

6.1.3 接班人的晋升和淘汰

接班人的晋升能够让优秀的接班人获得上升的空间和发展的机会；接班人的淘汰能够淘汰不合格的接班人，优化接班人队伍的整体素质。

1. 接班人的晋升

接班人的晋升可以参考公司的晋升管理流程。公司通用的职业发展晋升流程如图 6-2 所示。

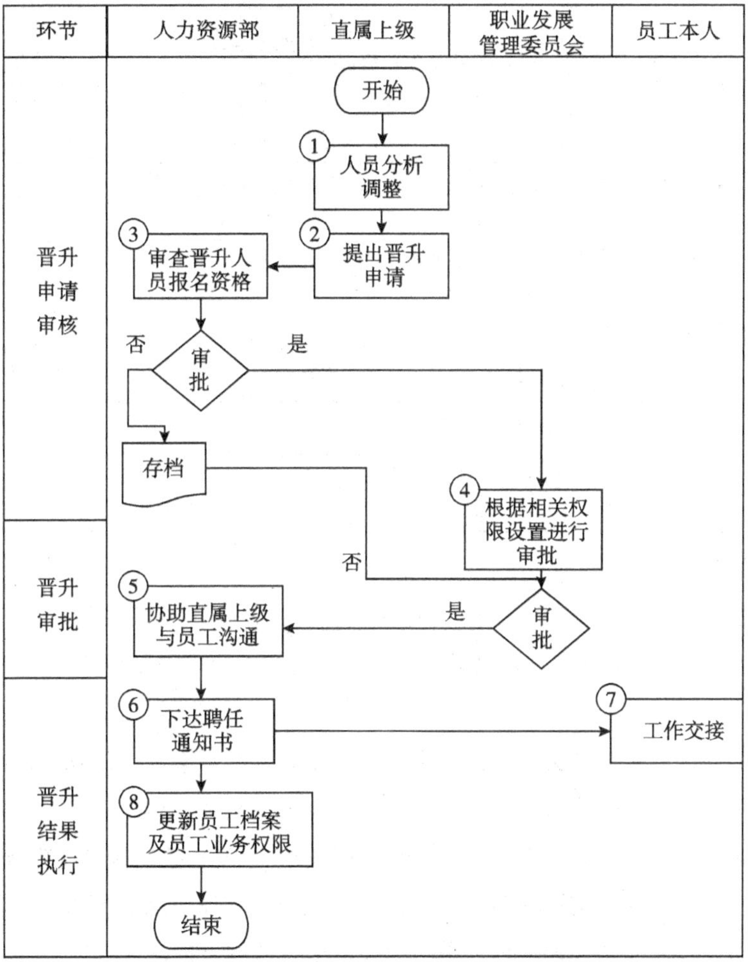

图 6-2 公司通用的职业发展晋升流程

晋升流程中的工作内容的简要描述及重要输入与输出等如表 6-2 所示。

表 6-2　晋升流程中的工作内容的简要描述及重要输入与输出

流程步骤	工作内容的简要描述	重要输入	重要输出
1	直属上级根据人员规划、岗位设置、现有人员技能水平分析现有人员的合理配置	人员规划 岗位设置 现有人员技能清单	排出现有人员的晋升优先次序
2	根据业务发展需求和人员能力水平及职业发展目标提出晋升申请	个人发展计划 个人绩效承诺 专业能力认证	晋升申请
3	人力资源部根据晋升要求审查晋升申请人员报名资格	个人绩效承诺 专业能力认证 人员规划 其他晋升要求 岗位空缺状况	合格的晋升候选人名单
4	根据晋升人员的级别按权限划分，由总监 / 副总 / 总裁进行审批	合格晋升候选人名单 其他考虑要素	审批结果
5	人力资源部协助直属上级就审批结果与员工进行面谈沟通，解答困惑和进行晋升前的首次就职辅导		
6	人力资源部下达聘任通知书	晋升审批结果	聘任通知书
7	员工按需进行履任新职的工作交接		
8	人力资源部办理相关晋升手续，更新员工档案及相应的业务权限	聘任决定	档案及权限更新

2. 接班人的淘汰

当接班人被淘汰时，不仅接班人本人有责任，接班人的导师、直属上级、人力资源部也有一定责任。针对被淘汰的接班人，公司应当评估是否出现了以下问题。

（1）在接班人的选拔环节，是否存在接班人选拔不准确的问题。

（2）在接班人的培养环节，导师是否没有给予充分的指导。

（3）在接班人的成长环节，导师和直属上级是否没有给予接班人充分的关心。

（4）在接班人的培训环节，人力资源部是否没有提供充足的支持。

（5）在人才梯队建设环节，是否存在制度和流程上的漏洞。

6.2 接班人评价方法

接班人考核的下一步是实施接班人评价。对接班人的评价可以采用 7 种方法，分别是关键事件法、行为锚定法、行为观察法、加权选择法、强制排序法、强制分布法和 360 度评估法。

6.2.1 关键事件法

关键事件法指以事实为依据，考核者在进行绩效评价时不仅注重行为本身，还要考虑行为所处的情境。这种绩效评价方法的内容通常是员工的特定行为，而不是他们的个性、态度或品质。

关键事件法需要确定员工为了完成工作职责应做出的相关行为，并且选择那些最重要、最关键的行为记录并评判结果。当然，这里的行为有时候是积极的、公司希望看到的，有时候是消极的、公司不希望看到的。

运用关键事件法时，一般由目标岗位的上级收集下属履行职责过程中的一系列行为，对这些行为中最成功、最有效的事件和最失败、最无效的事件进行分析和评价。

关键事件法的设计过程可以分成 4 步。

1. 识别关键事件

运用关键事件法进行绩效评价时，最重要的工作是对关键事件进行识别。对关键事件的识别如果存在偏差，将会对后续的一系列评价工作产生误导。

识别关键事件，对应用者有比较高的专业要求，如果应用者对岗位了解不深，或者经验较少，应用者将很难在短时间内识别出岗位的关键事件。

为了有效识别关键事件，公司可以成立分析小组，具体包括以下步骤。

（1）成立分析小组，小组成员中包含对岗位有一定了解的专业人员。

（2）分析小组中要包括懂得关键事件法运作原理并有操作经验的人员。

（3）分析过程中，组员之间充分互动、沟通和讨论，要兼听，不要盲目听从片面之词。

公司也可以利用其他的分析方法，比如通过岗位的工作日志或周报提取资料、开展个别访谈、使用调查问卷等。

2. 记录信息资料

识别关键事件时，分析人员需要观察和记录的关键信息和资料至少应当包括以下内容。

（1）关键事件发生的前提条件。

（2）关键事件发生的背景和过程。

（3）关键事件发生的直接或间接原因。

（4）关键事件的具体行为表现。

（5）关键事件发生之后的结果。

（6）员工控制和把握关键事件的能力。

3. 归纳总结特征

汇总关键事件的所有资料后，分析小组要归纳和总结出这个岗位的主要特征、具体的行为控制要求和需要的具体行为表现。

在对关键事件进行分析、记录和评估的过程中，可以用到 STAR 的工具。

（1）S（Situation）代表情景，指的是该岗位工作内容所处的环境和具体的背景。

（2）T（Task）代表任务或目标，指的是该岗位某个行为的具体目标。

（3）A（Action）代表行动，指的是为了实现目标，需要采取哪些具体的行动。

（4）R（Result）代表结果，指的是通过采取不同的行为，最后得到了什么样的结果。

案例

分析小组调查某技术岗位，该岗位的主要工作任务之一是保障实现某产品某个生产环节的技术突破。

分析小组成员可以按照以下逻辑询问该岗位人员，展开调查。

这个产品开发的背景是什么？该生产环节的技术需要突破的背景和原因是什么？（S）

具体的任务目标是什么？（T）

该任务中，需要具体做出哪些行动来保证目标的达成？（A）

采取不同的行动之后，能得到什么样的不同结果？（R）

4. 形成规范应用

公司可以通过归纳总结各岗位的关键事件，在公司内的相关岗位推行关键事件法，并要求部门形成部门关键事件评估结果表，如表 6-3 所示。

表 6-3　部门关键事件评估结果表

部门	姓名	关键事件描述					打分	评估日期	评估人签字
		S（情景）	T（目标）	A（行动）	R（结果）	其他补充			

人力资源部可以利用关键事件法的设计原理和应用规范，在本公司进行更灵活的应用。例如，有的公司要求部门管理者在月度、季度或年度的报告中统一指出自身或团队成员较优的行为或较差的行为；有的公司则把关键事件法和量化的绩效评价方法相结合。

案例

美国通用汽车公司（General Motors Corporation，GM）在 1955 年开始运用关键事件法对员工的绩效进行评价。在实施关键事件法前，GM 首先成立了一个绩效评价委员会，负责领导和实施绩效评价工作。

经过绩效评价委员会对企业各岗位的分析和调研，确定了针对不同岗位的评价项，包括身体条件、身体协调性、数字运算能力、了解和维护机械设备的能力、生产率、与他人相处的能力、协作性、工作积极性、理解力等，并要求生产一线的管理人员，针对下属的关键事件进行描述。

描述的要求包括以下 4 点。

（1）事件发生的背景。

（2）事件发生时的环境。

（3）行为有效性或无效性。

（4）事件后果受个人控制的程度。

有一位管理人员对他的一位下属在协作性方面的记录如表 6-4 所示。

表 6-4　通用汽车公司关键事件记录样例

日期	姓名	有效行为	无效行为
某年月	约翰	虽然今天并没有轮到约翰值班，但他还是主动留下来加班到深夜，协助其他同事完成了一份计划书，以便公司第二天能够顺利与客户签订合同	公司总经理今天来视察，约翰为了表现自己，当众指出了杰克和麦克的错误，导致同事关系紧张

GM使用关键事件法，取得了良好的效果。各岗位员工的有效行为越来越多，无效行为越来越少，企业的管理效益快速提升。

当时GM绩效评价委员会的主任，也是人力资源部的负责人说："大多数员工并不愿意做错事，如果管理者能不厌其烦地指出员工的不足，他们会设法纠正自己的错误行为。"

6.2.2　行为锚定法

行为锚定法也叫行为定位法、行为定位等级法或行为决定性等级量表法。这种方法是一种对同一职务可能发生的各种典型行为进行分析、度量和分级之后，建立一个行为锚定评价表，并以此为依据，对员工在工作中的实际行为进行分级测评的评价方法。

案例

某学校教师有两项重要的岗位职责，一是关心学生，二是课堂教学。

关心学生，指的是教师要积极地了解学生的情况，真诚地对待学生，发现学生在学业或生活上的需要，及时帮助他们解决问题。在关心学生方面，该学校为教师制订的行为锚定评价表如表6-5所示。

表 6-5　教师关心学生行为锚定评价表

评价等级	描述
最好	学生面露难色时，询问其是否有问题需要帮助解决
较好	为学生提供所学课程的学习方法上的建议
达标	遇到学生时，与学生打招呼
较差	虽然和学生讨论问题，但不能跟踪落实和解决问题
最差	批评学生无法独立解决问题

课堂教学指的是教师在课堂上要有效地向学生传授知识，要具备课堂传授知识的技巧。在课堂教学方面，该学校为教师制订的行为锚定评价表如表6-6所示。

表 6-6　教师课堂教学行为锚定评价表

评价等级	描述
最好	能够使用多样化的教学方法，引导学生创造性地思考，鼓励学生提出不同的意见，提高学生的自我学习能力
较好	授课时，能够把有关联的知识有效地联系在一起，使学生形成完整的知识体系
达标	能够使用清楚易懂的语言授课，能够恰当地使用案例
较差	讲不清楚有难度的问题，不接纳学生的不同意见
最差	授课过程照本宣科，枯燥乏味，经常讲错一些重要概念

建立行为锚定评价体系可以按照以下 5 个步骤进行。

1. 确定关键行为事件

在建立某一个岗位的行为锚定评价体系前，首先要通过对该岗位的分析、岗位说明书以及实际从事该岗位工作并且表现优秀的人员了解该岗位的关键行为事件，并对关键行为事件结果划分绩效评价的指标范围，根据重要性为各项绩效指标划分占比。

2. 建立评价等级

对该岗位关键事件的最优行为和最差行为进行客观描述。根据最优和最差行为的描述，将关键事件划分成几个等级，通常会划分为 5 个等级，一般不超过 8 个。对各等级的行为进行界定并详细描述。

案例

某公司要进行客户服务岗位的“客户服务行为”的行为锚定等级划分。

经过一系列的调研和分析之后，该公司发现该岗位“客户服务行为”中最优的结果是能够把握公司长远的盈利点，与客户形成伙伴关系；最差的结果是被动地对待客户的反馈，拖延和含糊地回答客户的问题。

该公司将行为等级划分为 7 级，最优为 7 级，最差为 1 级，如表 6-7 所示。

表 6-7　客户服务行为等级划分

等级	描述
7 级	能够把握公司长远的盈利点，与客户形成伙伴关系
6 级	关注客户的潜在需求，能对客户起到专业参谋作用
5 级	为客户而行动，为客户提供超常规服务
4 级	勇于承担责任，能够亲自满足客户的需求
3 级	能够与客户保持紧密而清晰的沟通
2 级	能够跟进客户的反馈，有问必答
1 级	被动地对待客户反馈，拖延和含糊地回答客户的问题

3. 验证评价标准

就初步完成的行为锚定评价表与实际从事该工作或者对该工作理解较深刻的优秀人员进行沟通，验证行为锚定评价表中各绩效指标项的占比、指标定义、评价等级、行为描述以及打分结果等各项内容的合理性。

4. 绩效评定实施

针对某一类岗位或某一类事件，实际应用行为锚定评价表进行测试。测试该样表在实际运用过程中测评打分的可操作性、分数项目的合理性、上下限之间的差距等可能存在的问题，以便在正式运用之前及时调整。

案例

某公司对营销策划部策划文案岗位在方案设计行为方面的评价，采用的是行为锚定法，经过对该岗位的调研和评估，制订了该岗位方案设计行为的评分表，如表 6-8 所示。

表 6-8　行为锚定法对方案设计行为的评分表

<table>
<tr><th>评价指标</th><th>占比</th><th>指标定义</th><th colspan="2">评价等级</th><th>对应得分</th></tr>
<tr><td rowspan="7">方案可行性</td><td rowspan="7">40%</td><td rowspan="7">方案设计合理，具有可操作性，与案例结合</td><td>7 级</td><td>方案设计合理，与案例充分结合，具有很强的可操作性</td><td>40</td></tr>
<tr><td>6 级</td><td>方案设计合理，与案例充分结合</td><td>35</td></tr>
<tr><td>5 级</td><td>方案设计合理，与案例结合</td><td>30</td></tr>
<tr><td>4 级</td><td>方案与案例结合</td><td>25</td></tr>
<tr><td>3 级</td><td>方案与案例有部分联系</td><td>20</td></tr>
<tr><td>2 级</td><td>方案与案例联系较少</td><td>15</td></tr>
<tr><td>1 级</td><td>方案与案例完全没有关联，完全是主观臆造</td><td>10</td></tr>
<tr><td rowspan="7">方案创新性</td><td rowspan="7">30%</td><td rowspan="7">方案内容完整准确，形式新颖，具有创造性</td><td>7 级</td><td>方案内容完整、丰富，完全满足要求，形式美观新颖，极具创造性</td><td>40</td></tr>
<tr><td>6 级</td><td>方案内容完整、丰富，完全满足要求，形式美观新颖，但创造性不足</td><td>35</td></tr>
<tr><td>5 级</td><td>方案内容完整、丰富，完全满足要求，形式美观</td><td>30</td></tr>
<tr><td>4 级</td><td>方案内容完整，完全满足要求，形式普通</td><td>25</td></tr>
<tr><td>3 级</td><td>方案内容完整，基本满足要求</td><td>20</td></tr>
<tr><td>2 级</td><td>方案内容基本满足要求</td><td>15</td></tr>
<tr><td>1 级</td><td>方案内容基本不满足要求</td><td>10</td></tr>
</table>

续表

评价指标	占比	指标定义	评价等级		对应得分
方案清晰性	30%	方案整体结构清晰，层次分明，重点突出	7 级	方案整体结构清晰，层次分明，重点突出，一目了然	30
			6 级	方案整体结构清晰，层次分明，重点基本突出	25
			5 级	方案整体结构清晰，层次分明，重点不够突出	20
			4 级	方案整体结构基本清晰，层次分明，找不到重点	15
			3 级	方案整体结构基本清晰，但看不出基本的层次结构	10
			2 级	能看出方案的整体结构	5
			1 级	方案杂乱无章	0

5. 建立评价体系

根据前 4 步的结果，建立行为锚定评价体系。确定评价的周期、评价人、评价的用途、员工指导与培训、薪酬的匹配等各个项目的支持与配合。

6.2.3 行为观察法

行为观察法又称行为观察量表法、观察评价法或行为观察量表评价法。这种方法是在关键事件法和行为锚定法的基础上发展而来的，与行为锚定法不同的是，行为观察法不是确定某岗位员工的某种工作行为处于哪一种水平，而是确定该员工某种行为出现的概率。这种方法通常是评价人根据员工某种行为出现的频率或次数来对被评价人打分。

行为观察法中用到的量表与行为锚定法中的评价表的原理有一定的类似之外，但结构有所不同。行为观察法中的量表通常有一定的量化概念。通过行为观察法得出各项分数并进行汇总，公司最终能够得出量化的分数。

要对各岗位实施行为观察法，可以按照以下 4 个步骤设计和实施。

1. 归纳行为标准

聚焦该岗位的关键行为，将关键行为归纳成具体的行为标准。

2. 形成观察量表

根据对关键行为的归纳，把员工的优秀行为指标归为一组，形成观察量表。

3. 评估检查修改

对行为观察量表做进一步的评估、检查、分析和改进，判断该量表在公司的这一类岗位中的适用性和适应性。

4. 保证内部一致

在对某一类岗位应用行为观察法之前，要保证该量表能够适用于该岗位所有人员，同时要保证评价人的评价标准的一致性。

案例

某产品销售公司A公司的销售专员岗位，除了业绩考核之外，对日常的行为同样有一定的要求。A公司人力资源部经过岗位分析后，归纳出公司销售专员岗位的关键行为为合同规范、市场信息搜集、团队协作、专业学习4项。

其中，合同规范需要销售专员能够保证其签署的所有业务合同都遵守企业时间性、完整性的规范。

市场信息搜集需要销售专员能够了解同行业或竞业的具体情况，及时、准确地搜集和反馈市场信息。

团队协作需要销售专员能够在团队内协作，按照上级管理者的指令行事并具备较好的执行力。

专业学习需要销售专员具备销售相关的专业知识以及一定的学习能力。

经过对销售专员岗位关键行为的分析和归纳，A公司人力资源部得出该岗位4项关键行为的观察量表如表6-9所示。

表6-9　A公司销售专员岗位关键行为观察量表

行为评价项	5分	3分	1分	0分	权重
合同规范	□完全能够按期提交合同，且合同完全符合公司规定	□存在逾期提交合同的情况，但能够积极配合，及时改进，合同符合公司规定	□存在逾期提交合同的情况，且存在合同不符合公司规定的情况，但愿意配合改正	□存在逾期提交合同的情况，且存在合同不符合公司规定的情况，且不愿意改正	25%
市场信息搜集	□熟悉市场情况，经常能够为公司提供有价值的信息	□基本了解市场情况，偶尔能够为公司提供有价值的信息	□对市场的了解一般，基本不能为公司提供有价值的信息	□对市场不了解，无搜集市场信息的概念和意识	30%

续表

行为评价项	5分	3分	1分	0分	权重
团队协作	□团队协作意识强，始终能做到得令则行，执行力强	□团队协作意识一般，执行力有时候较强，有时候一般	□团队协作意识和执行力一般，偶尔较差	□不具备团队协作意识，执行力经常较差	25%
专业学习	□专业知识和专业能力较强，学习能力较强，学习意识较强	□专业知识和专业能力一般，学习能力一般，学习意识较强	□专业知识和专业能力一般，学习能力一般，学习意识较差	□专业知识和专业能力较差，学习能力和学习意识较差	20%

在制订该岗位的关键行为观察量表后，人力资源部召集管理层、销售相关部门主要领导和几位优秀的销售专员代表组成一个评审小组，召开评审会议，对关键行为观察量表进行评估、分析和修改。

评审会议中，不同管理者和销售专员代表对当前的关键行为观察量表中的各项具体行为标准进行了细化，并结合整个评价的实施流程，提出了具备可行性和可操作性的修改意见和改进建议。

经过两轮修改，形成了最终的关键行为观察量表，并按照讨论后的评价流程实施评价。

A公司开始正式运用行为观察法对销售专员进行评价时，遇到了一个问题。不同的销售经理，对于关键行为观察量表的运用水平是不同的。

有的销售经理非常关注销售专员的日常行为，对下属观察得比较仔细，在量表上的评估和反馈非常客观、及时。

有的销售经理则更多地关注业绩结果，并不关心下属的日常行为，对行为观察量表的反馈不认真，也不及时。

对此，人力资源部召集公司管理层、销售部门经理以及部分销售专员代表召开了交流会，就该评价方法实施过程中的问题在会上做了通报，指明该评价工作的意义，明确当前的问题，统一各方的意见，指导行为评价人进行合理应用。会后，该公司行为观察法的应用效果得到了明显的改善。

保证内部一致可以采取的方法如下。

（1）争取最高管理层的重视和关注。

（2）培训行为评价人正确应用该方法。

（3）让被评价人理解该方法。

（4）使公司各层级对该评价方法的态度一致。

6.2.4 加权选择法

加权选择法又称加权选择量表法，也是一种通过观察客观行为进行量化评价的方法。加权选择法的设计过程比前3种行为类评价方法更复杂，但对评价人来说，其评价的过程较简单。

加权选择法是通过一系列描述性或形容性的语句，说明被评价人各种具体的工作行为和表现，并对每一项进行多等级的评分赋值。行为表现越好、对公司越有利，等级评分越高；行为表现越差、对公司越不利，等级评分越低。

将这些行为表现以及对应的等级评分写在一张量表上，由评价人根据被评价人是否存在某方面的行为或是否具备某项能力进行勾选，然后把各项的分值汇总后得出被评价人的最终评价分数。

加权选择法可以按照以下 3 个步骤设计和实施。

1. 收集资料

组成岗位评价小组，进行工作岗位的调查、评价和分析，采集某岗位的有效行为和无效行为，或者对公司有重大影响的、对公司有利的和对公司不利的行为，并用简洁的语言描述该行为的特征或表现。

2. 等级判断

对每一类行为进行等级判断，合并同类项目，删除缺乏代表性的项目。

3. 评分赋值

对每一个行为项目进行等级判断并做分数赋值，行为表现越好，等级和分值就越高。对公司不利的行为，可以赋予较低的分数，也可以赋予其负值。

案例

某公司准备对某部门管理者实施加权选择法评价。为此，该公司成立了岗位评价小组，岗位评价小组对该部门管理者进行调查评估后，发现在这类岗位中存在对公司有利的和不利的行为，如表 6-10 所示。

表 6-10 某公司管理岗位行为评估（部分）

类别	行为
对公司有利的	能够有效地制订部门计划
	能够实施并推进部门计划
	布置工作前，能够和下属进行讨论和沟通
	做出重要决策前，能够征求下属的意见
	耐心倾听下属的意见
	能够接受来自各方的意见、建议和批评
	自己愿意承担责任，也能让下属承担责任
	能够适时地对下属进行表扬
	深入观察下属的行为
	愿意深入了解下属
对公司不利的	不能准确识人
	不能用人所长
	不愿意和下属有工作以外的任何接触
	对下级的承诺无法兑现
	刚愎自用，一意孤行
	不考虑下属的感受
	因自己判断失误错怪下属，并且不愿向下属道歉

根据上表的结果，经过该岗位评价小组的讨论以及与公司相关管理层的进一步讨论，合并同类项目，并删除一些缺乏代表性的项目之后，讨论得出每项行为的具体分值如表 6-11 所示。

表 6-11 某公司管理岗位加权选择法评价量表（部分）

行为	分值
能够有效制订、实施并推进部门计划	5
布置工作或做出重大决策前，能够和下属讨论、沟通，征求下属的意见	4.5
日常工作中能够耐心倾听和接受来自各方（包括下属）的意见、建议和批评	4.5
勇于承担责任，同时能够让下属承担责任	4
能够适时地对下属进行表扬	4
能够深入观察和了解下属工作之外的其他行为	3.5
不懂识人，不能用人所长	−2
不愿意和下属有工作以外的任何接触	−2
对下级的承诺无法兑现	−1.5
刚愎自用，一意孤行，不考虑下属的感受	−1.5
因自己判断失误错怪下属，并且不愿向下属道歉	−1.5

6.2.5 强制排序法

强制排序法又叫强制排列法，是一种在生活中比较常见的、简单易行的辅助性综合评价方法。这种方法通常由上级或评价人对下级或被评价人的工作表现按照优劣顺序从第一名到最后一名进行排序。实际情况中，因为各种原因，对被评价人排出先后顺序有主观上的难度，这种方法正是为了克服这种主观上的困难才进行强制排序，所以被称为强制排序法。

强制排序法的操作方法比较简单，其核心就是建立一个排行榜，把员工按排行榜的规则从高到低进行排列。有时候为了提高排序的精准程度，也可以根据岗位工作内容进行适当的分解。按照分解后的项目进行排序，再求出平均排序数，作为评价的最终结果。

强制排序法可以分成两种，一种是客观强制排序法，一种是主观强制排序法。客观强制排序法指排序过程用到的数据是量化的财务、生产统计等客观数据；主观强制排序法是根据上级的评价、同级的评价或评价小组的评价等主观判断数据进行排序的方法。

客观强制排序法可以通过收集量化数据，直接根据数值的高低进行排序。

主观强制排序法在实施时，可以参考以下步骤。

1. 确定评价人选

强制排序法的评价人可以是员工的直接上级，也可以是专门成立的评价小组。

2. 选择评价因素

可以设置细分因素直接排序，也可以设置不同的因素进行主观打分后再排序。

实施强制排序时，可以采用两种不同的做法，一种是直接排序法，另一种是交替排序法。直接排序就是直接从高到低进行排序。交替排序法则不按顺序，可以先排第 1 名，再排最后 1 名，再排第 2 名，再排倒数第 2 名，前后交替依次排序。直接排序法和交替排序法没有好坏之分，主要根据评价人或评价小组的应用习惯和实际需要而定。

3. 评价汇总排序

收集主观打分情况，汇总后得出最终的评价结果。

案例

某公司的销售部门有张三、李四、王五、赵六和徐七5位销售专员，该部门对销售专员的考核评价分成业绩考核和日常行为的强制排序两种。员工在一个考核期内最终的考核评价由这两部分的分数按照相应公式计算得出。

业绩考核根据财务部门提供的数据计算得出，日常行为的强制排序由分管这5位销售专员的销售经理根据5人日常的行为表现进行排序。

该销售经理认为直接为5人排序有些欠妥，在咨询了人力资源部的相关人员以后，决定根据工作态度、团队意识、执行力和业务能力，分别对5人排序，然后计算这4项的平均值。汇总后按平均值从小到大的顺序为5人排序，得出的结果如表6-12所示。

表6-12　某公司销售部门5位销售专员排序结果

被评价人	工作态度	团队意识	执行力	业务能力	汇总平均	最终排序
张三	4	3	1	5	3.25	3
李四	1	2	2	1	1.5	1
王五	2	1	4	2	2.25	2
赵六	3	5	3	3	3.5	4
徐七	5	4	5	4	4.5	5

注：上表中的数字代表排序，数字越小代表名次越靠前。

6.2.6　强制分布法

强制分布法也叫强迫分配法或硬性分布法。与强制排序的方式不同，这种方法是对被评价人进行分类，人为地设置几个分类，把被评价人按照不同的绩效、行为、态度、能力等标准归到不同的分类中。

强制分布法源于GE前CEO杰克·韦尔奇提出的“活力曲线”。杰克·韦尔奇按照绩效和能力，将所有员工分成3类。活力曲线中员工的类别和比例如表6-13所示。

表6-13　活力曲线中员工的类别和比例

分类	A类	B类	C类
占比	20%	70%	10%

对于A类的员工，杰克·韦尔奇采取的策略是不断奖励，包括岗位晋升、提

高工资、股权激励等。有的 A 类员工得到的奖励是 B 类员工的 2 ～ 3 倍。对于 B 类员工，杰克·韦尔奇会根据情况，适当提升其工资；对于 C 类员工，他们不但不会有奖励，还会将其淘汰。

强制分布法就是公司根据员工的优劣情况通常呈现为“两头小、中间大”的正态分布规律，进行等级划分以及确定每个等级中员工的数量占比，然后按每个员工的绩效和能力情况，强制按比例将员工列入其中的某个等级的方法。

当公司的被评价人数量较多时，适合采用强制分布法。由于人员正态分布的规律适用于大部分公司，所以在一定程度上，这种方法可以减少评价人主观判断所产生的误差。

强制分布法便于公司统一管理和控制员工，尤其是对于需要引入淘汰机制的公司，采用这种绩效评价方法具有一定的激励作用和鞭策功能。

实施强制分布法，可以分成以下 4 步。

1. 区分等级

确定公司期望的等级划分和每个等级中的人数比例，确定不同等级对应的不同奖励，各个等级之间的奖励的差别应当有一定的激励效果。

2. 绩效评分

对员工进行评分。如果是由直属上级或某个特定的评价人评价，则可以直接得出员工的评价结果；如果是由评价小组评价，则由评价小组成员分别评分后，计算平均分，得出评价结果。

3. 等级划分

根据员工的评价结果，将员工划分到对应的等级中。

4. 兑现奖励

依据事先确定的规则，参照员工最终的等级，实施并兑现相关奖励措施。

案例

某公司实施强制分布法评价员工，决定把全公司所有员工分成 A、B、C、D、E 共 5 个等级，每个等级对应的人数占比如表 6-14 所示。

表 6-14　某公司实施强制分布法的等级和人数占比

等级	A	B	C	D	E
人数占比	10%	20%	30%	30%	10%

等级评定为 A 的员工第 2 年的薪酬将提升 20%；

等级评定为 B 的员工第 2 年的薪酬将提升 15%；

等级评定为 C 的员工第 2 年的薪酬将提升 10%；

等级评定为 D 的员工第 2 年的薪酬将提升 5%；

等级评定为 E 的员工第 2 年的薪酬不变。

该公司按照大部门来评价员工等级。要求每个大部门的员工也按照该比例划分。大部门内，员工评价工作由部门负责人负责组织，由人力资源部负责监督和协助。

某部门共有 10 名员工，该部门负责人为了体现公正性，成立了评价小组，从工作态度、工作能力和工作绩效 3 个维度对部门内的员工进行评价，评分表如表 6-15 所示。

表 6-15　某部门员工评分表

部门	姓名	工作态度（权重 30%）	工作能力（权重 30%）	工作绩效（权重 40%）	得分

汇总评价小组各成员的评分结果后，得到部门所有员工的评价结果，并根据分数结果，参照等级及划分比例，划分员工所属等级，结果如表 6-16 所示。

表 6-16　某部门评分结果和等级划分

姓名	评价分数	所属等级
张晓萌	82	C
李舒淇	87	B
王海燕	83	C
徐峰	89	A
王磊	75	D
张强	72	E
李艳	81	C
刘乐乐	78	D
徐晓梅	76	D
王晓明	86	B

该部门负责人将该结果提交至人力资源部。人力资源部汇总全公司的评价结果后，按此结果实施第 2 年的薪酬提升政策。

6.2.7 360 度评估法

360 度评估（360° Feedback），也叫全方位评估，最早是由英特尔公司提出并实施的。它是让员工的直接上级、直接下级、关联方、服务对象以及员工本人都参与对员工的评估。被评价人不仅可以获得来自各方的反馈，也可以从不同角度的反馈中更清醒地认识自己的优势与不足。

360 度评估的应用比较广泛，几乎所有的公司都可以应用这种方法来评价员工。360 度评估中被评价人与各方的关系如图 6-3 所示。

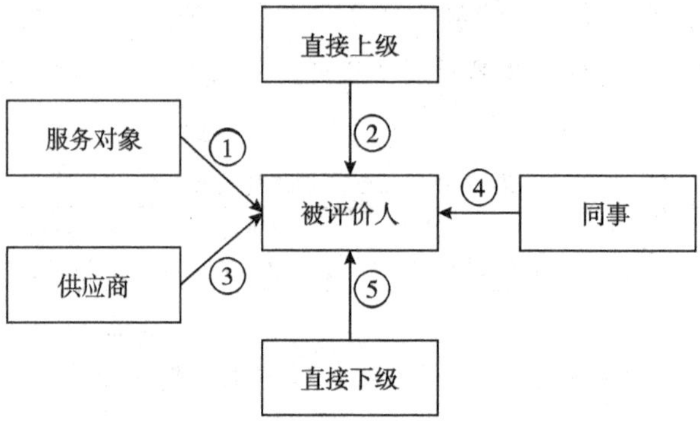

图 6-3　360 度评估中被评价人与各方的关系

在 360 度评估中，不同关系间设置的权重比例一般为①>②>③>④>⑤，例如可以分别设置为 30%、25%、20%、15%、10%。

360 度评估的操作方法可以分成 3 步。

1. 实施准备

实施 360 度评估首先需要确定评估的目的、内容、对象以及方式。如果可能，最好先在内部测试一下再全面实施。

2. 开始实施

准备好后，需要发送通知，召集团队，按照计划开始实施。在实施的过程中，公司需要注意对过程的管控。

3. 汇总应用

在 360 度评估的最后，需要回收评估调查问卷，整理数据，对数据进行处理和分析，然后应用汇总的结果。

6.3　接班人辅导方法

对接班人的考核与评价不是最终目的，接班人的成长才是公司最希望看到的。接班人的工作成果出现问题的原因很多，有的是态度问题，有的是因为缺乏经验，有的是因为能力不足，有的是情绪问题，还有的是导师或直属上级的问题，因为导师或直属上级没有及时准确地把知识和技能传授给接班人。导师或直属上级应查找问题所在，有针对性地辅导接班人。

6.3.1　接班人辅导的 4 步程序

有的导师或直属上级不知道如何对接班人实施辅导，有时候辅导了某一项又忘了另一项。这时候可以按照“GROW”，即目标（Goal）、现实（Reality）、选择（Options）、意愿（Will）的辅导模式对接班人展开辅导。

1. 明确目标

在辅导过程中，导师首先要与接班人一起设立目标。目标是努力的方向，明确了方向，工作才有可能开展得有意义、有价值。

在明确目标时，导师可以和接班人共同探讨以下问题。

（1）本次辅导主要想谈些什么事情或者解决什么问题。

（2）通过辅导，希望得到什么结果？

（3）对于确定什么目标，双方分别有哪些想法。

（4）目标是否为积极的、有挑战性的、可以达成的、可以衡量的？

（5）接班人准备什么时间达成目标，对目标的个人控制能力如何？

（6）接班人的目标是否可以进一步分解成阶段性目标？

2. 认清现实

在辅导过程中，导师应和接班人一起了解当前的现实状况，以事实为依据，不能依靠想象或拍脑袋决策。

在认清现实方面，导师可以和接班人共同探讨以下问题。

（1）假如让接班人自己给自己打分，会打多少分？

（2）发生了什么事情，当前的现实状况是怎么样的？

（3）接班人如何评价自己当前的工作状况和出现的问题？

（4）为解决问题，接班人采取了哪些措施，结果怎么样？

（5）接班人为了完成工作目标，过程中需要谁的参与？

（6）接班人是否能举出例子来证明自己的判断和想法？

3. 选择方案

在辅导过程中，导师应和接班人一起讨论方案。接班人的行动方案不应当完全由接班人自己制订，这样可能会趋于简单；也不应当完全由导师或上级制订，这样可能不切实际。

在选择方案方面，导师可以和接班人可以共同探讨以下问题。

（1）接班人准备如何解决这些问题？

（2）还有谁能帮助接班人解决这些问题？

（3）接班人有没有其他选择？

（4）如果别人遇到这类问题会怎么做？

（5）接班人认为这个问题该如何解决？

（6）导师或上级可提供什么样的建议？

4. 达成意愿

在辅导的最后，导师应和接班人达成一致意见。意见一致代表双方沟通后都可以接受辅导的结果，是一种管理和辅导的平衡。

在达成意愿方面，导师可以和接班人共同探讨以下问题。

（1）接班人下一步准备做哪些明确、具体的事情？

（2）在不同的解决方案中，接班人比较倾向于哪一种？

（3）接班人准备什么时候开始行动，何时完成行动？

（4）除了导师或直属上级外，还需要谁为接班人提供什么帮助？

（5）接班人在执行过程中可能会遇到什么样的困难？

（6）接班人准备用什么方式去解决这些困难？

（7）导师或直属上级与接班人需要如何跟踪该工作的进度？

6.3.2 接班人辅导的5类人群

导师或上级在实施接班人辅导时，应根据不同接班人的绩效、态度、能力情况，采取不同的、有针对性的辅导方法。有5类人群适合导师或直属上级对其尽快实施辅导，分别是进步迅速者、表现进步者、表现退步者、未尽全力者和新人。

1. 进步迅速者

接班人进步比较迅速，不代表导师或直属上级可以不管不顾，任其自由发展。实际上，进步比较迅速的接班人应当重点关注。对这类接班人实施的辅导不是以指导和教育为主，而是以支持与鼓励为主，期望其获得更大的进步。

针对进步迅速者，导师或直属上级可以采取以下辅导方法。

（1）提供给接班人更多的工作机会。

（2）提供给接班人更多展示自我的机会。

（3）增加接班人与更高级别管理者接触的机会。

（4）适时在公开场合给予接班人表扬和肯定。

（5）适时给予接班人正面的鼓励。

（6）适时给予接班人继续培训、学习或深造的机会。

（7）适当给予接班人更多的工作权限。

（8）适时让接班人承担更多的风险。

（9）协助接班人制订长远的职业生涯发展规划。

2. 表现进步者

接班人表现出进步，可能代表其有潜力可以挖掘，可能代表接班人曾经付出过努力，导师或直属上级要格外注意这样的接班人。

对于表现进步者，导师或直属上级可以采取以下辅导方法。

（1）了解接班人具体在哪个方面得到了提升。

（2）了解接班人的优点和缺点，以及当前工作是否能够发挥其优点。

（3）及时把接班人的进步情况反馈给接班人。

（4）与接班人沟通其下一步的行动想法和打算。

（5）适当增加接班人的工作任务和锻炼的机会。

（6）适当给接班人提供一些必要的指导和培训。

（7）教导接班人如何有效地利用资源，实现更大的进步。

（8）强化对接班人工作的检查并针对问题展开讨论。

3. 表现退步者

接班人表现退步，可能由于接班人出现了松懈心态，可能由于接班人的实际能力与评估结果存在差异，也可能是导师或直属上级没有及时给予这类接班人帮助。对这类接班人，导师或直属上级要重视，要及时发现、及时辅导。

对于表现退步者，导师或直属上级可以采取以下辅导方法。

（1）深入发掘接班人的问题，与接班人一起找出问题产生的原因。

（2）发掘接班人的优势和劣势，查看当前岗位是否适合接班人。

（3）尝试与接班人探讨岗位问题，了解接班人对本岗位的看法。

（4）帮助接班人制订改进计划，并确定目标、任务和进度。

（5）日常工作中多注意接班人的工作行为是否存在问题。

（6）在工作上给予接班人更多的咨询或指导。

（7）如果接班人的表现持续得不到改善，需要定期向有关部门汇报，考虑淘汰。

4. 未尽全力者

接班人未尽全力，可能是因为接班人的思想出了问题，可能是因为接班人不喜欢当前的工作，也可能是因为接班人与导师或直属上级之间存在某种矛盾。对这类接班人，导师或直属上级要找出接班人未尽全力的原因，调动接班人的工作积极性。

对于未尽全力者，导师或直属上级可以采取以下辅导方法。

（1）了解接班人未尽全力的原因和真实想法。

（2）查看接班人在以往工作中做出的成绩，并挖掘其兴趣所在。

（3）尝试调整接班人的工作内容或岗位，以符合其个人兴趣。

（4）发现在工作中可能让接班人望而却步的障碍和困难，并帮助其克服。

（5）阶段性地与接班人一起解决工作中遇到的疑难问题。

（6）给予接班人更多的即时反馈，赞扬接班人在工作中获得的小成就。

（7）给接班人提供一些有针对性的学习项目。

5. 新人

新入职不久的接班人是最需要辅导的人群，这类人群往往对公司和团队不熟悉，凭借着一腔热情开展工作，但因为不熟悉环境，可能需要一段时间来适应工作岗位。导师或直属上级要对这类接班人给予必要的支持和帮助。

对于新人，导师或直属上级可以采取以下辅导方法。

（1）不要过分苛责和要求新人的工作成果。

（2）将工作重点放在新人能力的成长上。

（3）了解新人在能力上还存在哪些不足。

（4）给新人提供更多的培训和学习机会。

（5）和新人一起制订成长和发展计划。

（6）监督和促进新人的成长。

6.3.3 接班人辅导的 6 个步骤

导师或直属上级对接班人实施辅导沟通可以分为 6 个步骤，如图 6-4 所示。

图 6-4 实施辅导沟通的 6 个步骤

第 1 步，发现问题。导师或直属上级要创造良好的沟通氛围，向接班人说明实施辅导的目的；倾听接班人对辅导的建议并让接班人积极参与辅导；了解接班人的目标进展情况、工作情况、态度，有意识地观察并发现接班人存在的问题。

第 2 步，描述行为。导师或直属上级要对接班人的具体行为进行描述，而不是概括性地直接总结和推论，要解释这个行为可能对目标产生的具体影响。导师或直属上级可以向接班人表达自己的感受，但必须说明这只是主观感受，还需要进一步征求接班人的想法，让接班人能够自我分析、表达心声。

第 3 步，积极反馈。导师或直属上级要积极、真诚、具体地表扬接班人的行为（正面反馈），在必要的时候，可以嘉奖接班人表现得好的行为；同时可以适度传达一些消极反馈（负面反馈），消极反馈的数量不应超过积极反馈，最终应以积极反馈收尾。

第 4 步，达成共识。导师或直属上级要与接班人确认需要改善的工作内容、需要学习的知识和技能、需要给予的资源和支持，并最终与接班人达成共识。

第 5 步，鼓励结尾。在谈话快结束时，导师或直属上级要着眼于未来，给予接班人一定的鼓励、支持或帮助，并规划正面的结果，让谈话以鼓励接班人的内容结束。

第 6 步，形成记录。在谈话的最后，导师或直属上级要按照公司要求，形成书面记录，写清双方达成共识的事项、具体的行动计划、改进的措施以及未达成共识的事项。

没有沟通就不是辅导，在对接班人的辅导中，导师或直属上级应就公司或团队内部发生的重要事件与其进行定期和不定期的沟通，以对接班人进行持续不断的辅导，同时根据情况采用正式或非正式的沟通方式。

在对接班人的辅导过程中，导师或直属上级与接班人应遵循的原则如表 6-17 所示。

表 6-17　辅导接班人的过程中导师或直属上级与接班人应遵循的原则

导师或直属上级	接班人
坦诚直率	保持积极豁达的态度
客观地讨论具体行为和事实	有所准备并愿意表达意见
关注工作问题而不是个人问题	对工作认真负责
维护接班人的自尊	针对反馈意见提出问题并使其明确具体
提供方法和建议	明确将来的目标和行动计划

导师或直属上级通常可以把接班人所有的问题归结为态度、知识、技能和外部因素 4 个大类。要想弄清楚接班人究竟是在哪个大类出了问题，导师或直属上级可以重点关注并问自己和接班人以下问题。

（1）接班人是否有正确的态度和自信心？

（2）接班人是否有做这方面工作的知识和经验？

（3）接班人是否具备应用相关知识和经验的技能？

（4）接班人是否面临不可控制的外部障碍？

（5）接班人的问题是否为组织层面的绩效问题？

（6）问题来源是否是接班人的工作目标不明确？

（7）接班人是否清楚自己工作的完成情况？

（8）接班人是否曾经圆满完成工作目标？

导师或直属上级在对接班人实施辅导前，要在工作中不断地对接班人的工作过程进行监控，主要应关注以下问题。

（1）接班人的工作职责完成得怎样？还有哪些方面做得不好？

（2）接班人是在朝着实现目标的方向前进吗？

（3）如果偏离方向，接班人需进行哪些改变才能回到正确的方向上来？

（4）在支持接班人进步方面，自己能做些什么？

（5）是否发生了接班人工作任务或重要性次序方面的变化？

（6）如果发生了，在目标或任务方面应做哪些改变？

案例

阿里巴巴绩效考核

阿里巴巴对员工绩效的分类采取的是强制排序法和强制分布法相结合的方法，整体绩效考核的思路借鉴 GE 的活力曲线。

阿里巴巴采用“活力曲线”对员工进行强制排序。阿里巴巴内部有个“林子与鸟”的理论，意思是“林子大了，什么鸟都有”。阿里巴巴认为人和人之间是有差异的，希望通过这种差异，对人才进行区分。同时阿里巴巴希望通过这种方式，激励员工进步，帮助员工达成更高的目标。

刚开始推行时，对于 10 人以上的团队，阿里巴巴采取的是 20% 最好、70% 合格和 10% 较差的排布比例，后来逐渐演变成 30% 最好、60% 合格和 10% 较差的排布比例。不论是“271”还是“361”，强制排序法和强制分布法的内核原理都没有发生变化。

这种绩效考核方式在很多公司都有应用，同时也广受争议。有人说：如果员工的业绩和能力事实上并不符合公司预想的分布规律，比如有的部门 80% 的员工的绩效和能力都非常优秀，那么采用这种方法将会遭到员工的排斥，同时，考核的客观性和准确度也会大打折扣。尽管如此，阿里巴巴还是坚持采用这种考核方式。

阿里巴巴的绩效得分排布情况如表 6-18 所示。

表 6-18　阿里巴巴绩效得分排布情况

分数	代表含义	所占比例
3	不合格	10%
3.25	需要提高	
3.5	符合预期	60%
3.75	部分超过预期	30%
4	持续超过预期	
5	杰出	

因为设置了高绩效目标，阿里巴巴员工获得高绩效分数的难度是比较大的。在阿里巴巴，有一句话是这样说的："没有拿过3.75的人生是不完整的。"这句话其实是一句略带玩笑和鼓励的话，意思是在阿里巴巴，绩效评价的标准很高，拿不到3.75是正常的，要坦然接受，敢于面对。

要拿到3.75分，意味着员工要付出12分的努力，而且要取得一定的成果；要拿到4分，意味着不仅要付出努力，取得成果，还要打破常规，有一定的创造性；要拿到5分，在努力和创新的同时，还要对公司、对社会有比较积极和长远的贡献。在阿里巴巴，几乎没有人能拿到5分。

马云曾经在公司内部的公开课中这样评价阿里巴巴的绩效考核。

阿里巴巴的绩效考核是很令人讨厌的。每个人都讨厌绩效考核，但如果没有绩效考核，没有结果导向，没有效率意识，没有组织意识，没有管理意识，那么所有的理想都是空话，我们就会变成一个只会胡说八道的梦想者。

每个人都愿意停留在理想中，但没有约束就是空想。天下没有完美的组织。为什么？很简单，要想走得快，那就一个人走；要想走得远，那就一群人一起走。要想一群人一起走，就一定要有组织。

阿里巴巴采取价值观和业绩并重的双轨制绩效考核机制。价值观决定了公司的初心，决定了公司未来如何延续统一的行事风格。阿里巴巴坚信价值观的力量，把公司价值观纳入绩效考核中，对价值观的考核和对业绩的考核同等重要（各占50%），通过绩效考核让价值观落地和延续。

价值观原本是公司的一种"软实力"，阿里巴巴却通过"硬考核"的方式满足"软实力"的要求。实际上，阿里巴巴对价值观的考核最重要的作用不在于绩效考核本身，而在于对阿里巴巴价值观的传递和强化。

阿里巴巴一开始推行价值观考核的时候，很多人不理解，有人说价值观是虚无缥缈的东西，不应当考核。尤其是像阿里巴巴的"六脉神剑"似的价值观，虽然听起来明白，却看不见也摸不着，甚至有人质疑这是对绩效考核的"瞎安排"。

阿里巴巴坚持对员工实施价值观考核的主要原因有3点。

1. 阿里巴巴对自身的价值观非常自信

阿里巴巴的价值观经受了时间的考验，是创业团队本着不忘初心的原则，经过长时间研讨得出的结果，所以阿里巴巴对自身的价值观非常自信。阿里巴巴相信，只要公司和员工坚持同样的价值观，用符合价值观的方式去思考和行动，公司和员工都会因此而持续受益。

2. 让新人传承阿里巴巴的价值观

阿里巴巴的发展速度极快，在规模不断扩大的情况下，不了解公司价值观的新人越来越多。如果不用一些相对强硬的方式推行价值观，公司的价值观可能得不到比较好的落实。渐渐地，公司的价值观可能会变成嘴里的口号、墙上的文字、书里的记载，起不到影响经营管理的实际效果，名存实亡。

3. 员工的年龄结构整体比较年轻

阿里巴巴有一大部分员工是刚从高校毕业不久的年轻人，这些年轻人通常接受过比较好的高等教育，在基础知识层面能胜任工作。但他们中的很多人在踏入社会前不具备融入团队、进行团队协作、与同事沟通之类的系统性的工作技能。阿里巴巴的价值观能为这些年轻人在这方面提供思路，并通过绩效管理用企业价值观指导员工的行为。

案例

阿里巴巴晋升模式

阿里巴巴一般一年有2次晋升机会，七八月一次，年底一次。其中七八月的晋升机会主要是核心关键层级的晋升，比如P7、P8、P9级别的晋升；年底的晋升主要是较低层级的晋升。

阿里巴巴员工晋升的标准和流程如下。

（1）晋升资格为上年度的关键绩效得分达到3.75。

（2）晋升方式为上级管理者提名并打分（上年度的关键绩效得分达不到3.75的不会被提名）。

（3）晋升委员会面试（晋升委员会一般由各业务部门的负责人、懂业务的人力资源人员等构成）。

（4）晋升委员会投票选举。

已经成为管理人员的，要想晋升，必须具备两个条件。

（1）接班人计划完成到位。

（2）有轮岗的经历。

除非是项目非常出色或特殊奖励，在阿里巴巴中，只有P6级以上的员工才有享受限制性股票单位（Restricted Stock Units，RSU）的机会。

所以从P6升P7开始，岗位晋升会变得比较谨慎，员工会感到晋升比较难。P7级别除了要保质保量地完成常规工作外，还要有一定的管理能力，要对商业和业务有一定的思考，也就是说，P7级别对人才的综合素质要求较高。

案例

某上市公司干部评价方法

某上市公司对干部的评价分为3大部分，分别是公司人、生意人和管理人，评价标准如表6-19所示。

表6-19　某上市公司干部评价标准

<table>
<tr><th colspan="2">评分标准</th><th>评分定义</th></tr>
<tr><td>9～10分</td><td colspan="2">能够积极、主动、高质量地完成本职工作，能承担更多的工作并保持优异的表现</td></tr>
<tr><td>7～8.9分</td><td colspan="2">能够保持良好的工作状态，完成本职工作，工作表现能够超越岗位任职的要求，优点突出</td></tr>
<tr><td>5～6.9分</td><td colspan="2">工作表现基本达到岗位任职要求，工作基本达到预期</td></tr>
<tr><td>0～4.9分</td><td colspan="2">工作表现不令人满意，经常需要指导与督核，并且经常在培训之后工作绩效仍不能达标</td></tr>
<tr><th colspan="2">评估项目</th><th>综合能力评估各项定义</th></tr>
<tr><td rowspan="9">公司人</td><td rowspan="3">工作态度
（敢担当，负责任）</td><td>勤劳肯干、认真完成本职工作</td></tr>
<tr><td>爱岗敬业、积极主动，遇到问题不推诿、敢承担</td></tr>
<tr><td>充满激情，有强烈的责任心，以高于业界和公司的标准要求自己，追求卓越</td></tr>
<tr><td rowspan="3">公司认同
（守规矩，认同公司文化，主动传播公司文化的意识和行为）</td><td>遵守公司各项管理制度，廉洁自律</td></tr>
<tr><td>认同公司文化，以阳光的心态积极践行公司文化</td></tr>
<tr><td>高度认可企业文化，在各种场合宣传并维护公司，树立公司形象，是公司文化的传播者</td></tr>
<tr><td rowspan="3">服务意识
（以内外部客户为导向，对其提出的需求及时给予回应）</td><td>对客户、员工或其他部门的同事提出的问题给予及时、准确、正面的回应</td></tr>
<tr><td>宣传和强调客户（员工）服务的重要性，能主动提供帮助和支持，有较高的客户（员工）满意度</td></tr>
<tr><td>积极主动了解/分析客户（员工）需求，积极改进工作方法和流程，提升服务品质，努力超越客户（员工）的期望</td></tr>
</table>

续表

评估项目		综合能力评估各项定义
生意人	专业知识（对本职工作的专业知识的认识、学习、运用、提高）	具备与工作相关的知识和技能，基本熟悉日常事务的处理
		具备岗位所需专业知识并能解决较复杂的问题，能够不断学习和研发新思路、新方法
		是公司业务专家，能够专业性、前瞻性地发现、分析、解决问题，在实际工作中不断创新变革，日臻完善
	市场敏锐（对市场、客户、竞争对手保持高度敏感，了解市场环境给公司带来的商机）	了解并关注市场变化，能做基础的数据和报表分析，并能对现有行动或方案做出改进
		能系统性地分析目前的商业和市场形势，预测市场走势，熟悉商业分析工具，能提出有针对性的营销计划或行动方案
		经常进行标杆分析和差异分析，善于总结和优化提升，并能制订系统性、创新性的行动方案或营销计划，提升公司业绩
	有效执行力（关注结果与绩效，始终朝着目标的方向行动）	能准确理解公司或部门目标以及上级交付的任务，能根据公司规定和操作流程标准按时、按质地完成工作
		围绕目标确定工作重点和计划，步骤清晰，分工合理，节点明确，定期回顾，及时纠正偏差，保证工作达到预期目标
		高度结果导向，遇到质疑和阻力时，仍能坚持目标，不轻言放弃，确保团队充满信心；分析和尝试各种方法，高质量完成任务
管理人	团队建设（关注团队成员和共同目标，鼓励团队成员的贡献与参与，营造积极、融洽的团队氛围）	了解员工的能力和个性，倾听员工的意见和建议，公平公正地对待员工，鼓励团队成员融洽相处和相互帮助
		为团队设立清晰的发展目标，主动为团队成员创造发挥自身能力的机会，及时为员工提供客观的绩效反馈并指导员工
		持续不断地营造积极向上、相互信任、相互支持的团队氛围，经常用公司和部门愿景鼓舞团队，使团队充满凝聚力、战斗力；团队的凝聚性强，流失率低，满意度高
	协调沟通（接收与传递信息，与他人建立互相信任的合作关系）	沟通时条理清晰，简洁明了，协调时能考虑相关方的立场和角度，达成基本共识
		针对不同的沟通对象和场合，能运用不同的沟通技巧，乐于分享信息和资料，提供建设性意见，积极建立和协调工作关系，实现良性互动、合作共事
		建立良好的沟通和交流机制，善于听取各方建议，能和相关方形成目标共同体，追求共赢，协调事情能以大局为重，愿意牺牲局部利益
	分析判断（分析现状，规划未来，做出合理的判断并解决问题）	有一定的分析判断能力，能通过数据和事实进行分析，能分清事务的轻重缓急
		能够系统全面地分析问题，做出合理的假设和构想，并能提出多个解决方案及其优缺点
		能把复杂问题分析透彻，能抓住问题的本质并提出系统性的解决之道

续表

评估项目		综合能力评估各项定义
管理人	人才培养（培养和发展团队成员，为员工提供良好的职业发展机会和平台）	观察员工工作中的问题，并及时提供指导；帮助员工寻找培训机会提升技能，通过亲自示范和详细讲解帮助员工掌握工作技能
		了解员工的个性和优缺点，对其进行有针对性的辅导和帮助；在工作方法上提供关键性指导；让员工承担更多责任和给予员工更多的权限，给员工提供锻炼和发展机会
		为员工设立长期职业发展计划，帮助其认识职业发展瓶颈并提供指导；鼓励优秀员工向更高职位发展；有目标、有计划地进行人才梯队建设并取得显著成绩

案例

某上市公司店长岗位干部转正流程

某上市公司店长岗位干部转正流程如图 6-5 所示。

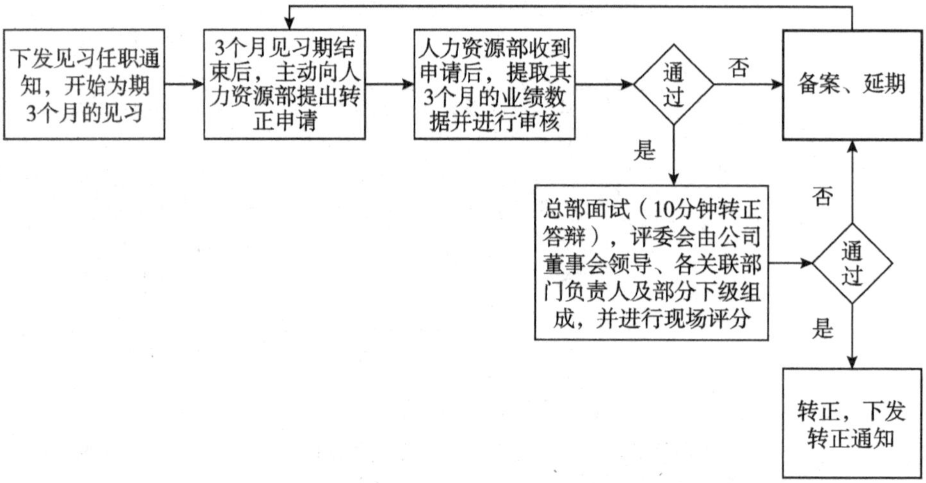

图 6-5　某上市公司店长岗位干部转正流程

该公司的见习店长转正需要用到见习店长转正申请表，如表 6-20 所示。

表 6-20　见习店长转正申请表

申请人情况	姓　名		出生日期		入司时间	
	门店名称		任职时间		联系电话	
	门店业态		营业面积		开业时间	

见习店长转正申请书	
申请人签字：	时间：

见习期最近 3 个月的业绩回顾

月份	销售总额（万元）	同比增长率	业态平均增长率	销售预算达成率	费用率	费用率较同期差额	综合毛利总额（万元）	毛利总额同比增长率

月份	综合毛利率	毛利率较同期提升	周转天数	同期周转天数	净损耗率	业态平均净损耗率	人均劳效	业态平均值

月份	生鲜最终毛利率	生鲜损耗率	业态平均损耗率	损耗原因简析

说明

1. 见习店长的任职时间以人力资源部出具“任职通知”的时间为准
2. 见习店长的转正申请表需在转正期限前 5 日，由所在区域的区域店长发至人力资源部总监邮箱，并抄送人力资源部邮箱（转正期限是指人力资源部出具“任职通知”的时间向后顺延 3 个月的时间）
3. 见习期间门店业绩连续下滑或未达到公司规定指标的，需延长见习期
4. 见习期间请假时间过长的，需延长见习期
5. 需认真据实填写业绩数据，作为转正依据，虚报业绩将不予转正
6. 见习期间严重违反公司管理规章制度、造成较坏影响的不予转正

第 7 章

接班人发展与保留

如果辛辛苦苦培养出来的优秀接班人最终离开公司，不仅对公司来说是一种损失，而且可能为竞争对手输送人才。因此，公司在人才梯队建设中，除了要做好接班人的选拔、培养、考核、评价外，还要做好接班人的发展与保留工作。

7.1 接班人职业发展

帮助接班人进行职业发展，间接上也是在进行接班人的保留。除了前文提到的个人发展计划外，公司在接班人职业发展方面，要为接班人设计职业发展通道，帮助接班人做好职业生涯规划与能力开发工作。

7.1.1 接班人职业发展通道

不同公司有不同的职业发展通道和职业发展路径，常见的职业发展通道有 4 种，分别是管理类、业务类、技术类和操作类，如图 7-1 所示。

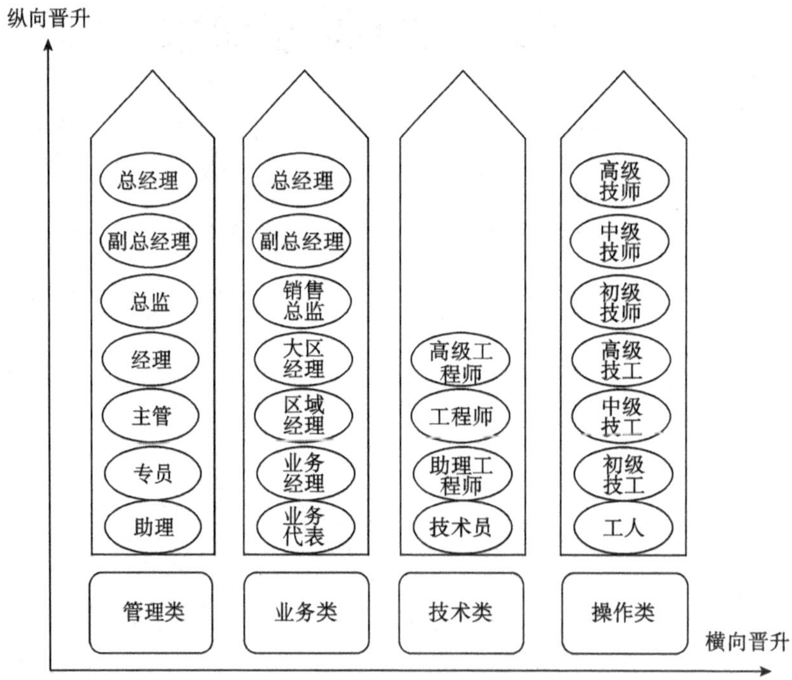

图 7-1　职业发展通道示意图

管理类通道适用于公司的各类员工。在一般公司中，不论部门负责什么工作，都有部门对应的管理者，有时候为了人才梯队的建设，公司还会在这个部门设置相应的副职。这种正职和副职的职业发展通道，就是管理类通道。

业务类、技术类和操作类与管理类不同，都是专业精深的职业发展通道。在有的大型公司中，因为岗位比较多，可能还会设置更多的职业发展通道。

业务类通道适用于从事市场销售工作的员工。这类通道的晋升主要看业绩，员工的业绩越好，在这类通道中的级别越高。

技术类通道适用于从事技术工作的员工。这类通道的晋升主要看技术能力，员工的技术能力越强，技术经验越丰富，成功经验越多，其级别越高。

操作类通道适用于从事生产工作的员工。这类通道的晋升和技术类通道类似。不同的是，技术类员工主要负责产品的技术开发，生产类员工主要负责产品的生产。

在有些互联网公司里，产品的技术开发和产品生产属于同一个部门，这时候可以共用一个技术类通道。

公司可以根据这 4 个通用的职业发展通道设计适合自己的职业通道，让员工既可以横向发展，也可以纵向发展。

这里要注意明确晋升条件和晋升标准，避免模棱两可的情况出现。有些晋升规则中的“表现优秀”“业绩突出”，就是典型的不确切的描述。比较量化、比较确切的晋升描述可以是：“销售业绩排名前 10%”“考评结果排名前 20%”“绩效考核得分排名前 30%”。

在职业发展过程中，如果员工想要转换职业发展通道寻求横向晋升，一般需要参加相应通道的相关岗位培训，在拥有岗位要求的相关技能，并通过部门的面试和评价之后，才可以转换职业发展通道。当员工选择继续留在本岗位的职业通道中发展时，一般需要参加岗位晋升的相关培训，并且通过本部门的相关考核。

7.1.2 接班人职业生涯规划

公司要注意为接班人做好职业生涯规划。设计接班人的职业生涯规划通常需要接班人直属上级的参与。如果接班人的直属上级就是接班人的导师，则对接班人的培养和职业生涯规划可以合并操作。如果接班人的直属上级不是接班人的导师，则直属上级应当负起责任，做好接班人的职业生涯规划。

接班人在为公司服务的期限内，接班人的直属上级可以通过职业生涯规划，为接班人规划一系列连续的任期。在每个任期中，接班人的直属上级和接班人共同制订任务目标，接班人朝着目标努力，而接班人的直属上级负责为接班人提供资源支持。接班人在岗位上创造价值的同时，接班人所在的部门及公司也能够获得价值，让多方都能长期获益。

接班人的职业生涯规划表现在公司内部流程和文件上，可以使用接班人职业生涯规划表，如表 7-1 所示。

表 7-1　接班人职业生涯规划表

<table>
<tr><td colspan="6">填表日期：________年________月________日</td><td colspan="2">填表人：</td></tr>
<tr><td rowspan="2">姓名</td><td rowspan="2"></td><td>出生日期</td><td></td><td>部门</td><td></td><td>岗位</td><td></td></tr>
<tr><td>最高学历</td><td></td><td>毕业学校</td><td></td><td>毕业时间</td><td></td></tr>
<tr><td rowspan="2">具备技能 / 能力</td><td>类型</td><td colspan="6"></td></tr>
<tr><td>证书</td><td colspan="6"></td></tr>
<tr><td colspan="2">专长</td><td colspan="6"></td></tr>
<tr><td rowspan="2">请说明对目前所从事工作的感兴趣程度</td><td></td><td colspan="6">☐ 感兴趣　　☐ 一般　　☐ 不感兴趣</td></tr>
<tr><td colspan="6">原因：</td><td></td></tr>
<tr><td colspan="2">希望选择的晋升通道</td><td colspan="6"></td></tr>
<tr><td colspan="2">请简要说明 1 ～ 3 年的职业生涯规划</td><td colspan="6"></td></tr>
</table>

接班人在填写接班人职业生涯规划表之前，需要接班人的直属上级与接班人谈话，指导其填写。这样做的目的是让接班人充分考虑职业兴趣、优劣势、价值观等客观信息。人力资源部负责跟踪、督促职业生涯规划谈话工作的执行，并做好相关资料的汇总及其他辅助协调工作。

接班人职业生涯规划表中的基础信息是对接班人基本情况的了解。这里需要注意，接班人填写的最高学历应当是国家统招学历，这主要是为了考察接班人的专业是否符合岗位的专业要求。

当接班人的职业兴趣和从事岗位匹配时，接班人会产生最高的职业满意度和最低的人才流动率。如果接班人对当前岗位满意，直属上级可以和接班人继续进行下一步工作。但当接班人对当前岗位不满意时，直属上级需要引起重视，询问接班人原因，并寻找解决问题的方法。如果不能解决，直属上级需要和接班人一起探讨是否选择其他岗位。

在接班人确定职业方向后，直属上级可以按照职业定位让接班人选择想要的职业发展通道和路径。根据接班人选择的职业发展通道和路径，再结合公司实际情况，直属上级可以和接班人一起设计职业生涯规划。

职业生涯规划是对接班人一系列连续任期的安排，在每个任期中，给接班人制订一个任务目标。每个任期内的任务目标都来自接班人的职业目标。接班人也可以对任期内的任务目标做进一步的分解，形成更加具体的阶段性目标。

案例

某公司的招聘主管张三，拟在3年内完成对自己岗位接班人李四的培养。为此，张三和李四一起设计了李四近3年的职业生涯规划方案，内容如下。

第1阶段，1年之内，李四能够在招聘专员岗位上沉淀下来，掌握最基本的工作能力，积累工作经验，把工作的基础打牢。

第2阶段，利用1～2年的时间，让李四成为一个在招聘工作中能够独当一面的角色，能够独自完成招聘工作，独立承担责任，独立发现问题、解决问题，在招聘工作方面不需要上级管理者操心。

第3阶段，3年之后，李四不但能够独自完成招聘工作，而且学会了相关的管理知识，转换为管理角色，能够进行招聘管理工作，管理下属招聘专员，同时在工作中能有创新和发展，能为公司创造更大的价值。

7.1.3 接班人能力开发

除了与接班人一起设计职业生涯规划外，接班人的直属上级还应做好接班人的能力开发工作。根据接班人所选择的职业通道种类、职业发展路径、岗位职责及岗位任职要求，接班人的直属上级要帮助接班人找到其个人职业能力的缺陷，帮助接班人补足能力短板。

此时用到的工具是接班人能力开发需求表，如表7-2所示。

表 7-2　接班人能力开发需求表

<table>
<tr><td colspan="4">填表日期：________年________月________日</td><td colspan="2">填表人：</td></tr>
<tr><td>姓名</td><td></td><td>部门</td><td></td><td>岗位</td><td></td></tr>
<tr><td rowspan="4">所承担工作</td><td>工作职责</td><td colspan="4"></td></tr>
<tr><td>自我评价</td><td>□ 完全胜任</td><td>□ 基本胜任</td><td colspan="2">□ 不能胜任</td></tr>
<tr><td>上级评价</td><td>□ 完全胜任</td><td>□ 基本胜任</td><td colspan="2">□ 不能胜任</td></tr>
<tr><td>上级评价依据</td><td colspan="4"></td></tr>
<tr><td colspan="2">对工作的期望和想法</td><td colspan="4"></td></tr>
<tr><td colspan="2">达到目标所需的知识和技能</td><td colspan="4"></td></tr>
<tr><td colspan="2">达到目标所需的培训课程</td><td colspan="4"></td></tr>
<tr><td colspan="2">需要公司提供的非培训支持</td><td colspan="4"></td></tr>
<tr><td colspan="2">备注</td><td colspan="4"></td></tr>
</table>

接班人能力开发需求表需要接班人所在部门的直属上级和接班人共同根据接班人目前的状况进行工作胜任情况评估。在确认接班人目前所任职岗位的主要工作后，建立工作清单，再根据工作清单一一对照，评估接班人是否能够胜任当前工作。

评估接班人的工作时需要注意评估的过程要客观公正和实事求是。评估的目的不是证明接班人不能胜任工作，而是提升和改进，接班人的直属上级应通过评估找出接班人存在的不足，和接班人一起分析问题，并帮助其找到可行的解决方案。

评估过程要求接班人正确认识现状，需要接班人对自己能否胜任工作做出客观评价。胜任与否可以分成完全胜任、基本胜任或不能胜任 3 种情况。如果接班人认为自己不能胜任，就要说明是哪方面不能胜任。接班人需要提供做出自我评价的依据，这里的依据最好是详细的、具体的，应杜绝仅凭感觉做自我评价的现象。

根据工作胜任情况评价结果，接班人提出对工作的期望和想法，接班人应当主要从职位期望、个人能力提升等角度填写。在这项内容上，接班人的直属上级需要和接班人不断沟通，发掘接班人的真正需求，并且要鼓励接班人说真话。有时候，接班人会因为担心自己的期望说出来会被他人否定而选择不说出真实的想法，在这种情况下，能力开发就很难达到预期效果。

案例

刚入职不久的招聘专员李四，想在3年内成为招聘主管，但他不仅担心自己的想法说出来以后别人说他好高骛远，而且担心当前担任招聘主管的张三听了后会感到不高兴，就对外说没有关于职业发展的想法，只想做好自己的本职工作。

这样，直属上级张三和接班人李四之间就李四的职业发展和能力开发的谈话就很难进行。为避免这种情况发生，公司一定要创造一种开放的沟通氛围，鼓励员工吐露心声。

当然，接班人的直属上级也不能完全按照接班人的期望帮其进行职业生涯规划，如果接班人的期望过高，直属上级发现很难或不能完成，可以和接班人沟通。沟通时注意不要打击接班人的积极性，而应该首先肯定其期望和想法，之后引导接班人发现其中的难点或不切实际的点，引导接班人将大目标分解成小目标和阶段性目标。

直属上级要从岗位职责和胜任力的角度，为接班人分析接班人所需的知识和技能。例如，刚毕业不久的招聘专员想要晋升为招聘主管，需要具备招聘相关的专业知识和技能，其中包括招聘管理基础知识、招聘流程管理知识、招聘渠道管理技能、识别人才的能力、良好的分析能力、良好的团队合作精神、解决问题的能力等。

根据接班人需要提升的知识和技能，结合公司的培训课程，直属上级可以为接班人制订专属的个性化培训方案。例如，接班人选择走管理通道，接班人就不仅要学习提升专业技能的课程，还要参加提升管理技能的课程。通过专业技能和管理技能的共同发展，接班人能完成从普通员工到管理者的角色转换。

为此，接班人可以学习的提升专业技能的课程包括金牌面试实战训练与高效沟通、面试与选拔技巧、人才测评技巧、招聘管理方法、招聘体系建立方法、结构化面试技巧等；提升管理技能的课程包括团队管理技巧、员工激励技巧、中层干部领导力提升技巧等。

最后，直属上级应询问接班人除了需要公司内部提供的培训外，还需要其他哪些方面的资源支持。

7.2 接班人保留

很多公司在接班人保留方面做了很多努力，但效果不佳，原因很可能是这些努力只是在某一个方面上的努力。接班人保留是一项系统的工程，要想有效保留接班人，需要以全局视角认识接班人保留工作。

7.2.1 接班人保留的生态系统

公司的环境很像生态环境。在生态环境中，一粒种子能否生根发芽，要看生态环境是否适合种子成长。在公司环境中，接班人就像种子。接班人能否在公司中长期稳定地发展，要看公司是否适合接班人成长。

种子成长需要适宜的空气、土壤和水分等。接班人在公司扎根同样需要空气、土壤、水分等生长条件。接班人保留所需的空气、土壤和水分的示意图如图 7-2 所示。

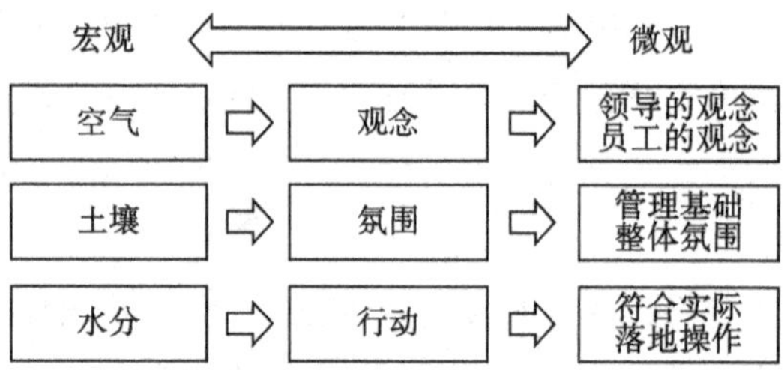

图 7-2　接班人保留所需的空气、土壤和水分

落实到具体工作中，公司整体的观念需要领导的支持，也就是高层管理者、中层管理者和基层管理者在观念上的支持；需要员工的支持，也就是基层员工的观念不能过于复杂或偏执，要能够被领导的观念影响，感受到来自上级的真诚。

工作环境的氛围与物理环境氛围和文化环境氛围都有关。公司的管理基础也影响着工作环境的氛围。要想改善工作环境的氛围，就要在管理基础、人文环境、物理环境等方面同时做出努力。

落地执行的行动包括关于接班人保留的各项方案、措施要符合公司的实际，要有相关的责任人负责落地操作。落实行动的执行人，包括公司的各级管理者，也包括 HR。没有具体行动，一切关于接班人保留的想法都是空谈。

7.2.2 接班人保留的 2 个维度

公司在实施接班人保留时，要注意接班人保留的 2 个维度，如图 7-3 所示。

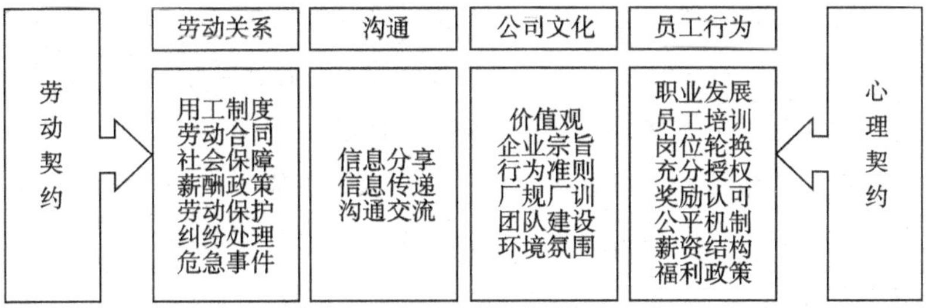

图 7-3 接班人保留的 2 个维度

劳动契约的维度是接班人保留的 2 个维度之一，另外一个是心理契约的维度。上图中间有 4 个环节，从左到右分别是劳动关系、沟通、公司文化和员工行为，越往左越偏向劳动契约，越往右越偏向心理契约。

劳动契约更偏向比较具体的约束力，能够留住接班人的“人”。心理契约更偏向比较抽象的约束力，能够留住接班人的“心”。公司要想有效保留接班人，劳动契约固然重要，更关键的是要在心理契约的维度上做出努力。在心理契约的维度，一般需要研讨以下问题。

（1）上级对接班人是否有足够的授权？

（2）是否有良好的公司文化？

（3）公司给接班人营造的工作氛围如何？

（4）接班人在公司中会不会感到不公平？

这些问题都直接影响着公司和接班人之间的心理契约，直接影响着接班人是否愿意留下来。

越靠近心理契约的部分，越偏向激励和保健因素中的激励因素；越靠近劳动契约的部分，越偏向激励和保健因素中的保健因素。

激励保健理论也可以称为双因素激励理论，最早是由美国的心理学家弗雷德里克·赫茨伯格（Frederick Herzberg）在 1959 年提出的。激励保健理论的核心含义是组织为员工提供的各种回报并不都具有激励性，而是分为两种，一种并不具有激励性，被称为保健因素；另一种具有激励性，被称为激励因素。

保健因素指的是当这些因素没有得到满足时，人们会感到不满意；当这些因素得到满足后，人们的不满意感会消失，但也不会感到满意。保健因素通常包括薪酬福利、工作环境、组织内部关系等。

激励因素指的是当这些因素没有得到满足时，人们不会满意，但也不会不满意，只是还没有达到满意的程度。但当这些因素得到满足时，人们就会感到满意。这个理论说明，能有效激励人的，往往是激励因素。它通常指信任感、职业发展、学习机会、成就感、满足感、掌控感、团队氛围等。

越是在激励因素方面做得好的公司，接班人愿意留下来的可能性越大。一味在保健因素上投入，虽然也有助于保留接班人，但是效果有限，并且到达一定程度后，将会失去效果。

7.2.3 接班人保留的 4 个环节

公司要系统地做好接班人保留工作，除了在劳动契约和心理契约 2 个维度上做出努力外，还要在 4 个环节上做出努力。

1. 劳动关系

要有效保留接班人，公司的规章制度、劳动保障、薪酬政策等用工必备的基本条件必须齐全，不仅要做到合法合规，而且要具备一定的外部竞争力。公司除了要做好用工基本准备外，还要在人才招聘面试时注意对候选人的选拔，把稳定性较差的人才排除。

2. 沟通

接班人的直属上级直接影响着接班人的稳定性。直属上级通过与接班人有效沟通，不仅能够帮助接班人更好地完成工作，而且能够与接班人建立情感纽带，极大地提升接班人的幸福感、满意度、责任感，进而增强接班人的稳定性。

3. 公司文化

公司文化是接班人扎根的土壤，优秀的公司文化天生具有吸引和留住接班人的作用，能让接班人在这片土壤中茁壮成长；而不好的公司文化就像一股无形的力量，把接班人往外推。与薪酬和福利等保健因素不同，通过公司文化与接班人建立起的情感交流属于激励因素。

4. 员工行为

对接班人个人利益有利的政策永远会受到接班人的欢迎，同时也是有效保留接班人的重要手段之一。对接班人实施的薪酬和福利政策应采取多样化的方式，不应仅包括工资和奖金，还应在薪酬和福利的多样性、长远性、独特性上下功夫。例如，设置员工持股计划、提供菜单式可选的个性化福利、定期组织团建活动等，提高接班人在公司中的稳定性。

7.2.4　接班人离职面谈方法

与接班人的离职面谈可以分为两种，一种是与主动离职接班人的面谈，一种是与被动离职接班人的面谈。与主动离职接班人进行离职面谈的目的是安抚接班人的情绪、挽留接班人、了解接班人离职的真实原因、收集接班人的意见或建议、提高公司人力资源管理水平、提高公司声誉；与被动离职接班人进行离职面谈的目的是劝接班人离开公司。

与主动离职接班人实施离职面谈时要注意以下 3 点。

1. 离职面谈的时间

离职面谈通常发生在接班人正式提出离职想法后，其实这并不是沟通的最佳时机。防患于未然是对接班人离职最好的管理手段。所以沟通开始的时机，最好选择在接班人出现工作态度散漫、工作积极性下降、阶段性地请长假、行动诡异、神色慌张、时不时地到无人地点接听电话等有离职意向的行为时。

2. 离职面谈的地点

在选择离职面谈的地点时，要注意对离职接班人的隐私的保护，选择光线较明亮的房间，注意面谈地点周边的环境，在面谈过程应尽量避免周围产生噪声、杂音或其他干扰。假如公司附近有咖啡厅，可以选择在咖啡厅内面谈。

3. 离职面谈的注意事项

离职面谈的总体目标是改善公司的人力资源管理能力，但对于不同类型的接班人，目标侧重有所不同。对态度好、能力强、绩效好的接班人，离职面谈的目标以挽留为主；对态度差、能力弱、绩效差的接班人，离职面谈的主要目标可以是了解离职原因。

在做离职面谈前需要有所准备，要提前了解接班人的家庭背景、工作情况、上下级关系、同事评价、人格特质及可能的离职原因等信息，提前预演对话过程中可能发生的状况、可能采取的行动以及准备可能的解决方案。

实施离职面谈的人员应体会和感知离职接班人的想法，多站在对方的角度思考问题。面谈时应围绕接班人的个人利益，选择对方认同或感兴趣的话题与其交流，注意保持语调的平和、态度的平等，避免产生主观判断性的语言或语调。

离职面谈应多使用开放性语言，比如为什么、是什么、怎么样，少用封闭性语言，比如是不是、对不对、行不行。当涉及敏感隐私问题的时候，要小心询问。离职面谈后，要注意对面谈内容保密，不得随意泄露接班人的隐私。

当接班人日常的情绪和行为出现异常的时候，接班人的直属上级是能够第一时间知道的，而人力资源管理人员永远是滞后的。所以最好的情况是，接班人的直属上级发现接班人有离职苗头时，就及时给予接班人一些关心和帮助。

与被动离职接班人的离职面谈，其处理原则如下。

（1）充分准备，及时反馈。

（2）态度友善，立场坚定。

（3）坚持原则，提供帮助。

7.3 接班人访谈

定期对接班人实施访谈是公司了解和收集接班人相关信息的有效途径，是公司降低接班人流失率的有效手段。有人认为接班人访谈很简单，只是和接班人聊天；有人认为接班人访谈很难，不知从何谈起。公司要做好接班人访谈，其实有许多方法和工具可以借鉴。

7.3.1 接班人访谈方法

按照被访谈的接班人的人数，接班人访谈的形式可以分为单独访谈和团体访谈两种。单独访谈指的是对单个接班人实施的访谈；团体访谈指的是对多名接班人同时实施的访谈。

按照接班人访谈过程中的计划程度和官方程度，接班人访谈可以分为正式访谈和非正式访谈。正式访谈指的是比较有计划、比较官方的访谈；非正式访谈指的是计划性比较低、比较私密、比较自由的访谈。

一般来说，导师或直属上级每过一段时间，就应该对接班人实施一次访谈。时间间隔可以根据团队的实际情况确定，对于比较小的团队，时间间隔可以设置得相对较短，例如每周与接班人访谈一次；对于比较大的团队，时间间隔可以设置得相对较长，例如每月与接班人访谈一次。

每次访谈的时间不需要太长，对单个接班人来说，一次访谈的时长一般不超过 30 分钟。这里需注意，导师或直属上级要对所有接班人都实施访谈，不要总是与某个接班人进行访谈，而忽略了其他接班人。

接班人访谈的实施人最好由接班人的直属上级担任，因为接班人的直属上级对接班人的基本情况更了解。接班人访谈能够增强直属上级和接班人之间的情感联系，增强团队凝聚力。

人力资源管理人员也要定期实施接班人访谈，但受限于人数，人力资源管理人员在实施接班人访谈时，可以采取个别访谈、抽查访谈或针对问题访谈的形式。

不论是接班人的直属上级，还是人力资源管理人员，为保证接班人访谈的平稳实施，对访谈的次数应当做好记录，如表 7-3 所示。

表 7-3　接班人访谈次数记录表

姓名	第 1 周 访谈次数	第 2 周 访谈次数	第 3 周 访谈次数	第 4 周 访谈次数	本月合计 访谈次数
小张					
小王					
小李					
小刘					

如果情况允许，每次访谈之后，也可以详细记录接班人访谈的具体内容。

7.3.2　接班人访谈流程

直属上级或人力资源管理人员实施接班人访谈的流程如图 7-4 所示。

图 7-4　实施接班人访谈的流程

1. 准备

如果采取正式访谈形式，在访谈开始之前，要明确实施接班人访谈的目标，事先准备和目标相关的资料和访谈问题。同时，要与员工约定好时间和地点，让员工也做好准备。对访谈的提前安排能够有效防止访谈过程中产生各种干扰。

如果采取非正式访谈形式，实施访谈之前，要充分了解员工当前的工作情况，选择员工相对不忙的时间实施访谈，例如选择中午或工作间歇的休息时间实施访谈。总之，访谈不能影响员工的正常工作。

2. 开场白

如果采取正式访谈形式，在访谈开始时，要解释访谈的目的，说明这次访谈想要达成的目标，争取员工的充分理解。如果过程中需要做一些记录，可以提前向员工说明。整个访谈的开场要注意采用较友好的方式，营造一个较为宽松的环境，去除彼此间的偏见。

如果采取非正式访谈形式，可以用让彼此都感到轻松愉悦的谈话方式开场。

3. 获得应答

在访谈过程中，要引导整个访谈的发展。如果员工偏离访谈主题，要及时把员工带回当下的主题。要给员工充分的思考时间，让员工充分考虑后再作答。访谈的目的是挖掘“事实”，所以在访谈的时候要注意区分“观点”和“偏见”。

4. 澄清疑虑

有时候，不论如何提前造势，员工对访谈的理解始终与访谈人对访谈的理解存在差异。这时候，要充分使用提问和倾听的技巧。如果发现员工对这次访谈存在不清楚的部分，要及时澄清，防止造成误会。

5. 结束访谈

当访谈结束的时候，要核查一下员工是否已获得了所有的信息，询问员工是否还有其他话要说。访谈人要总结关键信息，并告知员工公司下一步可能会采取的行动，同时感谢员工为访谈投入的时间和努力。

6. 必要反馈

访谈过程中，对员工提出的疑问或想法，访谈人可能需要一定时间才能给员工反馈。在访谈结束后，公司要及时了解情况，争取在最短的时间内给员工反馈。

7.3.3 接班人访谈总结

对于接班人在访谈过程中暴露出的问题，要详细记录，记录问题提出人、提出时间。对该问题的真实性要做必要的核查，并根据问题的重要和紧急程度，排出待解决问题的优先级。接班人访谈问题记录如表 7-4 所示。

表 7-4 接班人访谈问题记录表

发现问题	问题提出人	问题提出时间	问题查证结果	问题改正优先级

对于排出优先级的待解决问题，应形成解决方案，每个问题和方案都要对应相关的责任人、参与人和完成时间。接班人访谈问题改正记录如表 7-5 所示。

表 7-5 接班人访谈问题改正记录表

待解决问题	解决方案	责任人	参与人	完成时间

接班人访谈之后的汇报工作，应该注意以下要点。

1. 客观统计

接班人访谈的目的是了解接班人的真实意见，而不是接班人的意见应该是什么。所以统计汇报的内容应当客观反映接班人的意见，不要加入访谈人的主观因素。

2. 结论为先

汇报的时候先说结论，再说得出这个结论的过程。如果有时间，可以详细说明一下接班人访谈过程中出现的比较有代表性的意见或建议。

3. 带着方案

员工在接班人访谈的最后通常会提出一些问题。这些问题有的能够被改善，有的很难被改善，这时候要分清楚主次，定好先后顺序，制订解决方案。

7.4 【实战案例】阿里巴巴的员工福利

员工福利通常可以分成两类，一类是法定福利，一类是非法定福利。法定福利是相关法律法规明文规定的福利，比如社会保险、住房公积金、法定节假日、带薪年休假、关于各类假期的休假时间和工资支付、某类特殊时期的津贴、某些特殊环境的津贴、某个特殊岗位的津贴等。非法定福利是公司根据自身特点制订的特有福利。

阿里巴巴在保障员工法定福利的同时，也最大限度地给员工提供属于阿里人的各种专属福利。阿里巴巴为员工提供了丰富多样的福利，涵盖生活、财富和健康 3 个方面，包括安全和健康福利、设施性福利、文娱性福利、培训性福利、服务性福利等，有助于增强员工的归属感和凝聚力，有助于员工保留。

7.4.1 生活保障：衣食不愁，婚育无忧

阿里巴巴除了采用其他公司的比较好的福利形式外，还形成了具备自身特色的福利制度。这些福利不仅能够对员工起到激励作用，还能够提升公司的形象与知名度，无形中起到了宣传公司的作用。阿里巴巴关于员工的生活保障，体现了其以人为本的价值观。

1. 员工餐饮

民以食为天，对于中国人来说，吃饭是件重要的事。俗语说“吃饱了不想家”，吃饱喝好的阿里人，工作起来也会更加带劲。

阿里巴巴的食堂面积很大，装修简单大方，就餐环境舒适，膳食营养搭配均衡。为了方便员工用餐，办公区基本都有餐厅。阿里巴巴为员工提供午餐补贴和免费晚餐。每天晚上 10 点，还会为加班的员工提供夜宵。

在 2015 年“双 11”活动的启动仪式上，马云拍下一条 68 千克重、售价为 38 888 元的巨型蓝鳍金枪鱼作为员工的餐饮福利。

2. 幸福班车

阿里巴巴为家在上海，但在杭州工作的员工提供幸福班车，分别在每周一和每周五往返于杭州和上海之间，准时带员工踏上幸福之路。

3. 健身场所

强健的体魄有助于员工更好地工作和生活，阿里巴巴为员工提供专门的健身场所，场所内有专业的健身器具，提供多种健身方式，共建员工强健的体魄。

4. 集体婚礼

一年一度的集体婚礼是阿里巴巴的传统，也是阿里巴巴汇聚爱、传递爱、感受爱的特殊方式。

5. 孕妇福利

阿里巴巴的女员工有超过法律规定时长的带薪孕假，男员工有陪产假。对于怀孕的女员工，阿里巴巴专门为其准备了孕妇防辐射服。阿里巴巴还设立了专门的孕妇 / 妈妈休息室，在舒适隐秘的空间里，有舒服的沙发，有用心的布置。

6. iBABY 子女教育关怀计划

阿里巴巴为阿里人提供子女入学的政策咨询，及时有效地传播教育资讯；解决家庭困难员工子女的学前教育和小学教育的问题；与民办幼儿园达成合作，解决大部分员工子女在杭州读幼儿园的问题；定期开展育儿培训、组织亲子活动、制作亲子杂志等丰富的亲子类员工活动。

7. 带薪假期

阿里巴巴为平衡阿里人的工作和生活，除了法律规定的年休假、产假、陪产假、婚假、流产假等假期外，还给员工提供个性化的病假、孕期检查假等。同时，为了方便员工探望在异地的父母、配偶，阿里巴巴每年为员工提供一次最长 3 天的路途假，让阿里人能与家人享受更多的家庭时光。

8. 外部活动与团队建设活动

阿里巴巴定期举办外部活动及丰富多彩的团队建设活动，提升阿里人的团队凝聚力，更好地促进团队间的配合，更有效地推动公司发展。

9. 节日礼包

每年的各大节日，阿里巴巴都会为员工提供各类精美的礼包。

7.4.2 财富保障：住房支持，公益互助

阿里巴巴致力于成为员工幸福感最高的公司，不仅为员工创造良好的工作环境，提供广阔的职业发展空间，让员工与公司共同成长，还通过财富保障类福利，

为员工解除后顾之忧，提高员工的工作积极性。

1. iHome 置业计划

在购房方面，阿里巴巴通过无息贷款和自建公寓帮助员工置业。阿里人最高可以向阿里巴巴申请 30 万元的无息贷款，用于购房的首付费用。除此之外，阿里巴巴杭州总部附近建有员工专享公寓，售价为市场价格的 60%。

2. 小额贷款

除了购房之外，当员工有装修、结婚、买车、旅行、培训等综合性消费贷款需要时，阿里巴巴会帮助员工与商业银行达成协议，给员工提供优惠的小额消费贷款，解决员工临时的资金困难。贷款利率打 8 ～ 8.5 折，无抵押，手续简单，放款时间短。

3. 蒲公英计划

阿里巴巴设立了公司的公益基金，本着互助的精神，在员工及其家庭成员（配偶、子女）面临重疾、残疾或身故等状况的时候给予员工最高 20 万元的经济援助。

4. 彩虹计划

对于因遭遇重大自然灾害、突发事件或重大疾病等不幸事件而生活困难的阿里人，阿里巴巴将给予其最高 5 万元的无偿援助金，与员工及其家人一起共渡难关。

7.4.3 健康保障：健康关怀，就医协助

阿里巴巴关注员工的身心健康，在健康保障方面，同样设置了多项福利，给阿里人提供疾病的提前预防、随时发现、过程保健、及时治疗、费用减免等一条龙服务，保障阿里人的身心健康。

1. 年度体检

阿里巴巴为员工提供一年一度的身体健康检查，全面检测员工的身体状况，帮助员工尽早预防各类健康风险。每个阿里人有两个公费体检的名额，可以随意支配，可以给自己的配偶和孩子，可以给自己的父母，也可以给配偶的父母。

同时，对于有更多体检需求的员工，阿里巴巴为员工家属体检提供了阿里巴巴内部折扣价。在员工体检后，阿里巴巴会邀请专家到公司上门解读体检报告，让体检不再只是一种形式。

后来，阿里巴巴推出了“康乃馨”关爱父母计划，每年都为全体员工的父母

安排一次免费体检。看似简单的决策背后，却是一笔巨大的费用。这是阿里巴巴用资金回报员工的一种表现，是让员工对公司产生归属感的一种手段。

2. 健康讲堂

阿里巴巴会定期邀请行业内的资深专家或知名人士，为员工及其家属开展有关疾病防治、职场压力舒缓、亲子教育、婚恋家庭等一系列有关身心健康的精品课程、讲座或沙龙活动，向员工传授健康知识。

3. 健康服务

除了传授健康知识之外，阿里巴巴还为阿里人提供了常见疾病咨询、药品管理等其他员工健康服务，个性化地帮助员工及时预防疾病、发现疾病。

4. 补充医疗保险

阿里巴巴为阿里人购买了综合医疗保险，门诊、急诊及住院费用可以根据药品种类按相应的比例进行报销，减轻员工医疗负担。

5. 重疾就医协助

如果有阿里人被确诊患有重大疾病，阿里巴巴将最大限度地帮助其解决就医通道、疾病解读、预后评估等各类问题；并安排资深的心理专家，为阿里人及其家人做心理疏导。

阿里巴巴在人才保留工作上不遗余力。阿里巴巴非常注重给员工提供成长的环境和空间，期望通过一系列的行为，让员工主动、自发地留在公司，为实现阿里巴巴的梦想而奋斗。

早期的阿里巴巴在人才保留方面一直存在问题，人才流失比较严重。一方面是因为当时阿里巴巴的薪酬在行业内并不算高；另一方面是因为员工在阿里巴巴工作看不到自己未来的发展。那时候，相信阿里巴巴未来有巨大发展的员工并不多。

针对留不住人才的情况，马云一方面在人才招聘的环节做出努力，把招聘的权力掌握在自己手中，所有希望进入阿里巴巴的人，他都要亲自面试；另一方面在人才选拔的环节做出努力，相信平凡的人做不平凡的事，英雄不问出处，挑选能力比岗位任职要求低 1 ～ 2 级的人才。

除了在招聘和选拔方面做出努力之外，马云还特别实施了双重激励法来保留人才。

1. 物质激励

为了留住人才，阿里巴巴建立了具有激励性的薪酬制度。阿里巴巴专门做了市场薪酬调研，研究行业薪酬状况，调整员工的薪酬，从薪酬方面保证员工在具有高水平绩效的前提下，能收获比较大的物质激励。在这种薪酬制度之下，很多员工干劲十足，充满了工作的动力和欲望。

2. 精神激励

除了物质激励之外，阿里巴巴同样重视对员工的精神激励。阿里巴巴认为，在人才保留方面，物质激励能起到主要作用；在激发员工的工作积极性方面，精神激励能起到主要作用。阿里巴巴的精神激励主要体现在团队中上级对下级的鼓励、认可和帮助等方面。

没有人愿意生活在失败中，员工渴望被上级认可，渴望被公司认可。所以，阿里巴巴要求管理者要关注员工的每一个进步，学会赞美员工；同时发现员工的不足，帮助员工及时改正，让员工对工作和生活充满希望。

阿里巴巴的人才保留策略可以总结成 4 句话。

（1）用愿景和使命留住高管。

（2）用事业和待遇留住中层。

（3）用薪酬和福利留住员工。

（4）用“情感银行”留住所有人。

阿里巴巴对不同层级岗位的人才实施的保留策略是不同的。对于高管，阿里巴巴偏向于用比较宏大的目标留住他们，帮助他们实现人生价值；对中层管理者，阿里巴巴偏向于用不断提升的职位和待遇，用职业的发展留住他们；对于基层员工，阿里巴巴偏向于用比市场水平更高的物质生活保障留住他们；对于所有人，阿里巴巴都希望用情感留住他们。

阿里巴巴把公司对员工、上级对下级在感情上的付出称为“情感银行”，付出得越多，情感银行中账户的余额就越高。余额越高，员工的稳定性就越高，对工作的满意度就越高，离职的可能性就越低。

所以，阿里巴巴倡导不论从宏观的公司制度设计层面，还是从微观的管理者日常管理方式层面，都要不断为员工的情感银行“注资”。

例如，阿里巴巴曾发现员工的椅子没有扶手会提高员工的疲劳度，于是就把所有员工的椅子换成了高标准、带扶手的办公椅；因为上班早高峰时电梯比较拥挤，阿里巴巴就不强制员工打卡，所以在阿里巴巴，经常会看到有员工在上班时间还在咖啡馆或健身房。

阿里巴巴对员工迟到不敏感，其工作审批流程不烦琐，约束员工行为的条条框框比较少，其原因不是阿里巴巴的管理水平低。相反，这是一种高明的管理方式，其背后表现出来的，是阿里巴巴对员工的信任。公司对员工的信任不断增加，才能为员工的“情感银行”不断“注资”。

第 8 章

新员工培养与轮岗

新员工是公司不能忽略的后备力量，是人才梯队建设与人才培养的重要对象。新员工的成长靠的是日常培养，而不是集中培训。为保证人才全面成长，满足公司的用人需求，减少因长期从事某岗位工作而出现的腐败问题，公司需设立轮岗机制。

8.1 新员工培养方法

对用人部门来说，培养新员工累，但不培养更累。新员工就像一张白纸，公司的培养就像在上面画出图案。对新员工的培养，人力资源部组织的集中培训主要是让新员工掌握基本的应知应会的知识和技能，更重要的是用人部门在日常工作中对新员工的培养。

8.1.1 新员工接待流程

用人部门在新员工到岗后，要做好新员工的接待工作，应尽快为新员工安排导师。导师最好由新员工的直属上级担任，由新员工的直属上级亲自接待新员工效果更佳。接待新员工时，可以参考以下流程，如图 8-1 所示。

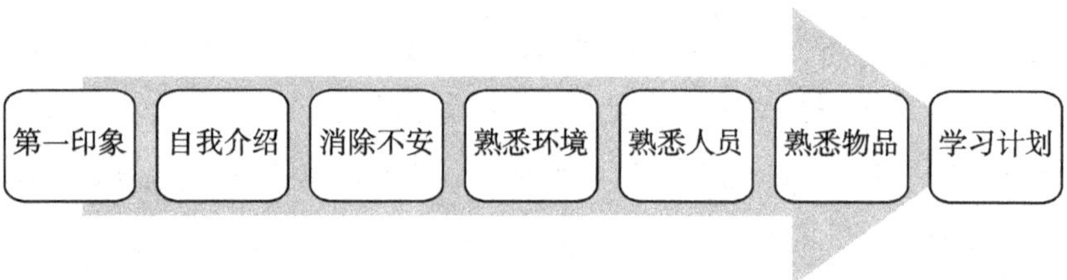

图 8-1　新员工接待流程

1. 第一印象

刚进入一个陌生的环境，任何人都会感到忐忑不安。为了让新员工尽快融入环境，接待人员要给新员工留下好的第一印象。接待人员要亲切地迎接新员工，让新员工感到轻松愉快，给新员工留下“这里的人都很好”的印象。

2. 自我介绍

接待人员要先向新员工介绍自己的姓名、岗位、负责的工作内容，之后说明自己会帮助新员工尽快熟悉工作，让新员工有不会的问题可以随时问自己。要帮助新员工建立信心，让新员工相信通过学习自己能够胜任工作。

3. 消除不安

接待人员与新员工最初的谈话的重点在于消除新员工的紧张与不安等负面情绪，与新员工沟通时注意放慢语速，面带微笑，放低声音。例如可以说“别担心，我刚来的时候也这样，过两天习惯了就好了”。

4. 熟悉环境

接待人员可以带着新员工在整个公司或者工作的办公室走走，过程中向新员工介绍工作环境。例如可以说“这里是考勤打卡机……这里是更衣室……这个电梯是货梯，我们平时上下班坐另一个电梯”。

5. 熟悉人员

接待人员要向新员工介绍本部门的成员及相关部门的成员。例如可以说“这是张主管，有关……的工作可以和他联系；这是王助理，有关……的工作由他负责”。

6. 熟悉物品

接待人员要带着新员工熟悉日常工作过程中可能用到的物品或设备，包括办公电脑中的文件。例如可以说“这是你的办公区域……这是你平常会用到的办公用品……这是打印机的位置……这是打扫卫生的用品……你常用的文件放在电脑中的……位置”。

7. 学习计划

接待人员应在了解新员工的工作经验和背景后，因材施教。接待人员应根据岗位特点，结合新员工以往的经验，制订新员工的学习计划，合理安排新员工的学习进度，并根据新员工的学习计划，定期对新员工的学习情况进行检查。

8.1.2　新员工出现错误的应对方法

新员工刚接触工作不久，犯错在所难免。用人部门要允许新员工犯错，当新员工出现错误时，新员工的直属上级要注意以下 5 点，如图 8-2 所示。

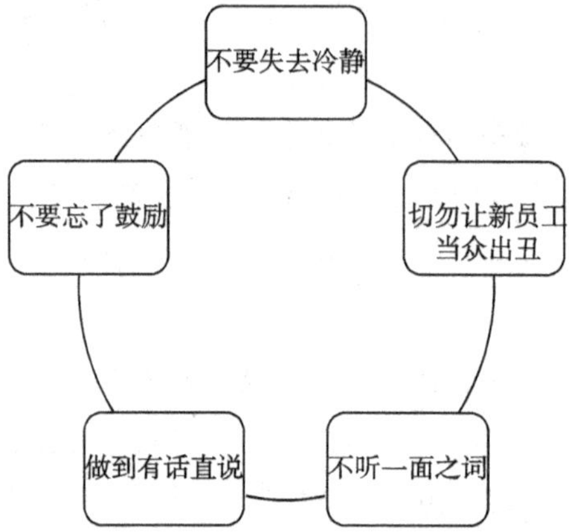

图 8-2　处理新员工错误需要注意的 5 点内容

1. 不要失去冷静

对于新员工来说，犯错不仅在所难免，而且是其成长的重要环节。当新员工犯错时，直属上级不要失去冷静，不要对新员工表现出负面情绪，应当冷静地帮助新员工找到问题产生的根源，让新员工不要再犯类似的错误。

2. 切勿让新员工当众出丑

有的管理者为了加深员工对犯错的印象，会让员工当众出丑，这种做法其实是错误的，不能对员工使用，更不能对新员工使用。新员工本身就对新环境有所排斥，如果让新员工当众出丑，很可能会打击新员工的工作积极性，最终让新员工离开。

3. 不听一面之词

要通过事实判断新员工是否犯错，不听一面之词。这里的一面之词包括新员工的一面之词，也包括说新员工犯错的其他人的一面之词。

4. 做到有话直说

对新员工要有话直说，该说的话一定要说，对新员工说话不要拐弯抹角，不要有任何暗示，不要有“他应该懂我的意思”的想法。

5. 不要忘了鼓励

对新员工应当以鼓励为主，多鼓励新员工，增强新员工的信心，让新员工不要因为害怕犯错而不敢行动。

8.1.3 新员工常见问题答疑

新员工刚接触岗位不久，难免有各种各样的问题，这些问题具备一定的共性。人力资源部可以收集这类问题，对于有通用答案的问题，可以将答案固化。人力资源部在对各部门管理者实施培训时，应当把新员工常见问题答疑作为培训内容之一，让各部门管理者学会总结对新员工常见问题答疑的方法。

新员工常见问题如下。

（1）岗位的工作职责都有哪些？

（2）食堂 / 宿舍在哪里？怎么走？

（3）工作时间如何安排？平时如何休假？

（4）工作中可能会遇到什么危险？

（5）公司 / 职位的发展情况如何？

（6）通过哪些方式能获得晋升？

（7）可以通过哪些方式学习与成长？

（8）在什么情况下可以提高薪酬待遇？

（9）公司平时提供哪些福利？

8.1.4 新员工定向培养计划

当公司当前的人才储备比较紧张，不足以在未来补充相关的重要岗位的空缺时，可以对新员工实施定向培养。例如，当公司现有的后备人才无法满足未来 1 ～ 3 年经营发展的管理人才需求时，可以招募优秀的应届毕业生，通过 1 ～ 3 年的系统培训，把他们培养成优秀的管理岗位后备人才。

定向培养指公司为新员工提前设计好职业发展方向，为新员工提供足够的学习机会、培训支持和资源帮助。定向培养能不能成功，除了要看公司在这方面的组织和投入外，还要看新员工本人是否努力。新员工定向培养计划包括以下内容。

1. 培养人选

并不是所有新员工都适合定向培养。适合定向培养的新员工应当满足接班人的选拔条件，具备一定潜质。一般来说，适合定向培养的新员工应当是素质较好、有一定知识积累、工作态度积极向上的新员工，同时在能力和经验方面的要求可以适当放低。

2. 培养人数

定向培养的新员工数量应当参照公司关键岗位的用人需求，要考虑定向培养过程中新员工的离职率、淘汰率和定向培养的成功率 3 个比率。根据关键岗位的用人需求以及这 3 个比率，综合计算出定向培养的新员工人数。

3. 培养时间

人才培养有时间周期，公司关键岗位的人才需求也有时间周期。定向培养新员工的时间应当兼顾这两个周期。最理想的状况是当定向培养的新员工完成培养计划后不久，公司的关键岗位就开始出现人才需求，定向培养的新员工恰好可以满足这种需求。

4. 培养计划

定向培养新员工应当制订周全的培养计划。公司应当给所有定向培养的新员工安排导师，由导师与新员工一起制订培养计划。

5. 资源支持

对定向培养的新员工，公司应当给予一定的资源支持。例如可以设立专项的定向培养基金，可以给定向培养的新员工更高的薪酬待遇。

6. 培养评估

对定向培养的新员工的评估方式与对接班人的评估方式基本相同。

8.2 内部轮岗方法

很多成功的公司都有内部轮岗机制，内部轮岗是公司培养人才的有效方式。内部轮岗机制能够促进公司和员工的双赢。通过内部轮岗，员工可以获得能力成长、职业发展和薪酬提升等好处；通过内部轮岗，公司可以获得期望的人才，达成战略目标。

8.2.1 员工轮岗安排

员工轮岗有助于公司培养复合型人才，也有助于防止腐败。公司在实施员工轮岗前，要先制订员工轮岗制度。员工轮岗制度主要是对员工轮岗安排的约定。员工轮岗制度应当包括以下内容。

1. 轮岗对象

能够进行轮岗的对象非常灵活，可以是具有高潜力的接班人，可以是公司关键岗位的员工，也可以是公司的全体中高层管理者。阿里巴巴的员工轮岗机制做得相对较好，尤其是高层管理者的轮岗。在阿里巴巴发展初期，每过几年，高层管理者都要进行一次岗位大调整。

2. 轮岗类型

公司常见的轮岗类型有 3 种，如图 8-3 所示。

图 8-3　公司常见的轮岗类型

（1）平行调动（培养型）：当员工任职满一定年限后，根据平行部门间的功能、规模、业绩等情况，公司可以对平行部门中的员工进行岗位轮换调整，这样既能够实现对员工的培养，又能够防止员工长期从事某一岗位的工作而出现腐败。

（2）晋升调动（激励型）：当员工在职期间表现优异，达到晋升条件后，公司可以提升员工的等级，进行相应的岗位调整，将员工调整到责任更大、贡献更多、更能体现员工价值的岗位上。

（3）距离调动（关怀型）：当员工在公司工作满一定年限后，可以根据员工的家庭位置，将员工调整到离家较近的地区工作，体现公司对员工的关怀。

3. 轮岗周期

轮岗周期可以根据岗位特点设计，一般来说，岗位层级越高、门槛越高、专业程度越高，轮岗的时间周期应当越长；岗位层级越低、门槛越低、专业程度越低，轮岗的时间周期越短。具体而言，应当根据轮岗后胜任岗位工作所需的时间来判断轮岗周期。

对于高层岗位或关键岗位，可以每 3 ～ 5 年轮岗一次。如果轮岗周期少于 3 年，可能看不出员工在岗位上的贡献；如果轮岗周期大于 5 年，可能会滋生腐败。

4. 轮岗流程

员工轮岗的发起人一般是人力资源管理人员，审批人为公司最高管理者。各部门管理者可以定期向人力资源部提出申请。人力资源管理人员应当对各关键岗位任职人员的任职时间实行监控，除了统一培养的接班人外，当发现某人长期从事某一岗位的工作未发生变化时，也可以主动调整其岗位。

5. 轮岗管理

员工轮换到新岗位后，应接受新岗位管理者的考核与管理。轮岗开始前，员工需要和新岗位管理者一起做新岗位工作计划。轮岗结束后，员工应当做轮岗后的阶段性总结报告，总结能力成长情况和自身的不足。

6. 轮岗与晋升

很多公司有类似这样的规定：所有晋升为管理者的员工，必须有某些岗位的轮岗经历，或者必须轮换过一定数量的岗位。

8.2.2 轮岗流程表单

员工轮岗可能会用到各类表单，具体内容如下。

1. 员工调动申请表

员工调动申请表是当员工有岗位调动需求时，由员工本人或员工所在部门管理者填写的申请表。

员工调动申请表如表 8-1 所示。

表 8-1 员工调动申请表

<table>
<tr><td>姓名</td><td></td><td>性别</td><td></td><td>员工编码</td><td></td><td>年龄</td><td></td></tr>
<tr><td>调出部门</td><td></td><td>调出岗位</td><td></td><td>当前职务</td><td></td><td>工资结算日</td><td></td></tr>
<tr><td>调入部门</td><td></td><td>调入岗位</td><td></td><td>调整职务</td><td></td><td>工资起记日</td><td></td></tr>
<tr><td colspan="8">申请调动原因

填表人：
填表时间：</td></tr>
<tr><td colspan="8">人力资源部意见

签字：
日期：</td></tr>
</table>

续表

调出部门意见   签字： 日期：
调入部门意见   签字： 日期：
公司总经理意见   签字： 日期：

2. 员工调动通知单

员工调动通知单是当员工确认要实施岗位调整时，由人力资源部开具的要求相关部门执行的通知凭证。

员工调动通知单如表 8-2 所示。

表 8-2　员工调动通知单

<table>
<tr><td colspan="2">单号</td><td colspan="6"></td></tr>
<tr><td>姓名</td><td></td><td>性别</td><td></td><td>员工编码</td><td></td><td>年龄</td><td></td></tr>
<tr><td colspan="4">调出</td><td colspan="4">调入</td></tr>
<tr><td>调出部门</td><td></td><td>当前职务</td><td></td><td>调入部门</td><td></td><td>调整职务</td><td></td></tr>
<tr><td>调出岗位</td><td></td><td>工资结算日</td><td></td><td>调入岗位</td><td></td><td>工资起记日</td><td></td></tr>
<tr><td colspan="2">备注</td><td colspan="6"></td></tr>
<tr><td colspan="2">签发</td><td colspan="2"></td><td colspan="2">日期</td><td colspan="2"></td></tr>
</table>

3. 员工调动绩效薪酬变化单

员工调动绩效薪酬变化单是人力资源部针对员工调整岗位后的绩效和薪酬变化情况开具的单据凭证。

员工调动绩效薪酬变化单如表 8-3 所示。

表 8-3　员工调动绩效薪酬变化单

姓名		员工编码	
工资结算日		工资起记日	
类别	分类	调整前	调整后
绩效情况	考核指标		
	考核周期		
	评价方式		
	考核人		
薪酬情况	基本工资		
	岗位津贴		
	福利待遇		
	绩效工资标准		
	年终奖金标准		
开单人		开单日期	
审批人		审批日期	
员工确认同意并签字		签字日期	

8.2.3　轮岗成长阶段

轮岗相当于到一个自己不熟悉的环境，做自己不熟悉的工作。员工在开始轮岗后通常会经历 3 个阶段。了解这 3 个阶段的特点，有助于公司帮助轮岗员工调整心态，使其更好地完成轮岗工作。员工轮岗后的 3 个阶段如图 8-4 所示。

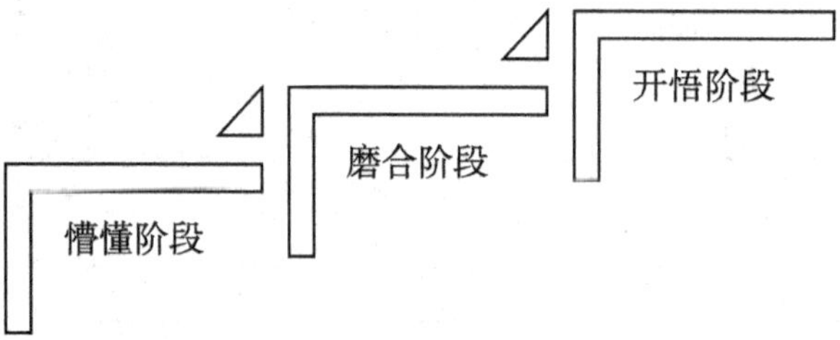

图 8-4　员工轮岗后的 3 个阶段

1. 懵懂阶段

懵懂阶段是员工轮岗后经历的第 1 个阶段，这个阶段最突出的问题是员工的态度问题和情绪问题。在这个阶段，不同的员工通常会有 3 类不同的表现。

（1）A 类型：不知所措。这类员工在轮岗后，不知道该从哪里入手，不知道自己该做什么，感觉自己做什么都不如当初好。

（2）B 类型：压力缠身。这类员工到了新岗位后会感受到巨大的压力，可能会因为压力过大产生很多负面情绪，有的员工还会表现出对新岗位强烈的排斥。

（3）C 类型：无知无畏。这类员工面对新岗位不仅没有表现出负面情绪或排斥意愿，反而会表现为喜悦或兴奋的状态，主动接受新岗位。

2. 磨合阶段

轮岗员工在新岗位上工作一段时间后，会逐渐进入磨合阶段。到了磨合阶段，不论员工原本对新岗位的表现是不知所措、压力缠身还是无知无畏，都会趋于平稳，这个阶段最突出的问题是员工的能力问题和绩效问题。

磨合阶段才是员工轮岗后真正开始面临挑战的阶段，员工会真正体会到新岗位的特点，认识到自己原本没有想到的问题，可能会发现很多因素不受自己控制，可能还会发现自己当前所处的岗位仅靠一腔热血是不能做好的。

这个阶段不仅包括轮岗员工与工作内容本身的磨合，还包括其与团队同事的磨合。工作内容的磨合时间可能比较短，但与团队同事的磨合却需要较长时间的积累，很难一蹴而就。

3. 开悟阶段

经历前两个阶段后，轮岗员工会进入第 3 个阶段——开悟阶段。到开悟阶段后，员工才算真正地理解了岗位的内涵，才算是轮岗成功。员工在这个阶段稳定工作一段时间后，可以开启新一轮的轮岗。

每个员工轮岗后都免不了要经历这 3 个阶段，轮岗员工的导师 / 直属上级或人力资源部要帮助轮岗员工度过这 3 个阶段。

8.2.4 轮岗能力培养

很多员工轮岗以失败告终，原因是公司没有做好轮岗员工的心态调整和能力培养工作。要保证轮岗成功，让轮岗员工的能力持续成长，公司需要做好 4 点工作，如图 8-5 所示。

图 8-5　员工轮岗要做好的 4 点工作

1. 安排导师

要保证员工轮岗成功，导师的作用不可忽视。导师能够发现员工在轮岗过程中出现的问题，及时帮助员工调整工作态度，提高员工的能力。

2. 上级重视

员工轮岗能否成功，与上级是否重视存在密不可分的关系。如果上级重视，定期监督、定期帮助轮岗员工，将给轮岗员工带来极大的信心。高层管理者对轮岗工作的重视与支持程度，关系着整个公司轮岗工作的进展。

3. 相关培训

员工轮岗后，员工所在部门和人力资源部要对员工进行岗前培训和岗中培训。进行岗前培训的目的是让员工对新岗位有一定的了解，减少轮岗后的不适感，提高对岗位的适应性。进行岗中培训的目的是让员工在岗位上不断提升能力，提高员工轮岗的成功率。

4. 定期评估

员工的上级和人力资源部要定期关心轮岗员工，定期对轮岗员工访谈，要定期监督、检查和评估轮岗员工导师对轮岗员工的培养情况，以及轮岗员工在岗位上的工作成果。

8.2.5　轮岗沟通准备

有的员工因为长期从事某岗位的工作，不愿意接受轮岗，认为轮岗是一种挑战。如果公司不在员工轮岗前与员工进行充分沟通，员工会对轮岗抱有较强的负面情绪，从而无法取得轮岗的预期效果。

要保证内部轮岗成功，在实施轮岗前，公司要积极与员工沟通，主要包括以下 4 点内容，如图 8-6 所示。

图 8-6　员工轮岗沟通的 4 点内容

1. 轮岗员工意见

公司要询问轮岗员工对轮岗的意见或建议，听取轮岗员工的想法后，考虑对轮岗的部分安排做出调整。

2. 员工职业规划

轮岗是公司的安排，但员工有自己的职业规划。公司应尊重轮岗员工的职业规划，让轮岗安排与员工的职业规划相匹配，帮助员工实现职业发展的目标。

3. 轮岗工作计划

公司在轮岗前应当制订好轮岗后的工作计划，在轮岗沟通的环节应当明确工作计划的内容。工作计划不仅要包括岗位的行动计划，还要包括岗位的工作目标、考核安排等。

4. 轮岗目的意义

轮岗员工对轮岗活动的理解程度决定了其接受程度，也决定了轮岗的质量。公司要让员工理解轮岗的目的和意义，同时切实为员工轮岗提供环境或资源支持。

8.2.6　轮岗工作交接

轮岗工作交接是轮岗必备的工作之一。如果轮岗工作交接不到位，很可能造成内部轮岗以失败告终，不仅不能取得预期的轮岗效果，而且会造成公司的效率和效益的降低。

轮岗过程的工作交接包括 3 个部分，如图 8-7 所示。

图 8-7　轮岗过程的工作交接

1. 物品交接

物品交接指的是岗位生产资料的交接，包括岗位需要用到的所有的工作设备、办公用品、电子文档等。

2. 工作交接

工作交接指的是岗位职责、工作内容的交接，包括当前的工作进度、阶段性成果、工作目标、职责完成情况、工作分配情况、团队协作情况等。

3. 资源交接

资源交接指的是与工作岗位相关的资源的交接，包括专利资源、供应商资源、客户资源、贷款资源、物流资源等。

8.2.7　内部兼职机制

为了提升员工的综合素质与能力，实现一岗多能、一岗多职，强化员工对不同部门或岗位的认知，为关键岗位储备人才，公司可以在部分岗位上实施内部兼职机制。内部兼职机制是轮岗机制的一种变式，不仅能够取得轮岗的效果，还能在一定程度上降低人力成本。内部兼职机制适用于公司的各类管理岗位和技术岗位。内部兼职机制主要包括以下 5 个方面的内容。

1. 兼职定位

被定位为兼职人员的员工应当承担兼职岗位的责任，学习兼职岗位的专业技能，参与兼职部门的具体业务，在兼职岗位上受兼职部门管理者的领导。这要求兼职人员在一段时期内，必须有能力同时承担两个岗位的职责，完成两个岗位的任务。

2. 兼职周期

内部兼职机制的时间周期不能过长，也不能过短。如果一名兼职人员能够长期稳定地兼职，并且对两个岗位的职责都能完成得很出色，说明这两个岗位有合并的可能性。如果兼职人员兼职的时间过短，则达不到内部兼职的目的。

兼职周期可以由兼职部门管理者、员工所在部门管理者、员工和人力资源管理人员共同协商确定。一般来说，每周从事兼职岗位工作的时间可以控制为1～3天。

3. 兼职岗位

实施内部兼职机制的主要目的是人才培养，而不是缩减员工编制，所以兼职员工从事的岗位工作应当与兼职员工当前岗位的工作有所区别，应当是跨部门兼职。兼职岗位可以考虑设置为某关键岗位的副职或助理等类型的岗位。

4. 工作安排

兼职员工的人员关系应隶属于原岗位，在薪酬或福利上可以适度提升。公司要定义好兼职员工在不同部门或岗位上的权、责、利。

5. 人员调配

内部兼职机制有助于公司内部的人才流动。当未来公司发展需要人才时，可以优先考虑有内部兼职经历的人才。人员调配时需要注意不能影响人才所在部门的正常工作。

8.2.8 轮岗法律风险

岗位调整一直是公司人力资源管理过程中比较敏感的问题，也是员工和公司之间比较容易产生劳动纠纷的问题之一。公司要执行好内部轮岗机制，需要有效规避轮岗可能存在的法律风险。要规避轮岗法律风险，有3大注意事项，如图8-8所示。

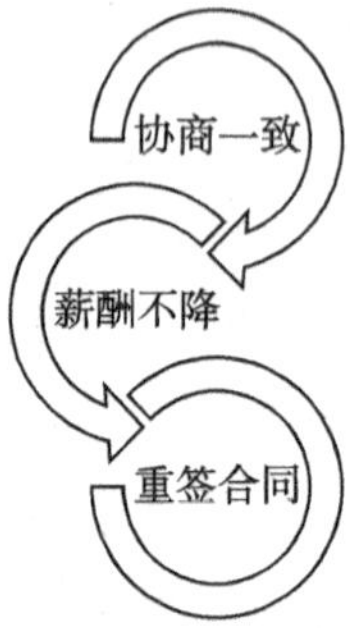

图 8-8　规避轮岗法律风险的 3 大注意事项

1. 协商一致

要规避法律风险，公司在要求员工轮岗之前，一定要和员工协商一致。公司不能在制订了内部轮岗管理制度后，就不顾员工的个人意愿，随意调整员工的岗位。

从《中华人民共和国劳动法》的角度来说，岗位调整涉及劳动合同的变更，需根据《中华人民共和国劳动合同法》（2012 年 12 月 28 日修正版）第三十五条的规定进行变更。

用人单位与劳动者协商一致，可以变更劳动合同约定的内容。变更劳动合同，应当采用书面形式。变更后的劳动合同文本由用人单位和劳动者各执一份。

可见，只要公司和员工协商一致，那么不管之前的劳动合同是如何约定的，双方都可以对劳动合同的内容进行变更，公司可以合法合规地对员工进行调岗。

为了证明公司与员工协商一致，公司可以将与员工调岗的协商过程形成文字内容，要求员工签字确认，或者在与员工协商后，要求员工主动填写《员工调动申请表》，让员工自己提出岗位调动申请，走岗位调动的流程。

2. 薪酬不降

在绝大多数情况下，在内部轮岗机制中不应降低轮岗员工的薪酬。如果因为调整岗位而降低员工的薪酬，公司同样必须先和员工协商一致，保留协商一致的证据，并且要求员工在《员工调动绩效薪酬变化单》上签字确认。

3. 重签合同

为了保证员工轮岗的合法合规性，除正常实习轮岗的情况外，公司在调整员工岗位后，可以与员工重新签订劳动合同，新劳动合同上的岗位应当是员工轮岗后的新岗位。

案例

阿里巴巴新员工培训内容

阿里巴巴非常重视新员工培训。阿里巴巴认为，新员工培训能够有效降低新员工的离职率，能够帮助新员工快速适应工作，能够明确公司对员工的期望，能够帮助新员工快速胜任本职工作，能够减少新员工的抱怨，从而帮助新员工快速融入阿里巴巴的公司文化。

阿里巴巴的新员工培训内容有“五行拳”一说，如图 8-9 所示。

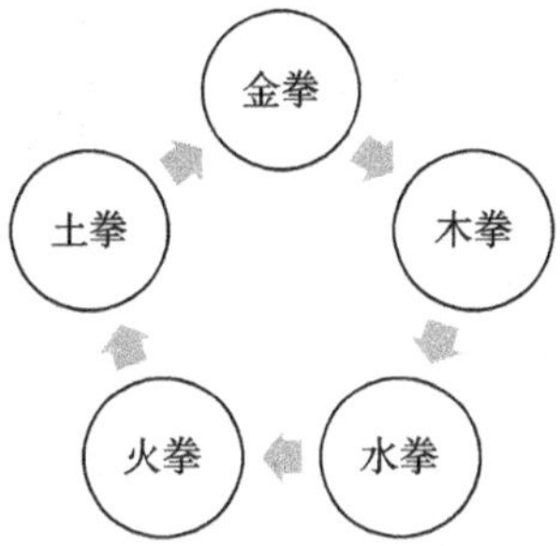

图 8-9　阿里巴巴新员工培训“五行拳”

（1）金拳，帮助新员工调整心态，适应在公司的工作。

（2）木拳，让新员工在工作中成长。

（3）水拳，帮助新员工拥抱变化。

（4）火拳，帮助新员工养成职场素养。

（5）土拳，帮助新员工学会沟通，让工作更顺畅。

新员工入职之后，阿里巴巴会通过“百年阿里”体系帮助新员工快速融入公司，特别是让新员工了解阿里巴巴的使命、愿景和价值观等理念，同时了解这些理念的形成过程，了解这些理念对阿里巴巴的重要意义。

针对新员工的专项培训包括文化制度类培训、产品知识类培训和技能心态类培训。培训环节中，会有 8 年以上工龄的员工分享经验，会有高管面对面地与新员工进行交流。该 3 项培训通过老员工和高管的分享，传递阿里人的精神，建立新员工与阿里巴巴的历史和文化之间的连接。

阿里巴巴的新员工培训并不完全通过集中培训的形式把理念灌输给新员工，

而是由新员工自由选择课题。作为了解阿里巴巴公司文化的切入点，阿里巴巴让新员工积极接触其他的阿里人，实际观察其他资深员工如何践行公司理念。

阿里巴巴鼓励员工分享，尤其是在新员工培训中。培训师嘴上讲的不如新员工自己感受到的，新员工之间如果能够相互分享、交流感受，培训的效果则会更好。新员工与他人进行交流和讨论，能够实现双方的共同成长。

集中培训后，新员工将会被介绍给团队成员。一般在1个月之内，公司将安排欢迎新人到来的团队聚餐。在新员工入职的1年之后、3年之后和5年之后还分别有不一样的培训内容。

新员工正式上岗后，会有师兄为新员工提供辅导。这些师兄不仅会在业务上给新员工提出宝贵建议，还会与新员工分享阿里的故事。阿里巴巴给新人安排的师兄帮带制度，拉近了新员工和老员工之间的距离，加深了新老员工之间的了解，能够促进团队的团结。

轮岗也是阿里巴巴培训新人的一种重要方式。新员工工作一段时间后，如果在岗位上没有创造出比较高的价值，可以迅速进入轮岗环节，通过岗位调换，新员工可找到最适合自己的岗位。

马云在给新员工培训的公开课上，曾讲过以下内容。

“我始终认为，公司的第一大产品是员工。员工强大了，我们的产品才会强大，服务才能更好，客户才能满意。我们希望阿里巴巴是一家在中国土地上诞生的，对世界经济发展、对人类社会进步有贡献的公司。所以，我们希望我们招聘进来的员工，都带着这个使命，都心怀这个理想。

“以前‘挖’我们员工的公司很多，那时候我们还在杭州的华星大厦。曾经有公司开出条件，只要阿里的人能去，给4倍工资。结果我们的员工，一个也没有去。

“我们喜欢的人，是提建设性意见、有行动力的人。我们讨厌那些天天抱怨的人，我们不喜欢这些人。无论是在内网还是外网，我们最讨厌那些天天说公司不好却还留在公司里的人。

“门是打开的，我们愿意听建议、批评，但是要有行动。阿里巴巴的门永远打开，很容易出去，但是很难进来。这就是我们公司与众不同之处。大家记住：出去容易，进来很难。如果进来容易，出去很难，那是监狱。

“记住，利益一定是靠自己的努力换来的，没有谁的奖金、收入是别人给的，必须凭自己的努力去挣。业绩、市场是打下来的，没有人会平白无故地给你们。

成绩也是靠努力赢来的。我们为努力鼓掌，为结果付报酬。有结果，We pay（我们付报酬）；如果你很努力，没有结果，我们鼓鼓掌，也很好。”

案例

阿里巴巴轮岗机制

阿里巴巴认为，轮岗能为高潜质人才提供更大的发展空间和更好的发挥创造力的舞台，协助员工完成职业转型及职业生涯的飞跃式发展，同时能够对现有人才产生极大的激励效应，从而让组织充满活力，留住企业的关键、核心人才。

阿里巴巴的内部轮岗制度比较严格，每年都有不少管理层的人事变动。这种轮岗文化是从阿里巴巴的“铁军”时期开始建立的。

曾任阿里巴巴首席运营官兼执行董事的李旭晖说：“现在的大区经理都是从一线销售走过来的。岗位调动让他们重新归零，重新开发新市场，随时整装待发，一声令下就出发。从上海调广州，从厦门调青岛，从宁波调深圳，频繁调动，每次调动都牵涉家属和人际关系，每个人都是两三年调了五六个地方。调令下来得很仓促，反应时间有限，这些区域经理听到调动，基本上一天之内就能搞定所有事情。他们接到调令的第一句话就是：什么时候出发？”

2007年底，在阿里巴巴B2B业务上市后不久的平安夜当天，马云向员工发了一封公开信，宣布旗下4大板块的高层将进行“轮岗”，包括创始人之一、阿里巴巴执行副总裁、淘宝网总裁孙彤宇“离岗进修”，另一位创始人、集团资深副总裁金建杭进行岗位调整。另外，李琪、吴炯、李旭晖、曾鸣、陆兆禧等多名高管的岗位都要进行调整。

当时的轮岗包括两部分，一部分是“干部轮休学习计划”，孙彤宇等4名高管进入“学习期和休整期”，参与进修的高管不保留职位、不领薪酬。阿里巴巴内部人士表示，适时让“元老”们走出去，是马云一直以来的既定方针。阿里巴巴一直希望打造高水平的管理团队。

另一部分是当时的3大子公司淘宝、中国雅虎、支付宝的高层轮换。比如原中国雅虎总裁曾鸣调回阿里巴巴，原支付宝总裁陆兆禧负责淘宝，原淘宝副总裁邵晓峰调任支付宝总裁。

2012 年，阿里巴巴的 20 多位高层管理干部轮岗，此次调动跨越阿里巴巴旗下的全部子公司。这次轮岗调整大多遵循“专业对口”的原则。比如原淘宝商家事业部副总裁王文彬调到天猫商家服务部，阿里巴巴战略投资部资深副总裁张蔚则被调到集团参谋部。

有人说，阿里巴巴岗位轮换的背后是马云在强化高管层对全公司的掌控能力，以强有力的方式推进阿里巴巴内部人力资源的整合。也有人说，阿里巴巴的轮岗制度一方面是为公司培养复合型人才，另一方面也是防止出现“拥兵自重”的现象。

不论从结果来看，还是从长远发展来看，轮岗机制都对阿里巴巴的人力资源的发展和企业经营起到了非常正面的作用。

案例

某上市公司干部外派制度

某上市公司为了同时解决区域发展不平衡和人才轮岗的问题，设立了干部外派制度。该制度主要是希望公司发展比较好的区域分公司外派干部到比较偏远、发展相对较差的区域分公司工作，在提升外派区域分公司绩效的同时，培养外派干部的能力。

该公司干部外派制度的具体规定如下。

1. 外派干部

外派干部为发展势头良好、人才较充足、业绩较优秀的公司的基层、中层和高层干部。公司所有干部在无特殊情况下，应当服从公司的正常调动。调动开始时间和结束时间由公司和干部协商确定。

2. 外派期限

外派期限根据外派区域分公司的实际发展情况和后备人才的培养情况确定，最短时间为 1 年，最长时间为 5 年。

3. 外派期间待遇

（1）基本薪资：在外派区域分公司同岗位最高基本薪资与当前岗位基本薪资中取高值。

①驻外补贴：根据外派区域的不同，按照100～300元/天的标准发放驻外补贴。

②住宿：公司统一提供公寓，保证24小时热水、网络畅通。

③通信：公司统一配备手机，根据干部等级报销通信费用。

④探亲：高铁、动车或汽车4小时以内路程每月集中休假2次；4小时以上路程每月集中休假1次，公司报销往返交通费用。

（2）绩效奖励：所有外派干部的平衡计分卡的“学习发展”维度加1分；每派出1名干部，外派干部所在分公司领导的平衡计分卡的“学习发展”维度同样加1分。

4. 申请返回条件

（1）在当地培养出能够接任自己工作的后备人才。

（2）外派满1年后，可以申请返回。

5. 外派返回待遇

（1）接受外派的干部回公司后享受优先晋升的权利。

（2）接受外派的干部外派结束后可以自主选择区域分公司。

（3）接受外派的干部回公司后每年享受7天外部带薪培训学习的机会，在不超过部门培训预算的情况下，培训费用由公司承担。

第 9 章

年度培训计划设计

由于侧重解决的问题不同，每个公司的年度培训计划都呈现出不同的特点，不可一概而论。公司人才培养常见的问题有 3 种，第 1 种是人才不足或能力差，这时年度培训计划的主要方向应为人才培养；第 2 种是绩效水平差，这时年度培训计划应聚焦在绩效的提升上；第 3 种是培训体系不完善，这时年度培训计划应把重点放在培训体系的建设上。

9.1 基于人才培养的年度培训计划

很多公司在快速发展时期都会遇到人才短缺的问题，如果人才补充跟不上，将直接导致公司业务发展受阻，从而导致公司不能实现战略目标。人才补充不能完全依靠外部招聘，而应当重点依靠对内部人才的培养。

9.1.1 培训计划流程

人才的数量不足和能力欠缺是公司经常遇到的问题，当公司制订年度培训计划的目的是解决人才数量和能力的问题时，公司应把年度培训计划定位在人才培养上。在这种情况下，公司在做培训目标设计和培训评估时，可以把重点放在“人才培养完成率”这个指标上。

制订基于人才培养的年度培训计划可以分成 4 步，如图 9-1 所示。

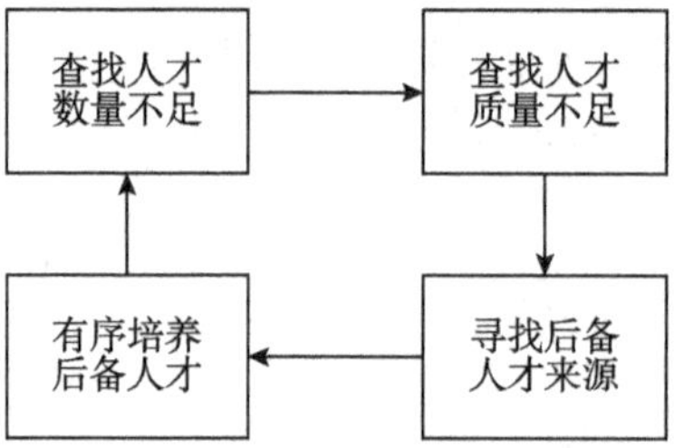

图 9-1　基于人才培养的年度培训计划的制订步骤

1. 查找人才数量不足

制订基于人才培养的年度培训计划通常是由于公司存在人才数量不足的问题。这时候公司制订培训计划就应当针对当前人才数量的不足，提供解决方案。公司应当查找当前在哪个地区、哪个部门、哪个岗位上存在人才数量的不足。

2. 查找人才质量不足

人才质量不足很容易被公司忽略。很多公司并非缺少人才，而是人才的能力不够，或者质量不好。当现有团队成员不具备某些能力时，即便他们在数量上是足够的，在质量上也是不足的。这时候，公司除了要补足人才数量之外，也要查找人才在质量上存在哪方面的不足。

3. 寻找后备人才来源

查找人才数量和质量上的不足后，公司要尝试寻找后备人才来源。这里的后备人才来源不仅限于外部招聘，也可以是对内部人才的培养和培训。如果是来源于内部人才的培养和培训，公司就应当针对这部分人群设计培训计划。

4. 有序培养后备人才

针对后备人才的培训计划应当保证能对人才某方面的知识、技巧和能力进行培养，让人才能够达到岗位胜任力的基本要求。对后备人才的培养应当循序渐进，注意人才培养到位的时间。

9.1.2 后备人才储备

后备人才储备的具体数量，可以通过计算得出，并利用后备人才储备数量表分析，如表 9-1 所示。

表 9-1 后备人才储备数量表

某岗位	人才需求数量	前 *N* 年平均离职率	考虑离职率后需要培养的人才数量	人才培养成功率	待培养的人才数量	培养人才名单	当前人才的质量情况

表 9-1 前 2 列表示某岗位的人才需求数量，如果要详细分析，可以再加一列，记录这些人才的到位时间。在确定人才需求数量之后，接下来要分析这个岗位的离职率。表 9-1 中的离职率是前 *N* 年的平均离职率。如果基础数据充足，一般可以收集前 3 年的平均离职率。如果基础数据不足，可以用前 1 年或前 2 年的平均离职率。如果是新设立的岗位，没有相关岗位的离职率数据，可以预估一个离职率。

通过考虑和计算岗位的离职率，公司能够计算出需要培养的人才数量。这里计算出的需要培养的人才数量一般应当比人才需求数量更多。

单纯考虑离职率还不足以准确计算需要培养的人才数量，还要看人才培养的成功率，也就是经过培养和培训后，人才素质能力达标的百分比。人才培养的成功率与公司的人才培养能力有关，也与人才自身的潜质有关。

通过人才培养的成功率，公司可以测算出待培养的人才数量。公司待培养的人才数量一般比考虑离职率后得出的需要培养的人才数量更多。同样，如果公司没有人才培养成功率的统计数据，可以适当预估。

得出了待培养的人才数量后，就可以确定培养人才名单了。根据培养人才名单，公司可以得出这些人才当前的质量如何，接下来就可以根据当前人才的质量情况，有针对性地进行培养了。

9.1.3 能力补充计划

当公司聚焦不同岗位需要培养的人才后，可以针对人才当前的能力情况，设计有针对性的能力补充计划。在设计能力补充计划时，可以使用人才能力补充计划表工具，如表 9-2 所示。

表 9-2 人才能力补充计划表

某岗位	当前较大差异	能力补充方式	开始时间	结束时间	负责人	评估人
		集中培训				
		以师带徒				
		外部培训				
		……				

在表 9-2 中，公司可以具体列出这些人才当前能力与预期存在的较大差异。

补充人才能力的方式多种多样，可以通过集中培训，可以通过以师带徒，可以通过外部培训，也可以通过其他的方式。针对员工要补充的能力，公司应做出规划，有针对性地进行培养和补充，而不是简单地凭空想象。

根据人才培养的周期，公司应设置好人才培养的开始时间和结束时间。另外，工作应落实到人，对不同岗位的培养，应当设置相应的负责人和评估人，也可以根据需要设置监督人。

9.1.4 培训计划制订

设计好能力补充计划后，当能力补充最终落到集中培训方式上时，公司可以根据确认后的培训需求，从战略、任务和个人 3 个层面考虑，形成公司层面的总体培训计划和行动方案，如表 9-3 所示。

表 9-3　公司层面的总体培训计划和行动方案表

层次	序号	培训内容	针对对象	培训目标	培训形式	培训资源	培训场所	培训时间	培训费用
战略层需求	1								
	2								
	3								
任务层需求	1								
	2								
	3								
个人层需求	1								
	2								
	3								

表 9-3 中的 3 个层次的需求不仅来源于人才能力补充计划，也来源于培训需求分析。

公司年度培训计划表如表 9-4 所示。

表 9-4　公司年度培训计划表

序号	培训类别	培训名称	培训形式	举办部门	参训人员类别	培训人数	培训时间	培训内容	培训讲师	需要资源	评估方式	培训教材	培训地点	培训费用	备注

表 9-4 主要是用来说明操作思路的，读者在应用时可以根据公司的实际情况做相应调整或转换。

9.2　基于绩效提升的年度培训计划

培训的最终目的是提升绩效，只有绩效提升了，才能说培训成功了。年度培训计划可以围绕培训的核心目的制订，除了培养人才，当公司的绩效出现问题时，也可以围绕绩效提升制订培训计划。

9.2.1 培训计划流程

除了人才能力差之外，公司比较常见的问题是绩效水平比较低。公司中总会有一些绩效比较好的部门，也会有一些绩效比较差的部门。针对那些绩效比较差的部门，公司的年度培训计划就应当围绕绩效提升制订。

对绩效比较差的部门，公司应当把培训计划的重点放在绩效的提升和改进上。在这种情况下，公司在进行培训目标设计和培训评估时，可以把重点放在“培训前后绩效的变化”这个指标上。

制订基于绩效提升的年度培训计划可以分成 4 步，如图 9-2 所示。

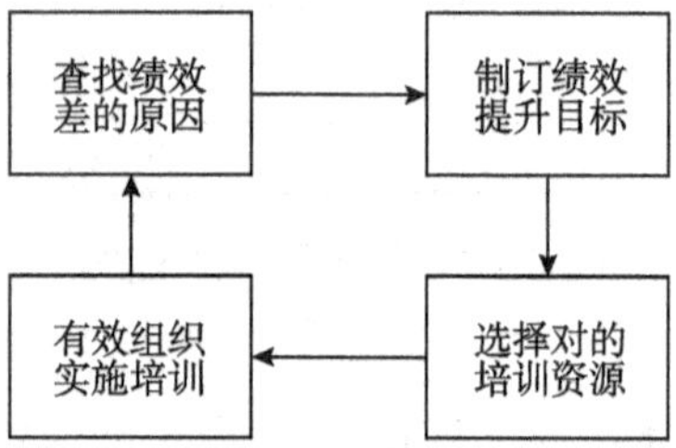

图 9-2　基于绩效提升的年度培训计划的制订步骤

1. 查找绩效差的原因

公司要查找部门绩效差的原因。在查找原因时，公司一定要实际调查部门绩效差的真实原因，而不是道听途说或凭空想象。这里可以用到的方法是“持续问为什么”。很多时候，我们看到的只是表象，只有当持续问为什么时，才能找出背后的根本原因。

案例

某线下连锁店中某个品类的销量持续下降。经过几次会议，情况仍没得到改善。到年底时，总经理提出要改变这种情况。

为什么该品类的销量会下降呢？

该品类销量下降的原因之一是该品类的产品价格没有优势。在竞争对手的店里，同品类产品的价格普遍比本店低 10% ~ 20%。

为什么竞争对手的店中同类型产品的价格比本店的价格低呢？

产品价格是公司采购部门和供应商谈判确定的。所以，公司采购部门的谈判能力与产品价格的相关性特别强。公司发现，该品类采购人员和供应商谈判时，总不能获得对公司有利的价格。

为什么自己的采购人员和供应商谈不下价格，竞争对手却可以呢？

因为竞争对手给了供应商大量的门店端架和堆头的资源。而且竞争对手和供应商谈的协议价格，是以某个销量为前提的，实际上是一个对赌机制，即供应商给门店某个比较低的价格，门店要保证某个比较高的销量。

找出绩效差背后的原因后，就能找到提升绩效、制订培训计划的具体方向。

2. 制订绩效提升目标

公司制订培训工作计划的最终目的是提升绩效。制订绩效提升目标，同样也是制订培训工作计划的基本目标。明确目标有助于围绕目标制订计划，也有助于评估计划的最终完成。

3. 选择对的培训资源

培训资源可以分成外部资源和内部资源。当内部培训资源能解决绩效问题时，应当优先使用内部的培训资源。选择培训资源时应当注意，公司内部往往存在大量待开发的培训资源，要运用好这些资源，而不要一开始就想着去外部寻找培训资源。

以案例中的线下连锁店为例，除了销量下滑的品类外，这家店还存在许多销量增长势头较好的品类。这些品类的采购人员就是很好的内训师资源，这些优秀的采购人员的谈判方法就是很好的培训教材。

4. 有效组织实施培训

公司在组织和实施培训时应注意，应当针对某个问题，具体问题具体分析。在解决问题时，公司还要尝试通过改变环境、改变管理体制、改变工具方法来更好地解决问题，而不仅仅是通过培训来解决问题。

9.2.2 绩效提升步骤

要实现绩效提升，不应马上实施培训，而应首先进行绩效诊断，找到类似岗位的最佳实践，然后尝试把最佳实践推广至需要提升绩效的岗位。具体的实施步骤如图 9-3 所示。

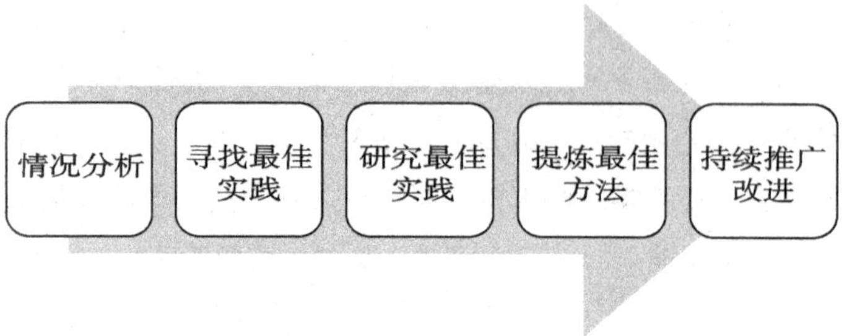

图 9-3　绩效诊断与提升的具体步骤

1. 情况分析

对当前公司出现的问题做详细的分析，而不是盲目地采取行动。

2. 寻找最佳实践

找到在这个领域中做得最好的那个案例及其实施者，也就是该领域中绩效较好的情况。

3. 研究最佳实践

研究这个案例为什么做得好，实施者运用了什么方法，或者发掘其秘诀是什么。

4. 提炼最佳方法

把最佳实践中实施者运用的工作方法和秘诀提炼出来，变成其他人能够学习的工具或模板，再开始推广。

5. 持续推广改进

对最佳实践进行推广，对过程中发现的问题不断进行修正，以达成最终目标。

这套绩效诊断与提升的方法几乎适用于任何公司、任何行业的任何绩效问题。

案例

我曾经任职的一家公司，招聘压力非常大。有一次公司要在一个新的区域发展，总部派了 3 名招聘专员过去帮助这个区域招聘，结果招聘效果很差。这 3 个招聘专员招了 3 个多月，招聘满足率只有 30%。

做绩效分析时，这 3 名招聘专员都表示，在这个新区域招聘效果比较差的主要原因是公司对当地劳动者来说并不具备品牌知名度，大部分劳动者没有听说过本公司。当这些劳动者有就业选择时，会选择当地的一些知名公司。

那时，公司正好新聘请了一位招聘经理。我想试试他的身手，就把他派到那个新区域，让他协助当地的区域人事专员继续开展人才招聘工作。由于当时其他新区域还有招聘任务，我就把当时外派到那个区域的3名招聘专员调配到其他新区域了。

没想到的是，这位招聘经理到了新区域后，只用了1个月的时间，招聘满足率就达到了90%。我很震惊，赶忙把这位招聘经理召回总部交流，问他是如何完成招聘任务的。这一步就是寻找最佳实践和研究最佳实践。

这位经理从招聘渠道、招聘方法和面试技巧3个方面给我讲了很多。我听了以后受益匪浅，觉得这套方法非常值得推广。这一步，就是提炼最佳方法。

于是，我对这位经理说："你今天赶快把你刚才跟我说的这些方法做成课程。明天上午我召回所有的招聘专员，你给他们讲讲课，让他们向你学习。"这一步，就是持续推广改进。

这位招聘经理培训结束以后，效果非常好，公司整体的招聘满足率都提升了。通过他的分享，公司也总结出了一套在新区域扩张用的招聘流程和方法。

9.2.3 绩效提升注意事项

公司在进行绩效提升时，要注意4点，如图9-4所示。

图9-4 进行绩效提升的注意事项

1. 先客观再主观

进行绩效诊断时，对于多类型的绩效指标，公司应当本着先客观再主观的原则进行诊断。能够用数据量化和明确表示出来的绩效问题，公司能更精确地把握，这类绩效问题应当被优先诊断和处理，而偏主观的绩效问题应当延后处理。

案例

某部门的绩效指标的 80% 是量化指标，20% 是来自其他部门的 360 度主观评估。该部门上年度整体绩效较差，公司总经理为此非常生气，责令人力资源部协助这个部门的负责人查找该部门存在的问题，改善该部门的绩效。

人力资源部在开展绩效诊断工作时，应当首先针对 80% 的量化指标做工作，而不是针对 20% 的主观评估去询问其他部门对这个部门的看法、意见或建议。

2. 先环境再个人

当绩效出问题时，大多数人第一时间想的是如何教育员工，总想着通过给员工培训、让员工听讲座，提高员工的素质，从而解决绩效问题。而实际上，改变环境的成本往往更低，见效更快，甚至可能更容易。

案例

某部门的绩效较差，人力资源部在对该部门进行绩效诊断时，从信息、资源、奖励 / 后续结果等环境因素，到知识 / 技能、素质、动机等个人因素依次查找问题，而不是直接对员工进行培训。

3. 先主要再次要

影响绩效的因素非常多，经过绩效诊断，公司可能会总结出几十项甚至上百项的问题。这时候，在公司资源有限的情况下，应当对问题进行分类判断，先解决主要的、重要的问题，再解决次要的、不重要的问题。

案例

某公司在进行绩效诊断之后，把绩效问题分成既重要又紧急、重要但不紧急、紧急但不重要、既不重要又不紧急 4 个类别。该公司采取的策略是首先处理既重要又紧急的绩效问题，其次处理重要但不紧急的问题，然后处理紧急但不重要的问题，最后处理既不重要又不紧急的问题。

4. 先总结再改进

公司不能盲目地进行绩效提升，在实施绩效提升之前，一定要先进行绩效诊断和总结。在发现问题之后，公司应先总结优秀的经验，再通过对优秀经验的推广进行绩效提升。

案例

某公司销售团队的整体业绩比较差，总经理想通过培训提高销售业绩。但人力资源部没有直接展开培训，而是首先询问销售业绩比较好的销售人员为什么做得好，然后把他们的优秀经验总结出来，将其变成一个标准化的、大家都可以学习和使用的工具或方法，再进行培训推广。

9.2.4 解决绩效问题

从绩效结果中能够发现员工的培训需求，当某部门绩效水平明显偏低时，人力资源部应当查找这个部门绩效水平偏低的具体原因，判断该部门员工是否需要相应的培训。例如，当销售部门业绩下滑、生产部门产品质量降低、技术部门新产品研发延期时，人力资源部应当重点关注。

绩效也可以评估培训成果。培训成果评估中有一项是绩效层面的评估，就是对比培训前后参训人员绩效的变化。如果参训人员的绩效明显提升，则在一定程度上说明培训是有效果的；反之，则说明培训没有明显效果。

绩效在培训中的应用流程如图 9-5 所示。

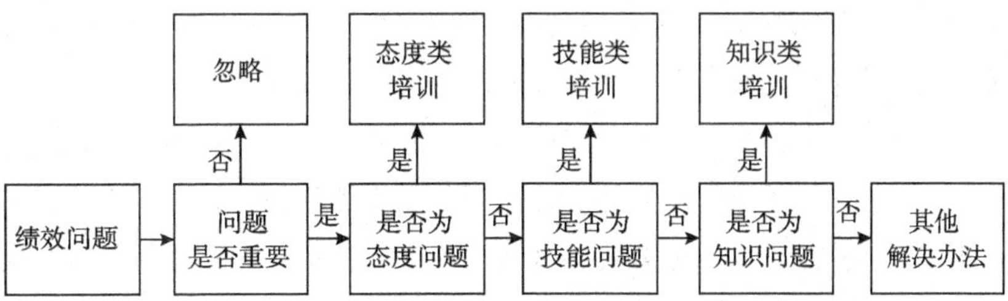

图 9-5　绩效在培训中的应用流程

图 9-5 实际上是基于绩效做出培训决策的过程。基于对绩效的分析，公司要找出绩效问题产生的原因，如果是态度、技能或知识层面的问题，可以拟订员工

的培训计划和方案。

当出现某类绩效问题时，首先应判断该问题是否重要，如果不重要则可以忽略。如果重要，则应当判断该问题是否为态度问题。

如果是态度问题，公司应当实施态度类培训。如果不是态度问题，则需要判断是否为技能问题。

如果是技能问题，公司可以根据情况实施各种提升技能水平的培训。如果不是技能问题，则需要判断是否为知识问题。

如果是知识问题，公司同样可以根据情况实施各种能够解决实际问题的知识类培训。如果不是知识问题，则需要寻找其他解决办法。

9.3 基于培训体系建设的年度培训计划

要让培训有价值，需要持续有效的培训体系的支持。落后的培训体系会阻碍人才的成长，影响公司的发展。优秀的培训体系，能够使公司各层级人员得到能力上的提升，增强公司的凝聚力和员工的归属感，促进公司的良性发展。

9.3.1 培训计划流程

培训体系不完善同样是公司中的常见问题，公司在制订年度培训计划时，可以把重点放在培训体系建设上，重点建设那些会影响人才培养和培训工作正常运行的薄弱环节。在这种情况下，公司在进行培训目标设计和培训评估时，可以把重点放在“项目计划完成率”这个指标上。

一套完整的培训体系是公司人才培养和培训工作正常、有序开展的重要保障。很多公司培训工作做得不好，实际上是培训体系出了问题。针对人才培养和绩效提升制订的培训计划，大部分解决的都是“点”的问题；而针对培训体系建设制订的培训计划，解决的是“面”的问题。

基于培训体系建设的培训计划的制订逻辑，实际上是基于公司当前培训体系的不足而进行的项目改进。制订基于培训体系建设的年度培训计划可以分成 4 步，如图 9-6 所示。

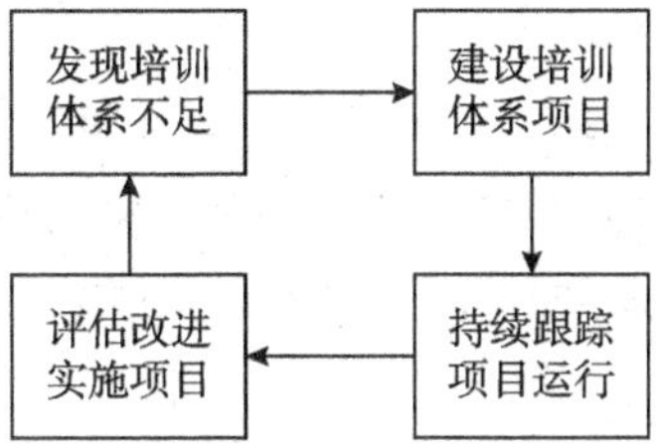

图 9-6 基于培训体系建设的年度培训计划的制订步骤

1. 发现培训体系不足

根据公司存在的问题，发现培训体系存在的不足，也就是根据“点”的问题，发现“面”的问题。

案例

有的公司认为销售人员的业绩差只是一个绩效提升方面的问题。实际上深入研究后发现，销售人员业绩差的其中一个原因是，销售人员对产品知识的了解不够。而出现这种情况的原因是，产品的技术研发部门从未对销售人员做过任何有关产品知识的培训。

为什么技术研发部门从未对销售人员做过任何有关产品知识的培训？

（1）因为企业没有制订相关的培训管理制度，没有这方面的要求。（培训制度层面的问题）

（2）技术部门没有指定和培养固定人员做培训讲师。（培训讲师培养的问题）

（3）技术部门没有根据产品的具体情况制作销售人员看得懂、用得上的培训资料和培训教材，而仅仅将产品说明书作为资料。（培训课程体系建设的问题）

2. 建设培训体系项目

通过对“点”的问题不断深入挖掘，公司可以发现很多“面”的问题。基于培训体系建设的年度培训计划正是在发现了“面”的问题之后，通过体系建设来解决这类问题的工具。根据上述案例中发现的问题，公司可以在培训制度层面、培训讲师培养层面和培训课程体系建设层面，分别制订年度培训计划。

3. 持续跟踪项目运行

培训体系建设是一个项目工程，既然是项目工程，就会有项目内容、完成时间、完成标准、事项负责人、需要的资源等一系列具体的安排。在基于培训体系建设的年度培训计划制订后，要持续跟踪项目的运行情况。

4. 评估改进实施项目

当事先规划好培训体系建设项目的具体培训计划并展开实施后，随着项目的持续运行，公司接下来要做的是评估和改进培训体系建设项目的实施情况。

9.3.2 培训体系全貌

培训体系是为了有效实施培训管理而推行的一系列管理工作流程。一套完整的培训体系至少要包含 3 个层面，如图 9-7 所示。

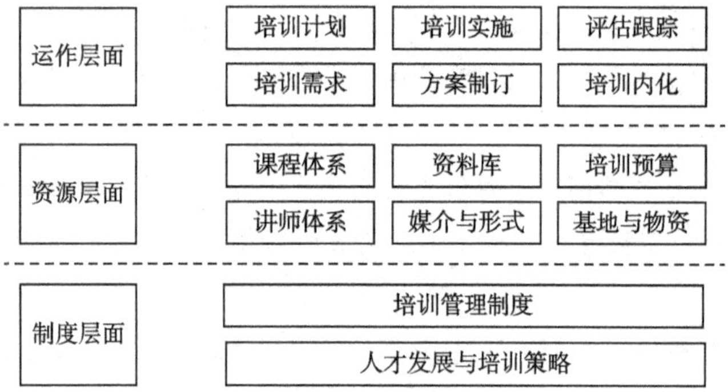

图 9-7　培训体系的 3 个层面

1. 制度层面

培训体系的最底层是制度层面，指的是公司基于战略制订的人力资源规划中，关于人才培训与发展的纲领性政策或导向性思路，包括公司的人才发展与培训策略、详细的培训管理制度等。简单地说，制度层面就是公司对于培训管理具备怎样的思路和规则。

2. 资源层面

培训体系的中间层是资源层面，指的是公司内部保证培训策略和制度有效实施所具备的可调配或可使用的资源，其中包括如何寻找和开发讲师体系，如何设计和开发课程体系，如何管理培训资料库，如何选择培训的媒介与形式，如何管理培训预算，如何管理培训基地和物资等。

3. 运作层面

培训体系的最上层是运作层面，指的是公司在动用各种培训资源贯彻培训策略的过程中，为保证培训有效、有序地进行所需要实施的一系列关键行为。如果不有效实施这一系列行为，培训体系将是不完整的。

在很多培训体系搭建得不完善的公司中，人力资源部平时组织培训，大部分工作的重点都放在了培训实施的前、中、后环节。

图 9-7 是培训体系的全景图。有的人力资源管理人员虽然负责公司的培训管理工作，但他每天做的或关注的工作只有这些模块中的某一块或某几块，这就会使公司的培训体系不完整，培训效果很可能存在问题。

培训体系的 3 个层面是由下向上递进、相互作用、共同发展、缺一不可的。只有当这 3 个层面中的各个模块都完整时，才能有效保证人才培训体系的完整，才能让人才培训工作持续有效进行。

9.3.3 培训体系特质

培训管理不仅是举行几场培训那么简单。培训管理是公司出于开展业务和培育人才的需要，采用各种方式，对员工进行有目的、有计划的培养和训练的管理活动，能让员工不断积累知识、提升技能、更新观念、变革思维、转变态度、开发潜能，以更好地胜任现职工作或担任更高级别的职务，从而促进组织效率的提高和组织目标的实现。

优秀的培训体系一般应包括 4 种特质，如图 9-8 所示。

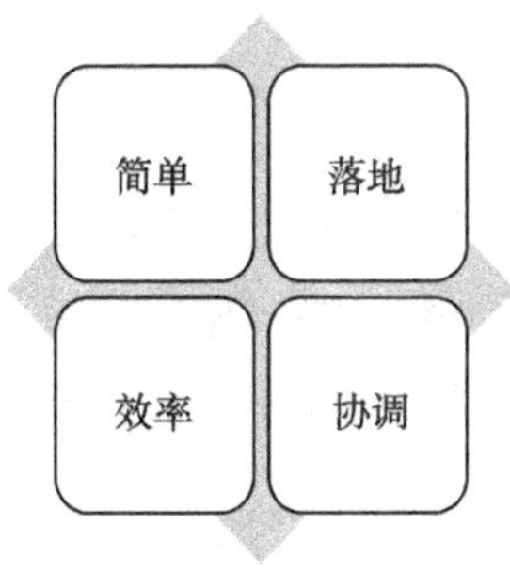

图 9-8　优秀的培训体系的 4 种特质

1. 简单

优秀的培训体系不能过于复杂，应当能够被通俗化地理解和接受。一般来说，公司用人部门的各级管理者忙于处理业务，人力资源部应想方设法节省用人部门的时间，而不是浪费他们的时间。

2. 落地

优秀的培训体系一定是能够落地实施的。“高端”从来都不是人力资源管理的追求。能否被公司接受，最终能否落地实施，才是检验培训体系成功与否的重要标志。

3. 协调

优秀的培训体系要具备整体的协调性。公司是一个整体组织，就像人体一样，只有当所有器官都良好运转时，人体才会是健康的。在培训体系中，只有各个模块相互协调、良好运转时，培训体系才会是健康的。

4. 效率

优秀的培训体系能够帮助公司提高效率。培训体系运转的过程，其实是公司内部资源重新配置的过程。公司内部资源配置得越合理，资源配置水平和均衡性越高，公司的运转效率就越高。

培训体系就好像一粒种子，这粒种子能不能在公司这个生态环境中生根、发芽、开花、结果，公司中的“空气”“土壤”和“水分”起着决定性的作用。

1. 空气

“空气”指的是公司各层级对培训体系的观念，包括一把手的观念、各部门管理者的观念以及员工的观念等。在构建培训体系前，人力资源部需要让公司各层级对培训体系具备客观和理性的观念，而不是想当然，从观念上为培训体系的建设做好准备。

2. 土壤

“土壤”指的是公司的环境，包括公司的管理基础、整体氛围、员工关系等。完整的培训体系是比较高阶的管理工具，如果公司不具备基本的管理基础，是无法对其进行有效实施的。在建设培训体系之前，人力资源部要判断公司当前的管理基础情况。

3. 水分

“水分”指的是培训体系的建设方案，包括方案本身是否符合公司的实际、方案是否符合实际、具体方案是否具备可操作性等。大部分公司都不能或没必要一下子建设整套培训体系，而应当根据公司观念和管理基础的情况有计划、有选择地分步骤建设。

9.3.4 培训体系建设

人力资源部在评估公司培训体系的建设质量时，如果发现公司的培训体系有缺陷，可以实施建设和补充。这种情况下可以使用培训体系建设项目进度表，如表 9-5 所示。

表 9-5 培训体系建设项目进度表

建设层级	建设模块	当前问题	达成目标	行动方案	输出内容	需要资源	完成时间	负责人	管理部门	备注
运作层面										
资源层面										
制度层面										

表 9-5 集合了项目管理的知识和要素，操作实施的步骤包括计划、组织、领导、协调、控制、评价 6 个环节。这 6 个环节形成了一个完整的闭环，能在实施中不断改进与提升。

表 9-5 中的“行动方案”处一般填写的是工作内容，这是让所有相关人员明确将要“做什么”。如果待完成的工作项目繁杂、内容较多，可以把项目进一步分成大类、中类、小类或更细致的分类。

项目进度的推动还要有“输出内容”，这是明确工作内容完成之后的具体交付形式。输出内容应当是具体的、可见的、完整的事件或文件。有些管理较严格的公司，对输出内容有质量评价。根据习惯的不同，质量评价可以按 A/B/C/D 分类，也可以按优 / 良 / 中 / 差分类。

项目推进中必不可少的是确认完成时间、由谁来负责以及需要哪些资源协助完成。如果是对成本或经费有要求的公司，可以在表 9-5 中加入“项目计划费用”与“实际产生费用”两项并进行比较。

人力资源部在进行培训体系建设时，应遵循 3 个步骤，如图 9-9 所示。

图 9-9　培训体系建设的 3 个步骤

1. 统筹规划

培训体系建设是一项系统的工程，该项目的实施是一个统一的整体，虽然完成的工作不同，但它们具有关联性。如果只做好某一项或某几项工作，可能难以取得预期的效果。

2. 分步实施

培训体系建设的目标和指标不可能一蹴而就，公司中其他人理解和适应该目标和指标需要时间，也需要有先后顺序。这就需要人力资源部持续按照计划、组织、领导、协调、控制、评价这 6 个环节不断实施宣导，不断执行、坚持推进。

3. 及时调整

任何计划都不可能一成不变，如果遇到以下几种情况，人力资源部需要及时对计划做出调整。

（1）外部政治、经济、法律、技术等环境发生变化导致公司战略发生重大变化。

（2）公司内部出现较大的人事变动，造成组织机构、公司文化发生重大变化。

（3）公司的资源条件、财务状况、经营方针等出现较大变化。

在培训体系建设项目推进的过程中，有 3 个注意事项。

1. 人是最关键的要素

任何项目都是由人与人相互支持和协作来推进和完成的。可有时候人多了，沟通、交流和相处难免出现很多问题。例如，由于双方的文化、知识、语言、经验、能力等差异，可能会出现沟通不畅、相互不理解、不认同，甚至彼此仇视等情况。

而这些沟通问题，总是会在项目的推进过程中不经意地出现，通常会贯穿项目的始终。若不理会这些问题，项目可能就无法继续推进；若放置不管，项目可能会被延误；有时候看似一片平和，实际上只是问题比较隐蔽，还没有爆发出来而已，一旦问题爆发则可能对整个项目造成较大影响。

这时候，项目推进者需要充当“润滑剂”的角色，解决各方的矛盾；有时候需要做一个“过滤网”，把负面情绪隔离在团队之外；有时候需要做一个“打气筒”，在团队成员懈怠和松散的时候给他们加油、打气；有时候需要做一个“天平”，将各方的观点折中；有时候需要做一个“路标”，当团队成员感到迷茫时，能够为他们指明前进的方向。

2. 选择适合的工具和方法

世界上没有哪个工具和方法是放之四海皆准的。甲之蜜糖，乙之砒霜。面对不同公司、不同环境、不同素质和背景的团队、不同理念的管理者，培训体系建设项目的计划内容、工作顺序、推进方式、变化可能、沟通手段以及使用的工具和方法等都会大不相同，不可一概而论。使用的工具和方法因地而异、因时而异、因人而异。

3. 向成功的项目取经

培训体系建设项目的规划和推进，一方面可以借鉴优秀公司、标杆公司或咨询公司的实施经验；另一方面，也可以跳出人力资源管理领域，向其他成功的商业项目、政府项目、工程项目等具备项目管理内核的领域学习。

项目的分类多种多样，虽然很多项目表面上看起来各不相同，但往往在某一个部分，存在可以相互借鉴的部分。学习、总结并将不同项目的亮点进行关联和融合，在提高知识、广度和眼界的同时，能对实际工作起重要的指导作用。

9.4 【实战案例】某上市公司年度培训计划的制订

某集团公司拥有 80 多家子公司以及 2 家上市公司，员工有 3 万多人。该集团公司下辖医用制品、血液净化、骨科、医疗装备、药业、心内耗材、医疗商业等 7 个产业集团。

该公司发展势头良好，业务扩展速度迅猛，对人才数量和能力的要求越来越高。前些年制订培训计划的经验帮助公司确定了本年度培训计划的提升方向。

（1）由培训班向培训项目过渡。

（2）由自由放任向调控指导过渡。

为配合这两个培训方向，该公司在制订年度培训计划时，按照培训需求调研、培训项目规划、培训资源匹配这 3 步进行设计。

9.4.1 培训需求调研

公司层面的年度培训目标如表 9-6 所示。

表 9-6 公司层面的年度培训目标

主要目标	培训内容
支撑业务重点	战略新方向、业务新动态、业务人员新挑战
培养后备人才	应届生、后备中层、战略储备人才
提升员工能力	管理能力、通用能力、专业能力及综合能力
夯实基础管理	梳理流程、绩效管理、信息化、生产管理、质量管理等

为精准聚焦培训需求，该公司人力资源部使用资料分析、需求访谈、调查问卷 3 个方法实施培训需求调研。

1. 资料分析

在资料分析的环节，人力资源部要知悉公司的战略方向，了解公司领导关注的核心事宜，为访谈调研做好信息准备。

资料分析的内容包括以下几点。

（1）上年度培训工作盘点情况。

（2）财务数据，如收入、净利润和总成本。

（3）人才盘点报告。

（4）重要报告 / 发言稿。

（5）战略资料。

2. 需求访谈

培训需求的访谈有助于确认培训核心目标、培训重点人群、需培训的行为 / 能力，并在制订年度培训计划时就把公司的中高层管理者“拉入局”。所以培训需求访谈的重点对象为公司的中高层管理者。培训访谈内容表如表 9-7 所示。

表 9-7 培训访谈内容表

层级	分析重点	分析目的	输出内容
高层	组织分析	Who：决定组织中谁需要培训 What：决定培训要解决什么问题	需培训的重点部门 / 人群 要改善的业务指标
中层	业务分析 行为分析	When/Where/Which: 什么时间 / 什么地点培训？哪个流程是瓶颈？ What：培训需改变的行为 / 能力是什么？	培训时间 需培训的行为
基层	深入的行为分析	Why：绩效不好的原因是什么？ What/How：课程应包含哪些内容？如何实施培训？	课程大纲(用于课程设计) 课程来源（内部 / 外部）

对中高层管理者的培训需求访谈，可以按照以下 5 个步骤进行。

聊→讲→问→答→谢。

中高层管理者培训需求访谈问题库如表 9-8 所示。

表 9-8　中高层管理者培训需求访谈问题库

<table>
<tr><th>环节</th><th>子环节</th><th>问题库（可视具体情况选择）</th><th>访谈记录</th></tr>
<tr><td rowspan="2">聊</td><td>寒暄切入</td><td>视情况寒暄</td><td></td></tr>
<tr><td>介绍小组成员</td><td>介绍访谈小组成员</td><td></td></tr>
<tr><td rowspan="3">讲</td><td>讲目的</td><td>通过本次访谈，了解公司明年的工作重点，筛选出培训工作可以支持和配合的地方</td><td></td></tr>
<tr><td>讲态度</td><td>我们本着真诚的态度，希望得到真实和贴近公司 / 领导需求的反馈，让培训更好地助力业务发展</td><td></td></tr>
<tr><td>讲访谈形式</td><td>本次访谈我们准备了几个问题，期待您回答。同时，如果您不介意，我们会通过录音、笔记等方式记录访谈内容，这些资料绝不会外传，仅作为后续整理访谈信息时的参考</td><td></td></tr>
<tr><td rowspan="7">问</td><td>战略方向
重点工作</td><td>公司今年的主要业务方向是什么？
公司会重点推进什么工作（3 项以内）？</td><td></td></tr>
<tr><td>业务分析</td><td>对应这些重点工作，哪个部门、哪项业务最关键？
这些业务会遇到什么挑战或困难？</td><td></td></tr>
<tr><td>能力分析
（问中层）</td><td>如果要保证这些重要部门的业务增长，您认为关键岗位人员的能力足够吗？
这些人员在哪些方面的行为 / 能力（知识、态度、技能）需要重点提升？</td><td></td></tr>
<tr><td>期望结果</td><td>为了解决人员能力的问题，您期望培训部门做什么？
您期望看到哪些（可衡量、可观察的）结果（最好是行为改善、指标改变）？</td><td></td></tr>
<tr><td>资源和障碍</td><td>您对培训时间、培训形式有什么要求？
在培训中，您可以提供哪些支持、哪些资源？
培训中可能遇到的障碍有哪些？您有什么应对建议？</td><td></td></tr>
<tr><td rowspan="2">确认内容</td><td>我来总结一下，您看我理解得是否准确：明年，您倾向重点对 ×× 人员的 ×× 行为或技能进行培养，以期提升 ×× 的业绩 /×× 指标。您看对吗？</td><td></td></tr>
<tr><td>（可选）如上事宜还需要进一步确认细节，您建议我们后续可以再与哪些人员进行具体访谈确认？</td><td></td></tr>
<tr><td>答</td><td>疑问解答</td><td>您是否还有人才培养的其他问题需要与我们沟通？</td><td></td></tr>
<tr><td>谢</td><td>感谢及后续</td><td>感谢您抽出宝贵的时间做本次访谈，后续我们会整理访谈内容发给您确认，以保证我们准确理解您的意思，进而做好明年的培训计划</td><td></td></tr>
</table>

判断培训访谈是否有效，可以通过一句话：通过与 ×× 的访谈，我明确了明

年重点要对××人员的××行为/能力进行培养，以期提升××的业绩/××指标。

在需求访谈的环节，要注意对培训需求的诊断。经过访谈后，通常可以得到3类培训需求问题，如图9-10所示。

图9-10　3类培训需求问题

（1）工作任务问题——是否做正确的事。工作任务问题与公司的战略有关，与流程制度有关，与岗位职责有关。

（2）工作意愿问题——是否有意愿做事。工作意愿问题与组织文化有关，与员工的职业生涯规划管理有关，与员工的薪酬绩效有关，与公司对员工的综合激励有关，与上级的领导风格有关。

（3）工作能力问题——是否正确地做事。工作能力问题与人才招聘有关，与公司的人才培养与培训有关。

培训需求可以分别从紧迫性、价值和可操作性3个维度进行甄选排序，应优先满足紧迫性、价值和可操行性都比较高的培训需求。培训需求的甄选排序方法如表9-9所示。

表9-9　培训需求的甄选排序方法

培训需求	紧迫性	价值	可操作性
需求1	高	高	高
需求2	低	中	高
需求3	中	低	低

3. 调查问卷

培训调查问卷是培训需求调研的辅助手段，用于确定培训的具体内容、培训方式等细节。

设计培训需求调查问卷时需要注意以下事项。

（1）根据岗位类别制作不同版本的调查问卷，例如高层版探究培训方向、中层版探究能力/行为需求、基层版探究能力提升需求。

（2）调研问卷容易流于形式，因此发放调查问卷前需宣导培训，发放后需督促催收，收集后要审核纠正，最后要进行汇总分析。

（3）调研问卷的题目应尽量少，主观题和客观题都要有。

（4）为便于员工填写调查问卷，调查问卷可以通过网络渠道分发。

9.4.2 培训项目规划

该公司培训项目规划的基本思路包括 5 个关键点。

（1）数量：培训项目宜少不宜多，越少越好，越精越好。

（2）目标：培训项目的产出要非常清晰，要有可量化的目标。

（3）时长：每个培训项目的时长不少于 1 个月。

（4）设计：采用多种模式结合的“组合拳”，实行混合式培训。

（5）入局：培训项目要吸引高管、业务领导等与培训项目有关的人员“入局”。

对公司中的不同人群，培训项目的设计思路如表 9-10 所示。

表 9-10　不同人群培训项目的设计思路

人群	方向	关键词	重点
新员工	培养的系统化	同化	团队合作 激活能量 建立归属 服从规则
管理者	培养的制度化	发展	管理自己、发展自己 管理他人、发展他人 管理业务、发展业务
骨干员工	培养的规范化	关注	成长渴望 自我认知 能力分析 目标设定 跟踪辅导 结果检核
专业人才	培养的持续化	持续	岗位定义 能力定义 差距分析 知识体系 提升计划 重点突出

部分培训项目举例如下。

1. 集团新员工培训项目

新员工培训的 4 个重点分别是：团队合作、激活能量、建立归属、服从规则。

新员工培训前的工作安排如表 9-11 所示。

表 9-11　新员工培训前的工作安排

方向	提交资料
贴近业务	新员工基层学习报告
明确目标	试用期绩效目标行动计划表
进入状态	网络课程、课前作业
建立团队	小组沟通、商业报告准备

新员工培训过程中的内容如表 9-12 所示。

表 9-12　新员工培训过程中的内容

形式	主要内容
视频汇报	拍摄视频
网络课程	塑造积极心态 信息安全意识培训 人格特质与沟通技巧 压力管理的技巧 PPT 使用技巧 职业生涯管理实务 打造说话能力的 8 步阶梯 如何与上司相处 商务简报如何简洁高效
个人表现反馈	团队职务 培训积分 优秀表现 综合评价 特长
行为改善	公司文化 协作意识 学习意识 责任意识 商务礼仪 目标意识 客户意识 沟通意识 发展意识

2. 青竹计划

“青竹计划”是该公司针对应届大学生的培训项目，目的是通过科学的培训，应届大学生既能将公司文化理念根植于心，又能得到专业技能的快速提升。

青竹计划包括 4 个时期，每个时期的时间安排和培训目标如表 9-13 所示。

表 9-13 青竹计划 4 个时期的时间安排和培训目标

时期	时间	目标
落地期	入职后第 1 ～ 6 个月	帮助培训对象完成从校园到职场的心态转变，使其了解企业文化与一线工作流程，掌握基本岗位知识与技能
扎根期	入职后第 7 ～ 12 个月	使培训对象在实践工作中逐步提升职场通用技能，具备岗位任职资格，增强意志品质和执行力
破土期	入职后第 13 ～ 24 个月	全面提升培训对象的专业技能，充分发挥人才优势，进行个性化培养
拔节期	入职后第 25 ～ 36 个月	增强培训对象的基础领导力与管理能力，最终输出 10 名左右符合储备干部要求的后备人员

落地期的工作内容安排如表 9-14 所示。

表 9-14 落地期的工作内容安排

培训内容	时间安排	工作安排
入职培训	为期 6 天	采用封闭式培训形式。培训内容包含公司制度与文化、职业心态、价值观等
岗前训练	为期 2 周	学习所在岗位的基本知识。导师进行初步观察，开启指导，帮助培训对象带着问题进入车间实习、实践
车间实践	研发、生产类岗位至少 6 个月，其他岗位至少 3 个月，特殊情况不少于 1 个月	要求顶岗实践。条件成熟的可组建大学生班组与其他班组进行竞赛，车间主任进行最终总体评价
轮岗学习	部门内每个岗位至少轮岗 1 周	了解部门内各岗位的工作职责。岗位指导人在实际工作中逐步讲解岗位知识与技能，为培训对象的定岗选择提出合理化建议

扎根期的工作内容安排如表 9-15 所示。

表 9-15 扎根期的工作内容安排

培训内容	时间安排	工作安排
差额转正评级	入职 6 个月后，根据考核评价结果差额调薪	A：加薪 20%，占总人数的 20% B：加薪 10%，占总人数的 70% C：薪资不变，占总人数的 10%
回炉培训	为期 3 天左右	深化公司文化培训，开展时间管理、职业素养、办公软件应用技巧等职场通用技能培训。与外派 MBA 优秀学员开展座谈交流
干部培养计划	回炉培训之后	所有通过转正考核的培训对象将全部纳入公司的干部培养计划。参与干部培养计划，能强化培训对象的意志品质和执行力，提升其对公司的忠诚度和凝聚力
定岗培养	参与干部培养计划后	根据培训对象的综合表现，结合其专业、特长、意愿及部门用人需求等，为培训对象确定工作岗位。导师根据岗位任职资格要求，逐步帮助培训对象提升专业技能

破土期的工作内容安排如表 9-16 所示。

表 9-16　破土期的工作内容安排

培训内容	工作安排
回炉培训	所有培训对象再次进行回炉充电。提升抗压能力与敬业精神，强化专业技能培训，提升综合职业素养
个性化培养方案	综合三方意见（科学测评、培训对象前期表现、导师评价），为培训对象制订个性化的培养方案。该方案既包含宏观的职业生涯发展规划，又包含本阶段的具体培养计划
任务式培养	参与部门内部重大改善项目，完善知识与技能的学习。全面了解部门的某项业务流程以及工作方法，提升管理意识与协作能力

拔节期的工作内容安排如表 9-17 所示。

表 9-17　拔节期的工作内容安排

培训内容	工作安排
回炉培训	本阶段将加入管理技能与领导力的相关课程，进行基础领导力培训，帮助培训对象提升管理技能
高管授课	集团高管亲自授课指导，定期开展“高管座谈会”，向培训对象传授管理经验、管理方法等
多样化培养	定期举办对话活动，邀请优秀员工、先进标兵分享工作经验。建立微信群共享平台，随时推送相关学习资料，加强内部交流

3. 业务负责人培训项目

该公司的营销副总提出了业务发展的 3 年规划，公司为此设计了为期 6 个月的培训项目，目标是选拔一批业务管理者，与营销部门协同推动业绩达标。整个项目分 3 期举办，其中第 1 期面授课程的安排如表 9-18 所示。

表 9-18　业务负责人培训项目第 1 期面授课程安排

<table>
<tr><th>日期</th><th>课程</th><th>授课人及评委</th></tr>
<tr><td>第 1 天</td><td>训前会</td><td>培训负责人</td></tr>
<tr><td rowspan="4">第 2 天</td><td>发展战略</td><td>总经理</td></tr>
<tr><td>政策介绍</td><td>企划部经理</td></tr>
<tr><td>业务发展规划及经营举措</td><td rowspan="2">营销副总</td></tr>
<tr><td>优秀业务负责人培训体系介绍</td></tr>
<tr><td rowspan="4">第 3 天</td><td>新筹建公司实战分享</td><td>学员标杆（3 人）</td></tr>
<tr><td>日常经营实战</td><td>学员标杆</td></tr>
<tr><td>业务发展举措宣导</td><td>业务部经理</td></tr>
<tr><td>分组研讨（研讨业务发展举措）</td><td>学员</td></tr>
<tr><td>第 4 天</td><td>主题作业（发展规划）演讲、点评</td><td>营销副总（评委）</td></tr>
</table>

整个业务负责人培训项目包含了高管介绍、政策解读、实战策略、经验分享、演讲锻炼、问题研讨、业务分析和课题研究等内容。

9.4.3 培训资源匹配

实施培训需要资源的支持，该公司的培训资源主要包括两部分，如表 9-19 所示。

表 9-19　培训资源

资源类型	内容
硬资源	课程：管理学院面授课程及 E-Learning 课程库 讲师：优先选择管理学院内训师 预算：充足预算
软资源	上级支持度：业务部门提供的支持越多，越容易成功 学员认可度 / 口碑：学员口碑好，新项目的成功率就高 组织环境：创新、信息流动 营销：及时总结、展示

该公司的培训项目计划如表 9-20 所示。

表 9-20　培训项目计划

<table>
<tr><td colspan="13">年度培训计划说明
1. 年度培训工作目标说明：
通过 ×× 方式，达到 ×× 目标</td></tr>
<tr><td colspan="13">2. 需求调研过程和结果概述：
调研方式、调研群体及人数、调研结果描述</td></tr>
<tr><td colspan="13">3. 重点项目介绍：</td></tr>
<tr><td>序号</td><td>培训类别</td><td>培训项目名称</td><td>学习对象</td><td>主办方</td><td>学习目标（可从问题 / 能力角度阐释）</td><td>参加人数</td><td>学习时长（天）</td><td>学习时间（具体到月份）</td><td>培训讲师来源</td><td>费用预算（元）</td><td>学习方式</td><td>备注</td></tr>
<tr><td>1</td><td></td><td></td><td></td><td></td><td></td><td></td><td></td><td></td><td></td><td></td><td></td><td></td></tr>
<tr><td>2</td><td></td><td></td><td></td><td></td><td></td><td></td><td></td><td></td><td></td><td></td><td></td><td></td></tr>
<tr><td>3</td><td></td><td></td><td></td><td></td><td></td><td></td><td></td><td></td><td></td><td></td><td></td><td></td></tr>
</table>